遇见清朝

〔荷〕曲培醇（Petra ten-Doesschate Chu） 丁宁 编

陈瑞青　黄雪琴 译

长江出版传媒

湖北美术出版社

著作权合同登记号图字：17-2018-319

图书在版编目（CIP）数据

遇见清朝/(荷)曲培醇,丁宁主编；邹兵，陈瑞青，黄雪琴译. — 武汉：湖北美术出版社,2024.7（中西方艺术交流）

书名原文: QING ENCOUNTERS

ISBN 978-7-5712-2002-0

Ⅰ.①遇… Ⅱ.①曲…丁…③邹…④陈…⑤黄…Ⅲ.①中外关系－文化交流－文化史－清代Ⅳ.①K203

中国国家版本馆CIP数据核字（2023）第170829号

责任编辑 － 杨蓓　彭福希

封面设计 － 邵冰

技术编辑 － 平晓玉

责任校对 － 杨晓丹

遇见清朝
YUJIAN QINGCHAO

出版发行：长江出版传媒 湖北美术出版社

地　　址：武汉市洪山区雄楚大道268号湖北出版文化城B座

电　　话：（027）87679525（发行部）　87679548（编辑部）

邮政编码：430070

印　　刷：武汉精一佳印刷有限公司

开　　本：720mm×1000mm　1/16

印　　张：27

版　　次：2024年7月第1版

印　　次：2024年7月第1次印刷

定　　价：128.00元

引言

曲培醇 / 丁宁
（PETRA TEN-DOESSCHATE CHU）/（NING DING）

在中西方漫长跌宕的相遇故事中，清代便是查尔斯·狄更斯（Charles Dickens）笔下"最好的时代，也是最坏的时代"。一方面，双方对彼此的文化抱有浓厚的兴趣和一定的了解，文化交流的种子早在 16 世纪末耶稣会传教士抵达中国时就已萌芽。这些饱学之士一边从多个方面向中国介绍西方知识与精神，一边努力学习中华民族的语言和文化，在寄回欧洲的信件和报告中分享所得。[1]另一方面，中西之间存在着深深的不信任与误解，在清代后期，西方国家试图在中国扩张贸易范围与扩大贸易影响时尤其如此。不惜一切代价拓

---

1 讨论耶稣会士在中国活动的论著颇多。有关 1991 年之前的参考文献，可参见 Erik Zürcher, N. Standaert, and Adrianus Dudink, *Bibliography of the Jesuit Mission in China: ca. 1580–ca. 1680* (Leiden: Centre of Non-Western Studies, Leiden University, 1991)。后续著作包括：Liam Matthew Brockey, *Journey to the East: The Jesuit Mission to China, 1579–1724* (Cambridge, Mass.: Belknap Press, 2008)，以及 Florence C. Hsia, *Sojourners in a Strange Land: Jesuits and their Scientific Missions in Late Imperial China* (Chicago: University of Chicago Press, 2009)。

展贸易的政策最终引发了两次鸦片战争，此后英、法、德等国将中国划为势力范围。作为西方扩张主义的一部分，耻辱的不平等条约对 1912 年清朝的倾覆产生了重要影响。[1] 尽管中西方之间的相互赞赏与猜忌随着清朝政权的演进发生了剧烈变化，但却始终以某种形态共存于双方交往的历史之中。

　　本书讨论的是视觉文化框架下，中国与欧洲在 18 世纪与 19 世纪初期的相遇。与同类话题作品的区别在于，本书从东、西两个视角展开思考。已有大量文献探讨了西方对于中国和中国风（chinoiserie）艺术的兴趣，以及欧洲与北美艺术中运用中国或伪中国装饰图案创造修·昂纳（Hugh Honour）所谓的西方"古中国图景"（Vision of Cathay）的做法。[2] 也有越来越多的研究关注中国人眼中的西方世界及随之而来的名为西洋风（européenerie）或欧陆风（euroiserie）的现象——欧洲再现和表达模式在中国的影响。[3] 本书通过同时探讨上述现象，可以对中西方之间的碰撞及由此引发的有

---

1 有关这一话题的主要文献有：James M. Polachek, *The Inner Opium War* (Cambridge: Council on East Asian Studies/Harvard University, 1992)；J. Y. Wong, *Deadly Dreams: Opium, Imperialism, and the Arrow War (1856–1860) in China* (Cambridge: Cambridge University Press, 1998)；Dong Wang, *China's Unequal Treaties: Narrating National History* (Lanham, Md.: Rowman & Littlefield, 2005)。

2 Hugh Honour, *Chinoiserie: The Vision of Cathay* (London: John Murray, 1961).

3 européenerie 一词，首先由乔治·N. 凯兹于 *The Years that Were Fat* (New York: Harper, 1952) 一书提出，后由多位作者沿用。乔迅并不认同此语，另外提出 euroiserie 一词，也被其他学者采用。乔迅在下文中首先使用此词："Art of the Ming Dynasty (1368–1644)," in Michèle Pirazzoli t'Serstevens, ed., *Storia universale dell'arte: La Cina* (Turin: UTET, 1995)。可登陆以下网址在线浏览该文英文版：http://www.nyu.edu/gsas/dept/fineart/people/faculty/hay_PDFs/historical/MING-QINGEnglish.pdf。

形产物有更为新颖细致的理解。[1]

　　书中收录的文章表明，图像、艺术品和自然标本的交流对于两种文化对彼此看法的形成具有重要作用。我们并非否认文本的重要性：已出版的游记和官方报告使欧洲人对中国有了不少了解，中国人对于欧洲文化的认识也来自欧洲文本的译本，其中许多出自耶稣会传教士之手。但总体而言，图像的流传更为广泛。欧洲人看到的中国图像不仅来自插图书及流入欧洲的中国绘画和版画，还有16世纪起便大量出口至欧洲的中国瓷器，以及17至19世纪在欧洲引发收藏热潮的漆器、丝绸和其他形式的装饰艺术作品。中国对于欧洲视觉文化的初步认识主要始于版画。欧洲各国统治者向清廷赠送了大批版画集（多表现宫殿或战争场景等庄严主题），耶稣会士带来的插图书涵盖从《圣经》研究到科学等各种主题。[2] 同时，大量不同题材的版画被送到景德镇等地的瓷厂，作为范本供瓷器画家仿绘，专门用于制作17世纪欧洲流行的中国定制（Chine de commande）瓷器。[3]18世纪，各种形式的装饰艺术作品也从欧洲出口到中国，比如挂毯、纺织品和时钟。到了19世纪下半叶，中国到处都是来自欧洲的消费品，也接触到更多的欧洲物质文化，尤其是在许多都市，照片、幻灯片等新兴视觉文化形式广泛存在。

　　本书将探讨这些视觉材料——从版画到植物标本，从瓷器到纺

---

1 从单方面讨论东西方相遇的部分参考文献，请见 http://qingencounters.weebly.com/bibliography.html。

2 参见 Noël Golvers, *Libraries of Western Learning for China: Circulation of Western Books between Europe and China in the Jesuit Mission, ca. 1650–ca. 1750* (Louvain: Ferdinand Verbiest Institute, 2012)。

3 参见 D. F. Lunsingh-Scheurleer, *Chinese Export Porcelain: Chine de Commande* (London: Pitman, 1974)。

织品——交流的各个方面及其接受情况。此外，还将重点关注视觉材料交流之后，对异国表现形态、技法和模式的借鉴与改编，并对随之而来的复杂的混合风作品加以分析。研究表明，这些作品不仅极大地区别于东、西方各自的本土传统作品，更因作者和受众不同而存在着巨大差异。

　　本书将所录文章分为四部分，第一部分主题为中国和欧洲的收藏与展列模式。文以诚的文章《邂逅清朝的杂合空间》分析了摆放交流物品的不同空间——宫殿和布尔乔亚式室内空间、园林与通商口岸、大型瓷厂和出口艺术品的私人工作室。文以诚认为，正是这些物品的存在造就了这些杂合空间，并发挥"穿越文化窗口"的作用，开启了诸多充满文化差异的场景。

　　安娜·葛拉斯康的文章和克里斯泰尔·史曼太克的文章则对比了 18 世纪两种具有不同文化定义的陈列模式：中国陈列西方天文仪器和西方人为中国瓷器加装饰件。史曼太克的研究表明，陈列的形态模式一般用于消弭差异，进行文化翻译（必然引发转换）。葛拉斯康则认为，加装饰件或边框的欧式工艺及中式艺术品陈列——她将二者区分为"附属物"（parergon,by-work）和"台"（platform）——分别代表了在文化特色鲜明的陈列体系中融入"异国"元素的不同模式。

　　本部分最后一篇文章讨论的是另一种陈列（展示）类型——帝王的躯体。作者梅玫探讨了帝王正式衣冠中国丝绸和欧洲进口丝绸的刻意精妙运用。她认为，在皇帝衣着所传递的复杂含义中，欧洲丝绸意义重大，象征着皇帝与西方世界独有的联系，甚至意味着帝王天威不为地理疆域所囿。同时，这些织物上的陌生图纹不仅是分隔清朝皇帝与观者的门槛，更是传达天子威仪的质感上的途径。

　　第二部分论述了视觉文化在信息交流过程中的作用。约翰·芬莱讨论了中国图像在 18 世纪欧洲，尤其是法国的流传情况。芬莱通过聚焦法国国务大臣亨利·贝尔坦（Henri-Léonard-Jean-Baptiste Bertin，1720—1792 年）的收藏，具体到贝尔坦搜集的有关圆明园的几幅画作，突出展现了 18 世纪欧洲对中国图像的浓厚兴趣和深度介入。邱志平和陈婉丽将视觉文化的概念拓展到活体标本和花草树木图像。邱志平探讨的是圆明园西洋楼附近园林进口并种植欧洲种子和植物一事。他利用当时的图文文献，重新布局该处园林，以及园中的欧洲树植。但这个有关外国种子和植物迁移的故事仅仅局限于博学多识的植物学家小圈子，其中包括部分耶稣会士。相反，陈婉丽研究的则是广州的商业化植物贸易。这里的大型苗圃将植物作为商品，向国内外客户出售。

在第二部分结尾，玛西亚·里德探讨了另一种信息交换模式，着重考察欧洲版画雕版制作工艺的引入，包括版画、雕刻铜版和具体技艺（印刷、油墨等）。里德研究了乾隆在位期间定制的 6 套版画，第一套由欧洲版画师制作，后 5 套则出自清廷的中国版画师之手。研究展现了中国版画师如何学习原本为西方表现模式而发明的图像制作工艺并加以改进，从而使其适合中式图像的制作。

第三部分关注的是中西方艺术家在艺术创作上的妥协，中国艺术家的妥协发生在其试图采用西方再现手段——主要是（广义上的）透视视角之时，而西方艺术家的妥协则发生在其试图适应对于创造空间和立体错觉作用不大的中国再现模式之时。在《虚空中的阴影线:〈御制避暑山庄诗〉和马国贤〈热河三十六景图〉中的礼与序》中，庄岳提出，马国贤在中国木版画《西岭晨霞》的铜版画版本中添加阴影排线、云层和太阳光线，不只是为了迎合当时流行的西式品味；相反，她认为在反映中国宇宙哲学的中式图像上叠加基督教的世界观，是具有象征意义的有意行为。

马雅贞讨论的是乾隆皇帝平定准噶尔部的纪念组图制备过程中，中西方战争场景再现手法间的复杂角力。这组送往欧洲供法国镂版工复制的《平定准部回部得胜图》共有 10 幅战争场景和 6 幅庆典场景，由在朝侍奉的多位传教士艺术家绘制，显然具有浓厚的官方意味。作者仔细分析了其中的战争场景，发现部分西方透视技巧被巧妙地运用，力求在画面中最大限度地展现清晰有序的视觉信息。马雅贞认为，这种做法符合展现帝国辉煌武功的目的，更确切地说，有助于展现井然有序、纪律严明的清军部队。

李启乐将讨论焦点从北京的清代宫廷转向其他都市，探讨欧洲透视法这一最初仅限于皇家画坊的再现技法，最终是如何普遍应用于全国各地的高雅和流行艺术的。她认为，针对不同的艺术形式和受众，透视的用途和用法都发生了剧烈变化。

刘礼红的文章《中国艺术中的阴影：跨文化视角》关注的不是透视，而是阴影和明暗（chiaroscuro）。她分析了中欧在 18 世纪两大艺术传统相遇之前对于阴影的思考，认为中国"影"这一概念（包括阴影和镜像）的复杂性影响了人们对欧洲阴影话语和实践的选择性接受。

第四部分对比欧洲的中国风艺术与中国的西洋风或欧陆风艺术，重点探讨东西方艺术传统交汇造就的混合风作品。如官绮云在其文中所述，中国绘制的最引人注目的混合风图像是中国画师受命为欧洲市场制作的关于中国和中国人的图画，这些外销图画大多出自广东。她有理有据地证明，广东画家蒲呱为欧洲市场绘制的中国街头生活和贸易画，可以追溯到中国为官员巡查编制图文报告的惯例，以及《伦敦小贩叫卖图》《巴黎叫卖图》这类流传已久的西方绘画传统。

格瑞格·M. 托马斯并不认同将欧洲中国风一股脑儿判作轻浮、

怪诞、肤浅的普遍观点，他以英国布莱顿英皇阁的"中式"房间为例，证明中国风艺术"能够与中国和中国文化产生严肃而有意义的文化对话"。相比之下，斯泰西·斯洛博达以英国中产阶级和乡村贵族（而非宫廷）的"中国味"为重点，将中国风作为一种从战略和自觉的角度调和文化差异的装饰风格加以探讨。在文中，她分析了英国的多件中国风物品和"中式"房间装潢，认为它们既体现了联系和合作的可能性，又揭示了融合与深层接触的不可能性。她认为原因在于，重复和对表面的强调在装饰逻辑中创造出了想象及调和文化相遇的语境。

最后，詹妮弗·米拉姆讨论了俄罗斯的有趣位置，地理上居于中国与西方之间，文化上却不与任何一者平齐。米拉姆以彼得大帝时期为重点，说明俄罗斯的中国风艺术尽管显然源自欧洲，但却在俄罗斯悠久的历史和与中国独特关系的作用之下，产生了有别于西欧的新鲜形态和不同含义。

目录

第四部分
中国风、西洋风、混合风

作者简介 / 397

第一部分
收藏与陈列

邂逅清朝的杂合空间

文以诚
（RICHARD VINOGRAD）

　　在清朝漫长的统治期间，中外文化和艺术邂逅的空间主要是外交、贸易和社会接触的发生地——宫殿、园林和通商口岸。物品的交换也带来其他形式的商业和社会相遇空间——从外销画画师的画室到各类艺术品使用、观赏、收藏和展列的室内空间。在建筑环境或插图书刊等媒介空间，有时可以看到记录或想象双方视觉相遇情景的图画作品。

　　彼时清朝统治者的文化融合战略和欧洲的帝国冒险主义大行其道，中西方相遇的场所通常具有杂合和多维属性。物理环境中的相遇可能兼具政治、建筑和文化特征。实体物品上的相遇体现出生产、技术、材料和设计传统的结合，而绘图作品中的相遇则体现在绘画元素和表现技法的借鉴上。观察工具、透视或框景等构图技法，以及媒介技术等视觉手法，在强化和传播杂合场所和杂合形式的相遇体验中起到重要作用。

　　下文探讨的物理环境、实体物品和绘图作品，很好地反映了清朝和西方在同一时期对文化相遇的杂合空间的持续共同塑造。相遇双方在新的环境中不断借用或移植视觉元素、视觉媒介和视觉工具，且不论其根源出自何处，这些多层次的借鉴提升了双方文化的自我反思或自我批判能力。

跨越文化的展列和收藏

图 1 所示的《万树园赐宴图》于 1755 年完成，这幅画作完美体现了在漫长的清朝统治时期中西方文化和艺术相遇空间的多维属性。万树园隶属承德避暑山庄，是清朝统治者与草原部落及其他少数民族进行外交活动的主要场所，清廷在这里极尽安抚、谈判和征服的手段。这幅画作描绘的是 1754 年举办的一场宴会，庆祝蒙古杜尔伯特部王公及其追随者从准噶尔部地区逃离，投奔清廷。[1] 由此可见，清朝发生的外交和文化相遇是多向的，相对于西欧国家而言，这些相遇更多地集中于亚洲内部——主要是与蒙古、西藏等地区，朝鲜、日本和莫卧儿帝国等国家的往来。承德避暑山庄融合了亚洲的景观、建筑及园林元素，例如：模仿满族故土风水景观的同时彰显万树园特色的吉祥石景，体现南国风情的园林亭榭，具有蒙古族和满族风格的圆顶帐篷，以及模仿南方寺庙（如画中右上方的永佑寺舍利塔）和（于 1755 年开始出现）模仿西藏寺院的佛教建筑群。

承德避暑山庄也是一个寓意丰富的空间，呈现出建筑、园林和景观在某些维度上的交融；它也常常出现在各种画作之中，包括尺

---

1 参见 Lucia Tripodes, "Painting and Diplomacy at the Qianlong Court: A Commemorative Picture by Wang Zhicheng (Jean-Denis Attiret)," in *Res* 35, "Intercultural China" (1999): 185, note 1. 另见杨伯达，《〈万树园赐宴图〉考析》，《清代院画》（北京：紫禁城出版社，1993 年），178—210。

图 1

《万树园赐宴图》（1755 年）

王致诚、郎世宁、艾启蒙和中国画师，绢本，立轴，烫金，矿物颜料，221.2 厘米 ×

419.6 厘米

现藏：北京，故宫博物院

幅颇大的《万树园赐宴图》（221.2 厘米 ×419.6 厘米）。这幅画作由王致诚（Jean-Denis Attiret，1702—1768 年）、郎世宁（Giuseppe Castiglione，1688—1766 年）、艾启蒙（Ignatius Sichelbart，1708—1780 年）和中国画师共同完成，画中所描绘的承德避暑山庄正是彼时欧洲与清朝相遇的主要发生地。这幅画作融合了欧洲透视技法与肖像技法，又以中式手法呈现景观元素。承德避暑山庄和《万树园赐宴图》在设计、创作和寓意上都体现出杂合的特点——这里用"杂合"一词主要是为了彰显风格迥异的视觉体系的融合，这种融合有时让人顿感雀跃，有时却又显得十分怪异。此画的杂合属性还体现在它的展列方式上——它被悬挂于避暑山庄的卷阿胜境殿墙壁之上，这种展列方式介于可移动卷轴画和固定壁画之间。[1] 画作悬挂的位置也具有丰富的外交寓意，它被清朝统治者当作草原部落归附的图画记录，向草原部落首领和王公贵族进行展示；同时画作从视觉上展示了西方先进的表现技法，因此它（连同另一幅张贴于此的画作）也被当作外交会谈环境的重要摆件。中西方在承德（当时被称作热河）的相遇在这幅画作诞生前后均有体现，从传教士马国贤（Matteo Ripa，1682—1745 年，于 1710 至 1723 年间在华）创作的《热河三十六景图》（*Views of Jehol*，1714 年）中可见一斑，这组铜版画后来连同马国贤在清廷都城十三年的回忆录传遍欧洲。此后，承德也见证了 1793 年夏天大英帝国使官乔治·马戛尔尼勋爵（Lord George Macartney，1737—1806 年）为世人所熟知的失败出使，以及他和乾隆皇帝的失败会面。事实上，马戛尔尼此次出使所产生的最大影响不在于其政治和贸易谈判，而在于丁韪良

---

1 杨伯达，《〈万树园赐宴图〉考析》，196—198；Tripodes, "Painting and Diplomacy at the Qianlong Court," 189。

（William Alexander）呈交的绘图版出访报告和乔治·斯当东（George Staunton）爵士出版的多卷本出访纪实。[1]

　　《万树园赐宴图》以其极具剧场感的表现手法而知名，画中描绘了皇帝及随从穿过按官衔排布的百官阵列信步登场，整个宴会场地用帷布圈起，帷布之外是烹备膳食的生动场景。朝廷百官按照事先编排，谨慎执行入席、宴饮和退席仪式。[2] 画作右半侧的静态画面呈现的则是仪式的下一步。逐渐靠拢的两排官员队列，以及从前景韶乐装置到中部宴席大帐的环绕透视画面，勾画出了皇帝的行进路线。[3] 这幅画作的合作者之一——耶稣会高级会士郎世宁曾用中文编译出版安德烈亚·波佐的透视技法专著《画家和建筑师的透视学》（*Perspectiva Pictorum et architectorum*，1693—1698 年）。这本译著的第二版《视学精蕴》于 1735 年问世，增加了一幅描绘多层次舞台布景的透视渲染画作。[4]

---

1 译者注：《英使谒见乾隆纪实》（*An Authentic Account of an Embassy from the King of Great Britain to the Emperor of China*，1798 年）。

2 试比较约翰·尼霍夫（Johannes Nieuhof）的描述，尼霍夫曾于 1655 年随荷兰东印度公司出使谒见清朝皇帝，他将皇帝宫殿描述成"舞台或剧场"。参见 Johannes Nieuhof et al., *An Embassy from the East-India Company of the United Provinces, to the Grand Tartar Cham Emperour of China* ... (London: Printed by John Macock for the author, 1669), 127。

3 卡尔·戈尔德斯坦（Carl Goldstein）指出，17 世纪法国耶稣会戏剧的宣传海报在风格上遵循新古典主义戏剧传统，即将戏剧主要情节画面置于海报中心位置，其他情节画面环绕在四周。参见 Carl Goldstein, *Print Culture in Early Modern France: Abraham Bosse and the Purposes of Print* (New York: Cambridge University Press, 2012), 83。

4 Hiromitsu Kobayashi, "Suzhou Prints and Western Perspective: The Painting Techniques of Jesuit Artists at the Qing Court, and Dissemination of the Contemporary Court Style of Painting to Mid-Eighteenth Century Chinese Society through Woodblock Prints," in John W. O'Malley, S. J., et al., eds., *The Jesuits II: Cultures, Sciences, and the Arts, 1540–1773* (Toronto: University of Toronto Press, 2006), 266–267 and fig. 12. 3.

　　舞台和剧场元素也出现在很多具有中西"杂合"特点的清廷艺术作品中。位于皇家园林圆明园内方河东岸的线法山（Perspective Hill）和线法画（Perspective paintings）[1]，在如舞台景片般交错排列的八字形墙上悬挂有一组西洋街景视觉透视画作，一定程度上塑造出一处高架前景的杂合空间。[2] 另观乾隆皇帝退位后在紫禁城内颐养天年的宁寿宫（1771—1779 年）和以乾隆御用戏台为主体的倦勤斋，其亭台和门廊上也装饰有许多错觉艺术绘画。[3]

　　剧场艺术元素也常见于关于中国物件的许多欧洲画作，比如弗朗索瓦·布歇（François Boucher，1703—1770 年）于 1742 年为法国博韦皇家织造厂（Beauvais Tapestry Manufactory）的"中国风挂毯"（Tenture chinoise）系列创作的油画作品，其中一组作品被路易十五作为文化相遇的赠礼送给乾隆皇帝。[4] 觐见的清廷朝臣或闲适的宫廷仕女多以戏剧场景的形式呈现，画中往往还会出现与画风不协调的道具，比如罗马柱、花哨的宫廷头饰，以及从戏剧或版画

---

1 译者注：线法画也称线法墙，由七道八字形左右对称的断墙组成，墙上挂有可随时更换的西洋风景油画。

2 关于圆明园中欧式建筑的透视布景艺术，参见 Richard E. Strassberg, "War and Peace: Four Intercultural Landscapes," in Marcia Reed and Paola Demattè, eds., *China on Paper: European and Chinese Works from the Late Sixteenth to the Early Nineteenth Century* (Los Angeles: Getty Research Institute, 2007), 108–120 and fig. 48, no. 20。另一个透视布景艺术的案例是耶稣会士于 1752 年设计制作的类似剧场的摆钟，其上有三处透视布景，这件摆钟是应乾隆皇帝要求为皇太后六十大寿而作，而后藏于圆明园。参见 Catherine Pagani, "Clockwork and the Jesuit Mission in China," in O'Malley, *The Jesuits II*, 665–666。

3 Nancy Zeng Berliner and Mark C. Elliott, *The Emperor's Private Paradise: Treasures from the Forbidden City*, exh. cat. (Salem, Mass.: Peabody Essex Museum, 2010), 94–95, 149–154, 175–191.

4 Madeleine Jarry, *Chinoiserie: Chinese Influence on European Decorative Art, 17th and 18th Centuries* (New York: Vendome Press, 1981), 15–32.

中借鉴而来的服饰。[1] 这些元素与一些有史有据的物品，比如折扇、丝绸、漆器和装饰瓷器，在画中交织出现，这些物品的形象很可能是基于进口物件及布歇的私人藏品。[2]

收藏的理念和风气一时盛行于中国风元素浓郁的欧洲场所和画作之中，也体现在清朝的统治实践，以及描绘相遇、入侵和征服的画作之中。其中既有来自乾隆皇帝和清朝其他皇帝的大型收藏，也包括出现在描绘外使觐见的图画之中的各国贡品（和皇帝回礼）及各国使节的画像。[3] 欧洲和中国的收藏文化在圆明园正式相遇，这里建造了一栋欧式风格的建筑，专门用来保存和陈列外国进献或赠送的稀罕物件、异域制品和新奇科技产品，一组由布歇设计、于 1767 年赠送给乾隆皇帝的中国风挂毯也曾收藏于此。[4]

收藏的理念和影响也在英国邱园（Kew Gardens）[5] 得到明显体现，融入威廉·钱伯斯（William Chambers，1723—1796 年）于 1757 至 1763 年间对邱园的设计之中，其与《万树园赐宴图》的创作差不多属于同一时期。与承德的清朝皇家园林一样，邱园是一个集皇家别墅、植物园和公众休闲场地于一体的多功能空间。邱园也

---

1 关于 18 世纪剧场性绘画艺术的不同风格，参见 Mark Ledbury, "Boucher and Theater," in Melissa Hyde and Mark Ledbury, eds., *Rethinking Boucher* (Los Angeles: Getty Research Institute, 2006), 133–160，以及 David Wakefield, *Boucher* (London: Chaucer Press, 2005), 17–19。

2 Wakefield, *Boucher*, 18–19, 79; Katie Scott, "Reproduction and Reputation: 'François Boucher' and the Formation of Artistic Identities," in Hyde and Ledbury, *Rethinking Boucher*, 105.

3 Evelyn Sakakida Rawski and Jessica Rawson, *China: The Three Emperors, 1662–1795*, exh. cat. (London: Royal Academy of Arts, 2005), 187, 410, no. 83.

4 Strassberg, "War and Peace," 108–109.

5 译者注：邱园是英国皇家植物园的重要组成部分，位于伦敦西南部的泰晤士河南岸。

是一个拥有多种风格的空间，拥有不同文化特色的异域建筑复制品。1763 年基于威廉·马洛（William Marlow）画作制作的一套铜版画，记录了钱伯斯建造的三座异域建筑，其中阿尔罕布拉宫（Alhambra，1758 年）和土耳其清真寺（Mosque，1761 年）现已不复存在[1]，唯有 10 层的中国宝塔留存下来。这座宝塔由钱伯斯于 1761 年设计，部分参照他在广东见过的一座宝塔（见图 2）。除铜版画中可见的这些建筑之外，钱伯斯还对邱园进行了其他特色设计，其中有些与收藏明显相关：一座中式风格的亭阁，周围环绕着一个中式鸟笼、一个珍兽阁和一个水鸟池——这些建筑与早先的一些建筑相映成趣，包括约瑟夫·古彼（Joseph Goupy）于 1749 年左右设计的孔夫子堂（House of Confucius）和中式拱门，以及一座于 1754 年建造的大型中国寺院。[2] 当然，邱园最主要的收藏还是植物。邱园在 18 世纪 50 年代晚期还是一座皇家药园，而后在约瑟夫·班克斯（Joseph Banks）的管理下，到 18 世纪末发展成为一个具有全球影响力的植物收藏和移植园林，而班克斯主要是通过马戛尔尼勋爵的使团获取中国植物样本。[3] 如图 2 的版画所示，邱园看起来主要是一处休闲观光之地，其中也可看到园丁劳作的身影。从这些异域建筑四周的大片荒野，多少可以看出钱伯斯关于非常规的自然景观设计的品位，他对此推崇备至，认为它体现了中式园林设计的精髓。钱伯斯后来借用戏剧术语为其东方园林理论和建筑园林作品中的非常规设计正

1 译者注：现已被日式园林所取代。

2 Ray Desmond, *Kew: The History of the Royal Botanic Gardens* (London: Harvill Press with The Royal Botanic Gardens, Kew, 1995), 28, 33–34, 46–54.

3 Desmond, *Kew*, 34, 89–98, 106–107. 中国植物的收藏相对较少，1789 年有 50 种花卉，1810—1813 年约为 120 种。

图 2

《邱园野外风光：阿尔罕布拉宫、中国宝塔和土耳其清真寺》（*A View of the Wilderness with the Alhambra, the Pagoda and the Mosque*，1763 年）

爱德华·鲁克，根据威廉·马洛的画作而创作，铜版画，47.6 厘米 ×31.4 厘米

来源：William Chambers, *Plans, Elevations, Sections, and Perspective Views of the Gardens and Buildings at Kew in Surry...* (London: printed by J. Haberkorn, published for the author, 1763)，第 43 幅

名,将其比喻为"戏剧中的插曲"(Interludes in a Drama)。[1]1751年,乾隆皇帝开始在圆明园修建西洋建筑。1755年,承德避暑山庄也开始扩建,仿建的藏传佛教寺庙(小布达拉宫)与此前已有的江南、满族和蒙古族特色的园林建筑相得益彰。

承德避暑山庄和邱园都是容纳许多文化相遇元素的物理空间,这些元素可能是不同民族风情和不同风格的建筑、异国植物和食材、稀有材料,或是陌生的艺术风格和表现手法。对这些空间的深入体验可以通过仪式和庆典编排、收藏规划或休闲观光来实现。(图1、图2中)两处场所也是绘画表现的对象,尽管很容易区分物理空间和绘画空间,但在这些场所中,现实场景和绘画场景、天然物材和人为设计往往相互交织、密不可分,即使从感官体验的角度也很难区分开来。这些场所中满是具有不同文化标记的本土建筑和外来建筑复制品,承德的建筑更是用拥有异域材料与纹饰的物品,和以写实手法记录历史、事件与周围空间的画作进行装饰,一如《万树园赐宴图》所绘。环境、物品和画作相互交融,产生现实、人为和想象此消彼长、不断变化的感官体验。大型画作这样的单一物品,也常常能够在不同语域中具备绘画作品、实体物品和视觉环境等事物的不同功能。因此,文化相遇的空间既可以是复杂的物理、政治和社会场所,也可以是剧场、精心装饰的室内、作为文本与图像的视觉和想象表征空间的图册,以及瓷器这样的可移动物品。

穿越文化窗口的实体物品

---

1 David Porter, *The Chinese Taste in Eighteenth-Century England* (Cambridge: Cambridge University Press, 2010), 50–51.

承德避暑山庄和邱园都是文化相遇的大型场所，充满了各式各样且往往具有杂合属性的文化媒介，在这些相遇空间中的绘画符号、视觉系统和文化代码，容易受到时空交错中的历史事件、新增物品、建筑修缮和空间挪用的影响。小型的相遇空间也可能具有与之相似的时空复杂性和文化复杂性，甚至在单一物品上也有所体现。在 17 世纪后期（1680—1687 年，相当于清朝早期），葡萄牙里斯本桑托斯宫（Santos Palace in Lisbon）一间会客厅，用超过 260 件大部分产自明朝的青花瓷器与其他一些同时代的物品，在洋溢着葡萄牙风格的建筑空间中打造了一个金字塔式的瓷器天花板。这些瓷器主要来自葡萄牙王室收藏，17 世纪初兰开斯特家族（the Lancastre family）买下这一宫殿后，又新增了一些瓷器。[1] 桑托斯宫的瓷器天花板很好地印证了收藏空间和文化相遇空间的历史可塑性。这一设计整体上呈现出一种杂合的视觉冲击，大量 16 和 17 世纪的中国瓷盘瓷碟，以一种西南亚伊斯兰风格的物品陈列方式，一层一层交错堆叠，已经完全脱离这些物品来源地的摆放传统。[2] 这些以镶嵌方式陈列、大小和纹饰不一的瓷器汇聚于金字塔式的天花板顶端，尽管在其中心有悬吊物品，但整体设计仍然呈现一种所有物品环绕着透视消失点的视觉效果。

---

1 Daisy Lion-Goldschmidt, "Les porcelains chinoises du palais de Santos," *Arts Asiatiques* 39 (1984): 5–72.

2 关于 17 世纪以降对伊朗阿德比尔神庙墙壁上部和穹顶的壁龛中放置的瓷器的相关论述，参见 John Alexander Pope, *Chinese Porcelains From the Ardebil Shrine*, 2nd ed. (London: Sotheby Parke Bernet by Philip Wilson, 1981), 12–17；另有照片，见于 Takatoshi Misugi, *Chinese Porcelain Collections in the Near East: Topkapi and Ardebil* (Hong Kong: Hong Kong University Press, 1981), 2:5–9, pls. VII–XII, 3:2, 5, pls. II, VII。

　　我们有时可以透过文化相遇的多个节点，追溯诸如瓷器这类可移动物品的流动路线，从其受委托生产到运输、储存再到送至最终目的地。这些节点的信息也许会出现在众多东印度公司的交易清单上，或是失事船只的货物清单里，抑或知名藏品的来源档案中。这些空间路线更多时候被用来推测一整类物品的信息，比如图 3 所示的瓷器，通常被称为克拉克瓷（Kraak porcelain），这种过渡期青花瓷[1] 盘的纹饰传统可追溯到 1644 年清朝定鼎前后。[2] 图中瓷盘的口沿处绘制有向心的放射状分格纹饰，这是克拉克瓷的典型特征。瓷盘上散布于其他花卉与人物纹饰分格之间的郁金香纹饰反复出现，暗示了这一物品的旅行目的地是荷兰。彼时的荷兰也是不久前刚刚从土耳其引进郁金香这一物种，到处呈现出一派由跨国商业带来的繁荣景象，其后郁金香却成为 17 世纪 30 年代那次臭名昭著的投机贸易泡沫的焦点。[3] 图 3 的瓷盘中心部分在设计上没有采用口沿处的花卉纹饰，相反它在盘中心绘制了一幅圆形图画，让人一下子联想到圆形浮雕、圆形视窗或是圆筒视镜，似乎为瓷盘使用者打开了一扇窗，可以透过这个坚硬的瓷盘欣赏到一幅具有中国本土气息的生活场景：一位母亲和两个孩童站在门廊的西洋棋盘纹饰地板上，背后是一间简易装饰的居室，旁边是一个花园。这种对私人空间穿透式的窥视与花园中从假石缝隙穿透而出的芭蕉叶相映成趣。这一温馨的中国式庭院生活场景，通过地板的西洋棋盘纹饰与瓷盘的荷兰使用者的生活场景建立了联系。瓷盘中心的圆形图画也好似一个文化

---

1 译者注：过渡期青花瓷通常指明末清初这段历史时期生产的青花瓷器。

2 Craig Clunas, *Chinese Export Art and Design*, exh. cat. (London: Victoria & Albert Museum, 1987), 38.

3 Maura Rinaldi, *Kraak Porcelain: A Moment in the History of Trade* (London: Bamboo Publishing, 1989), 112–115.

图 3

人物花卉瓷盘

中国景德镇，约 1635—1655 年，釉下青花彩瓷，直径 47.5 厘米

现藏：伦敦，维多利亚和阿尔伯特博物馆

的折射镜，折射出文化差异中的文化共通之处。瓷盘口沿处的分格中也呈现了其他的中国场景，转动瓷盘可以看到耕夫、士子、渔人、樵夫，这些图画透过不同的场景呈现出文化投射或文化认同的不同空间。

18世纪乾隆时期的铜胎珐琅彩花瓶与克拉克瓷盘风格近似，其表面也分为若干绘图分格（如图4所示）。瓶身的绝大部分用来绘制一幅田园相遇的场景：一个穿着草鞋的牧羊人背靠一棵果树坐下，与一位站立的仕女交谈，牧羊人的一只小羊在一旁吃着青草。灰暗色调的石塔、起伏的褐色山丘，以及蓝白相间的多云天空都是十分明显的欧洲传统风格，这些或许是传教士画师在清朝宫廷的珐琅作坊中绘制的，又或是由经过培训的中国助手绘制的。[1]花瓶瓶颈处的较小绘图分格描绘了一幅中国式田园场景：一对白鹡鸰鸟在斑竹和梅花树枝之间嬉戏，这方狭小的虚幻空间却与瓶身绘图分格共享同一片多云的蓝色天空。这一场景很可能意在通过一对欢悦的小鸟映射瓶身绘图中的那对恋人。画面之外的空白部分以相互缠绕的花藤图案填充，花瓶瓶颈塑有一对镀金把手。这对把手让人不禁联想到三千年前商朝青铜器上的古代夔龙纹饰，把手上代表性的V形轮廓和卷曲的螺旋纹饰与花瓶表面绘图分格的波形边缘相互呼应，甚至掀起了同时期欧洲对中国瓷器做铜鎏金镶嵌装饰的时尚之风。

上述克拉克瓷盘和铜胎珐琅彩花瓶都具有不同程度的杂合属性，前者主要体现在绘画构图上，后者则体现出欧洲的工艺技术和构图风格与中国的工匠艺术、图案式样、象征意义和纹饰风格的完

1 参见 Ching-fei Shih, "A Record of the Establishment of a New Art Form: The Unique Collection of 'Painted Enamels' at the Qing Court," in *International Symposium, Art in China: Collections and Concepts, University of Heidelberg and the National Palace Museum* (Bonn, 21–23 November 2003), 2005 http://www.ub.uni-heidelberg.de/archiv/5705。

图 4

西洋人物花瓶

中国，乾隆时期（1736—1795 年），铜胎珐琅彩，瓶高 20.6 厘米

现藏：台北，台北故宫博物院

美融合。杂合属性也会带来一定的不协调，在铜胎花瓶上确实有很多从不同时期和不同文化中"劫持"而来的迥异元素，但可以看出这些元素并非是简单的叠加组合，而是通过对不同构图工艺与技术作了精细考究，并将其一视同仁地有机结合，在二者之间非常巧妙地实现平衡与和谐。

这类容器本身蕴含着许多不同类型的空间，最明显的莫过于容器内部和表面的空间：内部容积、凹凸造型，以及表面分布的环状、条状、框形与分格区域。这些表面区域还包含图画和虚幻空间，使花瓶得以成为想象或再现域外风土人情的文化承载体。除此之外，花瓶还占据了多种多样的社会和商业空间，包括其生产空间、运输空间、接收空间、展列空间和使用空间。这些伴随产生的空间包括民间的商业瓷窑、清廷的官方瓷窑、东印度公司的瓷器库房、欧洲普通人家和贵族家庭的居室，以及中国和西方的陈列展柜。从花瓶的生产到使用或展列，这些空间通过一系列实质接触而连接起来。如此一来这些花瓶就如同连接管道，顺着这些管道，依据花瓶的材质形态和制作工艺便可追溯至其最原始的，甚而有时颇为杂合的来源信息。据此，我们对穿越文化窗口的实体物品（trans-portal objects）定义为：便于移动、方便转运、拥有可以体现文化相遇的材质形态和能够洞察文化差异的图画视窗（pictorial portals）的物品。

花瓶这类物品需要通过制造、运输和使用这些实质接触来体现其作为文化连接管道的功能，而摄影自其发明以来就成为远距离进行文化再现的主要方式。相机镜头是摄影的载体，作为远距离视野的一个连接管道，它承载着连接摄影师的虚拟之眼视角与摄影作品观赏者的主观之"我"视角的使命。图 5 是一张可能创作于 19 世纪 60 年代、不知作者为何人的摄影作品，图中一位中国画师正在比照一张照片进行绘画。这张摄影作品呈现了不同媒介、不同主体和不同文化在小小的图片边界之内所进行的微妙竞争。这张摄影作品拥有多个主体和多个主观视角：作品的创作主体是一位正在绘画的中国画师，只能看到其侧面；这位画师的创作主体是一位欧洲男士，其形象透过画师手中的照片及画师正在依据照片创作的放大版油画呈现出来。这位欧洲男士是这次绘画活动的委托主体，但这次人种志视角的摄影活动的委托主体则是拍摄这张作品的西洋摄影师和之后的作品观赏者。中国画师不仅受到摄影师和作品观赏者的人种志视角制约，同时也受到欧洲男雇主的绘画委托要求制约。这位画师十分抢眼的及地长辫表明他受到满族强权文化的制约，周围环境中的欧式座椅、画架和支腕杖也表明他同时还受到或许算不上强势文化的欧洲文化的制约。他唯一偏离西方绘画传统的地方在于，尽管是在直立而非平放的画板上作画，他仍然保留着中国传统上使用毛笔的姿势来把握和挥动画笔。

　　中国画师的观察视角分别聚焦于他手持的照片，以及他正在创作的画像；西洋摄影师及其摄影作品观赏者的观察视角，则分别聚焦于这位中国画师及摄影师本人更为熟悉的那位欧洲男士。画像中的欧洲男士透过椭圆形的画框直面观察者的视线，显得率直而自信。然而，这位欧洲男士画像的水准却受制于创作主体——中国画师的绘画技能。中国画师在图中仅仅被定位为一位简单的模仿者，约翰·汤姆生（John Thomson）在几乎同时代的摄影作品中对一位正在进行类似艺术创作的香港画师也采用类似的视角定位。如此一来，中国画师就很可能会被赋予低劣批量生产者的形象，而这一形

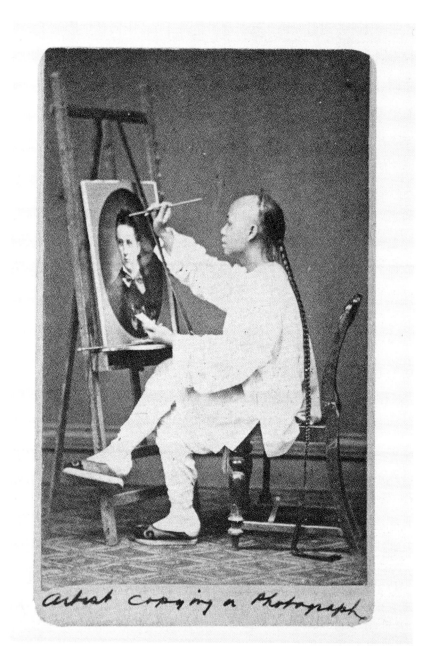

图 5

中国画师比照照片绘制出口作品

香港，19 世纪 60 年代

现藏：马萨诸塞州北安普敦市，福布斯图书馆

象正代表着彼时以降欧洲消费者对中国艺术的观点。[1] 但是图中的这位中国画师却展示了他借助欧洲特有的油画艺术进行绘画创作的技能。这张作品透过摄影师对照片到油画转变过程的见证，似乎呈现出油画艺术比摄影艺术更为优越的一面。与此同时，这位西洋摄影师也不经意间将自己定位为人物形象的简单机械模仿者。

与上述克拉克瓷盘和铜胎珐琅彩花瓶类似，这张关于一位中国画师、照片临摹者或称临摹画师的摄影作品，也包含一个窗口造型，即画板上用于绘制那位欧洲男士画像的椭圆形画框。因为这张摄影作品的观赏者可以看到画像创作的过程，这使得图画空间的想象大打折扣。相较于克拉克瓷盘和珐琅彩花瓶立体表面的窗口而言，这张摄影作品中的油画更像是一个扁平的窗格。西洋摄影师没有选择隐去中国画师的绘图工具和创作过程，而是把中国画师及其绘画技艺作为摄影作品的真实主体。从这一角度而言，这张摄影作品中的文化窗口发生了转移，不在油画之中，而在画面之外的西洋摄影师的镜头之中，它直接指向镜头内部进行视觉画面生产的灰暗和模糊空间。[2]

---

1 约翰·汤姆生于 1873 年出版的全景式影像记录集《中国与中国人影像》（*China and Its People in early Photographs*）中也有一张极为类似的图片，名为《香港画师》（*A Hong Kong Painter*），这张图片十分明显地展示了香港画师的半工业化的机械复制工作，也毫不避讳地展示出汤姆生及其目标读者对这种艺术实践的不屑姿态。参见 John Thomson, *China and Its People in Early Photographs: An Unabridged Reprint of the Classic 1873/4 Work* (New York: Dover, 1982), 1:pl. 4，及其注释。

2 试比较汤姆生的论述，汤姆生认为他的中国拍摄对象赋予他和他的照相机一种危险的风水魔力，使得照相机成为"一件黑暗而神秘的器物"（a dark mysterious instrument），让他得以透视山体乃至人的灵魂。参见 Thomson, *China and Its People in early Photographs*, introduction, n. p。因此，对于汤姆生的中国拍摄对象而言，照相机俨然是一个通向超自然世界的门户或窗口。而汤姆生认为他自己只不过是一个忠实记录和富有冒险精神的观察者，照相机让他得以透视到拍摄对象的信仰和价值观念。

视觉工具

　　摄影机或摄像机是现代社会不可或缺的视觉工具，而在这之前则是由其他视觉技术统治天下。早期视觉技术有的依赖于环境（如全景图、巨大的暗箱投影作画、圆明园的宏大景观画），有的依赖于工具（如望远镜），还有的依赖于幻视（如错视画、透视画），更多时候则是这些技术的综合使用（如镜厅）。

　　图 6 的《桐荫仕女图》是一幅绘制于 8 扇屏风之上的宫廷油画，创作于康熙年间（1662—1722 年），这幅作品体现了多种视觉工具对物品、环境和图画的交互影响。[1] 作为一件实体物品，这幅作品可以被视为具有杂合特点的文化相遇的载体。屏风画面非常明显地体现出欧洲文化的烙痕（西洋油画媒介，着重使用人物构型、光线投影和焦点透视手法）及中国文化的印记（画中仕女的江南宽袖汉服穿着和发式，以及木构瓦顶的凉亭）[2]。屏风材质由其木制扇格和雕花底座予以体现。和其他的清廷屏风作品一样，在不同时期，这扇屏风可能会被用于营造欢愉的氛围，也有可能被用于制造一个想象的空间。[3] 屏风画面运用明显的幻视手法描绘了一个想象中的建

---

1 这幅作品的准确创作时间尚无法证实，只能根据作品风格，以及康熙皇帝于 1721 年对中国画师创作的 10 幅油画作品的评价进行推测。参见武良鹤田，萬曆 — 乾隆間の西洋繪画の流入と洋風画，青木茂 小林宏光 / 監修，"中國の洋風画"展：明末から清時代の繪畫，版畫，插繪本，exh. cat.（東京都町田市：町田市立国际版画美术館，1995），443；Kobayashi, "Suzhou Prints," 266, 283 note 9；周珈琪，《康熙朝屏风油画〈桐荫仕女图〉绘制年代的初探》，《书画艺术学刊》，13（2012）：441—471。

2 Wu Hung, *The Double Screen: Medium and Representation in Chinese Painting* (Chicago: University of Chicago Press, 1996), 217–221，论及屏风背面所题诗句表明了画面中的南方主题。

3 Hung, *The Double Screen*, 201–217，稍后又举了一个皇家私人空间中封闭式屏风的例子。

图 6

《桐荫仕女图》

清佚名宫廷画师，创作于康熙年间，八扇屏风，绢本设色，油画，128.5厘米 ×326厘米

现藏：北京，故宫博物院

筑空间：画中通过透视法缩短的石阶似乎要一路延伸至观赏者所在的空间，延伸至屏风下侧外框时戛然而止，似乎被这幅幻视手法作品生生框在内部，就如同在绘画空间的边缘设置了一道栅栏。这一想象中的空间恰似一个舞台，仪态高贵的盛装仕女漫步于亭前空地与水面木桥之上，穿行于好似舞台布景的建筑之间。画中地面的方形砖块将观察者的视线在幻景透视中一路带至亭内幽暗的深处，亭台地面模仿大理石地面的处理手法，以及方形石基与圆形石柱所带来的几何稳定性设计，愈发加深了这种透视效果。如此一来，亭台内部变成了一个相机暗箱、一个暗黑房间，视线穿过暗箱和房间的另一出口，定格在出口景框之内的远处湖山随即映入眼帘，而这种构图设计正是莱昂·巴蒂斯塔·阿尔伯蒂（Leon Battista Alberti，1404—1472 年）时代以来欧洲盛行的窗口取景构图法的一次完美实践。[1] 细细观察，可以发现《桐荫仕女图》与铜版画《天主降临日》（*On the Day of the Visitation*）在结构和空间处理上十分相似；这幅铜版画是杰罗姆·纳达尔（Jerome Nadal）《福音故事图集》（1593 年）中的一幅作品，而《福音故事图集》自 17 世纪早期就开始在中国广为传播。[2] 希罗尼穆斯·威利克斯（Hieronymous Wierix）为纳达尔的图集所创作的铜版画《天主降临日》，与《桐荫仕女图》中的地面方砖、幽暗深处、方形取景窗口等构图设计相似；然而《天主降临日》的窗口所取之景却以去陌生化手法选取了中国的湖光山色，

---

1 Leon Battista Alberti and Rocco Sinisgalli, *Leon Battista Alberti: On Painting: A New Translation and Critical Edition* (Cambridge: Cambridge University Press, 2011), 39.

2 参见 Gerónimo Nadal, Frederick A. Homann, and Walter S. Melion, *Annotations and Meditations on the Gospels* (Philadelphia: Saint Joseph's University Press, 2003), 1:115, pl. 2。

而非具有异域风情的《圣经》场景。[1]《桐荫仕女图》中最明显的异域元素当属园中凹凸不平的花园石，加之画师采用明暗对照法进行处理，愈发显得怪异。这个怪石的设计，加上偏离角度极为一致的石柱和人物影子处理，大理石纹理地面方砖的错视画（trompe l'oeil）处理手法，仕女人像尺寸比例设计营造出的透视缩减错觉，以及按照透视手法位置有序后移的建筑构图，都使得《桐荫仕女图》成为成功融合欧洲油画错觉艺术元素和技术的代表性作品。[2]

　　将《桐荫仕女图》视为文化杂合的产物，这一观点近来得到一项考证研究的支持，这项研究认为这幅作品的作者很可能是康熙时期的宫廷画师焦秉贞（活跃于 1669 至 1726 年）。[3] 焦秉贞曾与耶稣会士南怀仁（Ferdinand Verbiest，1623—1688 年）一起供职于清朝北京钦天监，在这里焦秉贞有机会学习数学、透视画技法和天文学。[4] 焦秉贞与南怀仁合作为皇家观象台绘制天文工具的图纸，这一工作正好需要用到透视和阴影处理技巧。[5]

　　作为一件视觉艺术作品，类似于《桐荫仕女图》这样的屏风油画在清康熙年间不胜枚举，这些作品通常是中外合作的产物，或是与欧洲渊源颇深。《桐荫仕女图》中立于亭内取景窗口旁边的仕女，回首望向画外的观赏者，似乎在开门揖客，这一形象在 17 世

---

1 清朝早期文人李渔（1611—1680? 年）的书中曾描述过类似的去陌生化手法，例如，画作衬于裱褙纸上形成的一个"景观画窗口"（"landscape painting window"），或是游船上的一个"折扇形窗口"（"fan-shaped window"）。参见 Nathan K. Mao and Cunren Liu, *Li Yü* (Boston: Twayne, 1977), 25–26。

2 参见 Kobayashi, "Suzhou Prints," 266–67, fig. 12.3。

3 参见 Chou, "Kangxi chao pingfeng," 459–470。

4 参见 Kobayashi, "Suzhou Prints," 263–266。

5 参见 Rawski and Rawson, *China: The Three Emperors*, 194, 412, no. 89；亦可参见本书安娜·葛拉斯康的论文，图 2、图 4、图 6。

纪晚期的荷兰绘画作品中较多见，也常见于清朝乾隆时期的错觉绘画之中。其他的视觉工具包括透视镜（望远镜）及大型彩绘镜——1655 年清早期荷兰东印度公司使团进献的礼品清单里就有大型彩绘镜。[1]18 世纪乾隆时期，清廷大量运用这些透视和错觉艺术技法，有时还会应用到融合有欧洲装饰图案的物理空间之中。这些视觉技法和工具也慢慢走出宫廷，进入更为广阔的公众视野，比如在 17 世纪清朝话本小说中就曾提及望远镜，在 19 世纪拍摄的记录清朝街巷文化的老照片中也曾出现西洋镜。[2]

　　图 7 是一幅石版画，由周慕桥（1868—1923 年）于 1890 年创作。描绘了上海通商口岸的一位妓女在阳台上手持双筒望远镜眺望远方，这足以说明当时望远镜在民间已流传开来。[3]这位妓女正在欣赏这座城市的风景和建筑，包括远处的圣三一教堂尖塔。在这幅石版画里，中外居民的居住地在视觉上的交汇，还只是一次本土化的相遇——其沟通媒介是位于二层阳台的观察点和手持式的双筒望远镜，而刊登这类石版画的插图出版物则通过大量关于现代技术、都市景观、国际讯息和时事要闻的插图作品，为大众提供了全球化相遇的想象空间。彼时的《点石斋画报》就是这样一份具有典型杂合属性的报刊。它由英国商人安纳斯脱·美查（Ernest Major）于 1884 年创办，是美查《申报》商业版图的组成部分之一，采用进口

---

1 Nieuhof, *An Embassy*, 116；也可参考约翰·马特苏伊克·德·巴德（John Maatzuyker de Badem）补充的较长的使团礼物清单，14—15。

2 可参见香港商业摄影师弥尔顿·米勒（Milton Miller）的摄影作品：*Three Chinese with a Stereoscopic Viewer* (1861–1864), in *Imperial China: Photographs 1850–1912*(New York: Pennwick, 1978), 81。

3 关于这幅石版画的原始水墨画版本，参见 Michael Knight and Dany Chan, *Shanghai: Art of the City*, exh. cat. (San Francisco: Asian Art Museum, 2010), 101, no. 33。

图 7

《视远惟明》

周慕桥，石版画

来源：《飞影阁画报》，选自《吴友如画宝》（1908 年，上海：上海古籍书店，1983 年）

第一册第三章第二次印刷第 14 页

印刷技术，摘取西方报刊中的图片，由中国画师重新绘制，并由受过良好中国传统教育的中国编辑人员加上中文标题和评论文字。[1] 周慕桥的这幅石版画刊登于《飞影阁画报》，这份报刊由《点石斋画报》的首席插画师[2] 于 1890 年创办，它也具有与《点石斋画报》类似的杂合属性。画中的妓女、望远镜和路灯正是彼时摩登中国现代性的象征，这些都通过斜角建筑透视手法纳入画面；画中的屋檐轮廓和阳台栏杆也借助这一透视手法将焦点汇聚于远处的欧洲教堂。这幅作品的标题取自儒家经典著作中的一句箴言——"视远惟明"[3]。这句箴言也许用来概括整个早期现代视觉艺术的特点再合适不过，它不仅仅指向画面中所体现的视觉手段及在空间和文化上被隔离的异域相遇，还望向历史车轮前进的远方——透视技法和望远镜技术的使用、中国的现代性启蒙，以及他者审视和审视他者的现代融合。在文化杂合的多重复杂背景之下，这个标题充满了讽刺意味，看似取自备受推崇的儒家经典，却为摩登妓女的异域文化窥视做了背书。这幅图画打破了视觉透视的制度传统、工具技法和表现方式的桎梏，使历来是报刊戏谑焦点的清朝妓女，摇身一变成为主动审视异域文化的主体，将深沉的目光投向上海这座城市里那来自异域的欧洲文化。

---

1 Rudolf G. Wagner, "Joining the Global Imaginaire: The Shanghai Illustrated Journal Dianshizhai Huabao," in Rudolf Wagner, ed., *Joining the Global Public: Word, Image, and the City in Early Chinese Newspapers* (New York: State University of New York Press, 2007), 105–173.

2 译者注：吴有如。

3 译者注：取自《尚书·太甲中》，语境为"视远惟明，听德惟聪"。

文化挪用的框架：现代早期欧洲和中国陈列的异域艺术品

安娜·葛拉斯康
（ANNA GRASSKAMP）

本文透过物质文化的角度审视明末清初中西方之间的文化交流，重点考察早期现代艺术品收藏中的欧化元素和中国化元素。本文论述主要基于两项个案研究：其一为在欧洲奇珍馆收藏（Kunstkammer collecting）之风盛行的背景下金属底座上放置的中国瓷器；其二为由耶稣会士佛兰德人南怀仁为康熙皇帝设计的天文仪器（第二个案例主要针对位于中国环境中的欧洲艺术品）。本文借鉴历史上的两个重要概念"附属物"[1]和"台"，用于分析这些异域艺术品如何通过非常显眼的外形装饰融入全新的文化环境。基于此，本文为深入理解欧洲的艺术品展框文化和中国的艺术品摆放文化提供了解释模型，同时也为考察艺术品陈列文化中异域元素的融入方式提供了新的视角。

近年来，不少学者开始关注"装框"[2]（framing）问题，从不同

---

1 译者注：也有学者译为"装饰物"。

2 译者注：也有学者译为"框制"，相近概念还有"框架"（frame）和"换框"（reframing）。

学科视角对其字面意义或修辞含义进行考察。[1] 许多学者的关注焦点集中于装框的物质形式，特别是图画的框架。[2] 与此同时，装框这一术语在跨文化交流研究中使用日渐频繁，常用来描述装入观察者视野框架之中的文化他者。[3] 本文所考察的早期现代时期的两个个案，同时触及装框现象的字面意义和修辞含义。本文的个案分析从哲学和社会学两个学科视角审视框架现象，考察其物质形态及其在文化互动中的重要作用。

作为"附属物"的金属底座

在文艺复兴晚期和巴洛克式"奇珍馆"（kunstkammer）收藏文化发展早期，收藏家们狂热地收藏绘画和雕刻作品，以及"国内外

---

1 例如：Erving Goffman, *Frame Analysis: An Essay on the Organization of Experience* (Cambridge: Harvard University Press, 1974)；Jacques Derrida, "Parergon," in *La Vérité en peinture* (Paris: Flammarion, 1978), 19–168；Paul Duro, *The Rhetoric of the Frame: Essays on the Boundaries of the Artwork* (Cambridge: Cambridge University Press, 1996)。我也特别感谢马克·梅多（Mark Meadow）教授与我分享他题为"破碎的框架"（The Broken Frame）的研讨会报告纲要。

2 例如：Georg Simmel, "The Picture Frame: An Aesthetic Study" (originally "Der Bildrahmen: Ein Ästhetischer Versuch," *Der Tag* 541 (1902), trans. in *Theory, Culture & Society* 11 (1994): 11–17；José Ortega y Gasset, "Meditations on the Frame," *Perspecta 26* (1990): 185–190；Liechtenstein Museum, *Halt und Zierde: Das Bild und sein Rahmen,* exh. cat. (Vienna: Brandstätter, 2008)；Vera Beyer, *Rahmenbedingungen: Funktionen von Rahmen bei Goya, Velazquez, van Eyck und Degas* (Munich: Fink, 2009)。在此感谢茱莉亚·赛尔策教授（Julia Selzer）和梅兰妮·特埃德（Melanie Trede）教授向我推荐上述最后一篇文献。

3 2008 年 4 月在伦敦科陶德艺术学院（Courtauld Institute of Art）举办的"框视他者——东方主义其后三十年"（Framing the Other: 30 Years after Orientalism）研讨会，以及威廉·提姆斯（Willem Timmers）和伊尔嘉·阔克（Ilja Kok）于 2011 年在荷兰拍摄的 25 分钟纪录片《框视他者》（*Framing the Other*）。

各种稀奇古怪的物件，其制作材料从金属、石头、木材到药草，不一而足"[1]。这些物件包括"蓄水容器及由大自然或艺术家利用各种材料制作而成的其他物件"[2]，如鹦鹉螺贝壳、鸵鸟蛋制成的杯子等，其中鸵鸟蛋杯子的收藏与早期现代时期的金匠工艺水平关系密切。用金属框架装饰的其他稀罕而珍贵的物件还有：椰子、犀牛角、牛黄石、肉豆蔻籽、古董、水晶容器及中国瓷器等。本文第一部分将重点探讨用金属底座装饰的中国瓷器。

16世纪和17世纪欧洲用于装饰中国瓷器的金属底座拥有很多种不同造型。[3] 即使只用于装饰单件物品的金属底座，如伯利庄园的水罐（Burghley Ewer，图1），也往往拥有树叶形、圆弧形、都铎玫瑰形等多种纹饰图案，飞鸟和花卉形状的镌刻，一个美人鱼形状的把手，以及"一个浮雕造型的罐盖，上面雕刻有水果和天使头像，盖顶……有三只小海豚，在罐盖铰合处还有一只小青蛙"[4]。尽管这些细小装饰十分精妙，也极富创意，然而与位于金属框架中心的瓷

1 Gabriel Kaltemarckt, *Bedenken wie eine Kunst-cammer aufzurichten seyn mochte*, 1587, trans. in Barbara Gutfleisch and Joachim Menzhausen, "'How a Kunstkammer Should Be Formed': Gabriel Kaltemarckt's Advice to Christian I of Saxony on the Formation of an Art Collection, 1587," *Journal of the History of Collections* 1 (1989): 3–32, 7.

2 Kaltemarckt, *Bedenken*, 7.

3 相关案例可参见 Daniël F. Lunsingh Scheurleer, *Chinesisches und japanisches Porzellan in europäischen Fassungen* (Braunschweig: Klinkhardt & Biermann, 1980); Patricia Glanville, "Mounted Porcelain," in idem, *Silver in Tudor and Early Stuart England: A Social History and Catalogue of the National Collection 1480–1660* (London: Victoria & Albert Museum, 1990), 341–352；Max Sauerlandt, "Chinesisches Porzellan," in idem, *Edelmetallfassungen in der Keramik* (Berlin: Keramische Rundschau, 1929), 21–42；Yvonne Hackenbroch, "Chinese Porcelain in European Silver Mounts," *Connoisseur* 136 (1955): 22–29。

4 Louise Avery, "Chinese Porcelain in English Mounts," *Metropolitan Museum of Art Bulletin* 2 (1944): 266–272, 270.

图 1

罐

中国瓷器,钴蓝釉底,产于1585年以前;英国镀金银饰底座,制作于约1585年以前;罐盖、水罐侧肩镶边及底座上方瓶身两处镶边均印有工匠标记——三株空心的三叶草和一个盾牌形状图案;瓶高 34.6 厘米

现藏:纽约,大都会艺术博物馆

器相比，它们仍然比较边缘化，处于一种从属地位。欧洲美学理论为我们认识和理解这类作为框架、界线和边界的从属物件提供了一种概念工具，即"附属物"。

"附属物"（parergon）也可以翻译为"附带作品"（by-work），这个词从词源上看，由希腊语 ergon（作品）和词缀 par- 组成，这一词缀有多重含义，包括"和、与……一起、与……并排"（with, along with, alongside）。[1] 弗朗西斯库斯·尤尼乌斯（Franciscus Junius，1591—1677 年）在其 1637 年出版的重要论文《论古代绘画》[2]（De pictura veterum）中，收集了这一术语的多种定义。[3] 尤尼乌斯在书中提及，这一术语在古代曾被昆提利安（Quintilian）用于论述修辞，也被老普林尼（Pliny the Elder）[4] 用于评述希腊画家普罗托吉尼斯（Protogenes）的作品，而后被盖伦（Galen）在物质文化语境中赋予了"一层更为宽泛的含义"[5]："'优秀的工匠，'他说道，'总是习惯在他们制作的弓箭或盾牌上留下一些附属物或附带作品，作为他们艺术水平的标志——他们通常在剑柄和水罐上刻上一些与其用

---

1 关于英文中词缀 par 和 para- 的多种含义，如"指涉邻近与远方……界内与界外……入口或边界"，可参见 Joseph Hillis Miller, "The Critic as Host," in *Deconstruction and Criticism* (New York: Continuum, 1979), 219。对这一问题的关注得益于另一文献：Victor Stoichita, *Das selbstbewußte Bild: Vom Ursprung der Metamalerei* (Munich: Fink, 1998), 23。感谢茱莉亚·赛尔策教授向我推荐这篇文献。

2 译者注：尤尼乌斯曾于 1638 年将拉丁文著作 *De pictura veterum* 翻译为英文 *On the Painting of the Ancients*。

3 Franciscus Junius, *De pictura veterum* (Amsterdam: Johan Blaeu, 1637); Franciscus Junius, *On the Painting of the Ancients* (London: Richard Hodgkinsonne, 1638); Franciscus Junius, *De schilder-konst der Oude* (Middelburg: Zacharias Roman, 1641; reprinted 1659).

4 译者注：盖乌斯·普林尼·塞孔杜斯（拉丁语：Gaius Plinius Secundus），常被称为老普林尼或大普林尼。

5 Junius, *On the Painting*, 353–355, 354.

途无关的细小图案，诸如常春藤枝、柏树、葡萄藤蔓等等。'"[1]

与"奇珍馆"收藏文化直接相关的"附属物"定义出自萨缪尔·奎奇伯格（Samuel Quiccheberg，1529—1567年）。奎奇伯格是巴伐利亚公爵艾伯特五世（Albrecht V）的艺术导师，著有欧洲第一部收藏论著。[2] 奎奇伯格曾出版一本装帧奢华的书册[3]，并于1564年完成一部评论著作，在论著中他提及24种图案和装饰物，其中就包括"附属物"（parerga）。[4] 他对"附属物"作了十分简短的定义："附属物是为增添美感而附加的装饰，比如树木、小鸟、小花、风景、塔楼等，超越了常规的装饰。"[5] 如上文所述，"附属物"的形态类型繁多，从"常春藤枝、柏树、葡萄藤蔓"[6] 到"树木、小鸟、小花、风景、塔楼"，再到希腊神话中好酒色的森林之神塞特（satyr）和"象征性欲的男性性器"[7]，这些附属物件往往位于"边缘位置"[8]，用以凸显中心物件，

---

1 Junius, *On the Painting*, 353–355, 354.

2 Samuel Quiccheberg, *Inscriptiones vel tituli theatri amplissimi ...* (Munich, 1565). 该著作的英文译本参见 *The First Treatise on Museums: Samuel Quiccheberg's* Inscriptiones, *1565*, ed. and trans. Mark A. Meadow and Bruce Robertson (Los Angeles: Getty Research Institute, 2013)。

3 译者注：这本书册主要是关于意大利作曲家奇普里阿诺·德·罗勒（Cipriano de Rore）创作的牧歌。

4 Samuel Quiccheberg and Cipriano de Rore, *Declaratio picturarum imaginum ...* (Munich, 1564), fol. 2v. 感谢马克·梅多教授向我推荐这本专著及相关段落文字。译者注：parerga 是 parergon 的复数形式。

5 "Parerga: sunt res extra institutum ornatus quandoque gratia adiuncta: ut arbores, auicula, flosculi, regionu prospectus, turres etc.," Quiccheberg and de Rore, *Declaratio*, fol. 4v. 文中的所有相关英文翻译除单独说明外，均由本文作者完成。

6 Junius, *On the Painting*, 354.

7 "gallo salaci," Quiccheberg and de Rore, *Declaratio*, fol. 55r.

8 "In marginibus," ibid., fol. 79r.

因而与整体十分协调。

　　图中的金属底座正是位于边缘位置，环绕着位于中心的瓷罐，框架上镌刻和雕刻有多种纹饰，包括几何图案、各种野兽和植物、人鱼及留须的女像柱。这些纹饰符合奎奇伯格所描述的"附属物"的两个维度特征，尽管刻画精细且极富创意，但仍然位于边缘位置，相对于中心的瓷器而言处于从属地位。金属底座的造型和装饰将包含异域形状、物材和图像的物品框在中心，成为异域艺术品与周围收藏环境之间的纽带，在来自中国的艺术收藏品和欧洲的收藏框架之间建立了联系。

　　底座的金属材质则进一步强化了这种纽带作用，金属材质散发的光彩与现实物质世界和虚拟金属映像世界的色彩交相辉映——这一观点来自西班牙哲学家何塞·奥特嘉·伊·加塞特（José Ortega y Gasset，1883—1955 年），加塞特曾在探讨绘画作品画框的意义时说道："镀金画框的盛行很可能是因为金属漆色反射的映像最为夺目。这一映像是颜色和光线的承载体，它本身不包含也不具有任何形态，仅仅就是纯净而无形的色彩而已……这一映像既非映射物本身，也非映射对象。相反，它只是介于映射物和映射对象之间的纽带。"[1] 金属表面的色彩纽带性（shimmering in-betweenness）比金属框架的实物纽带性（physical in-betweenness）更为明显，前者体现在物品和映像、材质和光线之间的相互映射，后者则体现在底座本身既是所收藏艺术品的固有组成部分，同时也是工艺成品外在的附属之物。

　　而在中国，瓷器和其他珍贵艺术品的陈列方式则完全不同。早

---

1 Ortega y Gasset, "Meditations," 190.

期现代时期中国的收藏者通常不会使用金属底座[1]，而选择使用各种各样的支撑物——台几、座、架和底盖。[2]尽管这种物质文化的呈现方式与"附属物"有相似之处[3]，但金属框架和支撑物这两种"附属物"却是用不同方式展示瓷器：在中国收藏语境中观赏者可以观赏和直接触摸到完整的瓷器；而在欧洲的"奇珍馆"中观赏者只能通过金属底座观赏和间接触摸到被底座包裹的瓷器。金属底座把观赏者与瓷器之间的物理接触同观赏者与底座物件之间的物理接触联系起来，这一金属材质的使用不可避免地导致中国瓷器作品触感体验的欧化。

雅克·德里达（Jacques Derrida）曾经（在批判伊曼努尔·康德时）提及过"附属物"概念的一般含义，认为这一概念所指涉的纽带性（in-betweenness）[4]适用于所有现象。[5]按照德里达对"附属物"的纽带性定义，我们可以将本文案例中的金属底座定义为不同文化间的

---

1 关于在中国陶瓷制品上使用金属的探讨，参见谢明良，《金银扣陶瓷及其有关问题》，《陶瓷手记》（台北：石头出版社，2008年），161—175。感谢施静菲教授向我推荐这篇文献。

2 Jan Stuart, "Practices of Display: The Significance of Stands for Chinese Art Objects," in Jerome Silbergeld et al., eds., *Bridges to Heaven: Essays on East Asian Art in Honor of Professor Wen C. Fong* (Princeton: Princeton University Press, 2011), 693–712.

3 柯律格（Craig Clunas）教授在其2009年出版的著作 *On the Connoisseurship of Rocks* 中将"附属物"的概念与文人所藏雅石的底座联系起来。这本著作与英国利兹亨利摩尔学院（Henry Moore Institute, Leeds）于2009年12月12日至2010年3月7日举办的展览相关，展览名为 *Objects of Contemplation: Natural Sculptures from the Qing Dynasty*，参见网址：http://www.henry-moore.org/docs/microsoft_word_objects_of_contemplation_1.pdf。

4 译者注：也有学者将in-betweenness译为"居间性、间性、交织、中介性、介域、在其间、介于、之间性、中间状态、空间之间、夹缝、中间性"等。

5 Derrida, "Parergon," 63. Immanuel Kant, *Kritik der freien Urteilskraft* (Leipzig: Reclam, 1878, reprinted Stuttgart: Reclam, 1963), 104.

纽带，它能够通过对异域瓷器外观和触感体验的欧化处理，在异域
艺术品与欧洲收藏语境之间建立联系。那么，欧洲艺术品在中国收
藏语境下又是如何展示的呢？欧洲艺术品的中国化与中国瓷器的欧
化又具有何种程度的可比性呢？

康熙观象台上的世界艺术：“台”的启示

　　欧洲物质文化在中国早期现代时期的展示有一个非常鲜明的案
例，那就是清朝康熙皇帝下令建造的北京古观象台（图 2）。这里
陈列了大量观象仪器，包括许多天体模型和测量工具：一个地平经
仪、一个两旁各一经纬仪的天体仪、一个象限仪、一个纪限仪。当
前较多学者在介绍这些仪器及其照片时，将其简单解释为由耶稣会
士佛兰德人南怀仁参考丹麦天文学家第谷·布拉赫（Tycho Brahe，
1546—1601 年）的最初模型而创作的作品。[1] 从外形上看，布拉赫
的最初模型（图 3）与《新制灵台仪象图》中描述的中国观象仪器
（图 4）[2] 在仪器的科学设计上并没有明显差异，但二者在仪器的陈列
方式上却迥然不同，体现出明显的文化特色。接下来本文将集中探
讨中国观象仪器十分显眼的三维呈现，以及其中蕴含的美学理念。

　　在欧洲，贵族、商人和船员均可收藏类似于经纬仪和天体仪的

---

1 最近的文献参见 Nicole Halsberghe, “*Xinzhi Lingtai Yixiang Zhi Tu*: Origins of the Xylographic
Prints and Their Relation to the Constructed Instruments of Ferdinand Verbiest,” *Chinese Journal
for the History of Science and Technology* 31, no. 4 (2010): 471–500。亦可参见 John Witek, ed.,
Ferdinand Verbiest (1623–1688): Jesuit Missionary, Scientist, Engineer and Diplomat (Nettetal:
Steyler, 1994)。另外一条值得关注的文献是 Isaia Iannaccone, “Syncretism between European
and Chinese Culture in the Astronomical Instruments of Ferdinand Verbiest in the Old Beijing
Observatory,” in Witek, ed., *Ferdinand Verbiest*, 93–121, 99–100。

2 焦秉贞、南怀仁、清朝造办处，《新制灵台仪象图》（北京，1674 年）。

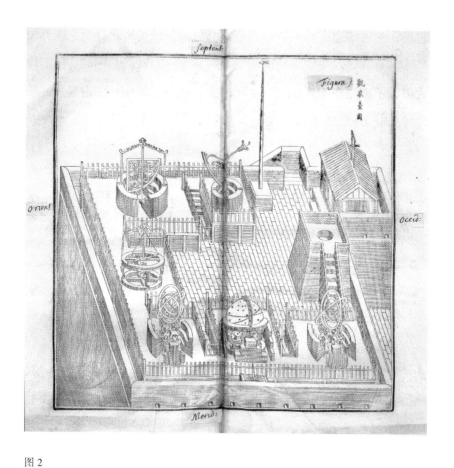

图 2

《观象台图》

焦秉贞、南怀仁、造办处，1674 年，木版画，31.5 厘米 ×32 厘米

来源：焦秉贞、南怀仁、造办处，《新制灵台仪象图》，北京：耶稣会，1674 年，第 1
幅

图 3

《经纬仪》

第谷·布拉赫，1602 年，木版画，21.67 厘米 ×30.37 厘米

来源：Tycho Brahe, *Tychonis Brahe Astronomiae instauratae mechanica* (Nuremberg: Levinus

Hulsius, 1602), 39

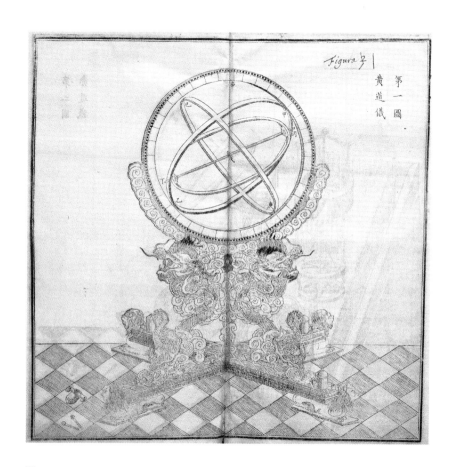

图 4

《第一图：黄道仪》

焦秉贞、南怀仁、造办处，1674 年，木版画

来源：焦秉贞、南怀仁、造办处，《新制灵台仪象图》，北京：耶稣会，1674 年，第 2
幅

天文模型，而在中国只有皇帝（天子）有权享有。因此，欧洲天文仪器的基座主要功能是"固定和装饰"[1]，而在中国，至少在康熙时期之前，经纬仪都是建造在布满宇宙符号的支撑物上。中国北宋时期天文学家苏颂（1020—1101 年）曾在其 11 世纪的著作《新仪象法要》中指出，经纬仪的支撑物须使用龙、流云柱、龟等造型，这些造型蕴含着中国传统宇宙观，即一只巨龟以四肢作四极天柱支撑天地。[2] 使用龙、流云柱、龟等基座造型的传统一直贯穿元、明两朝，相关案例可参见郭守敬（1231—1316 年）关于中国古代仪器的相关描述。[3] 南怀仁为康熙皇帝督建的观象台中天文仪器的支撑物造型与传统造型大相径庭，去掉了龟和流云柱造型，却采用了半隐于云间的五爪金龙造型。另外一点区别于传统造型的特征是康熙观象台上的天体仪器，其支撑物是欧洲风格的铜狮造型基座（图 5）。[4]

这些铜狮造型与先前的造型相比主要有两点区别。首先，传统上石狮多用于守卫建筑门户，通常在其爪下有一个象征世界的球体。而观象台天文仪器基座中的 4 只铜狮颠覆了传统的设计方案，转而设计让 4 只铜狮背负一个球形天体。其次，这些铜狮造型也终结了

---

1 "firmitudinis & ornatus causa." Tycho Brahe, *Tychonis Brahe Astronomiae instauratae mechanica* (Nuremberg: Levinus Hulsius, 1602), 11.

2 〔宋〕苏颂，《新仪象法要》（1094 年）；胡维佳编辑再版，《新仪象法要》（沈阳：辽宁教育出版社，1997 年），第 157—158 页。根据中国古代传说，巨龟背负大地的形象起源于共工撞断支撑天地的不周山，大地之母女娲出手补天的神话故事。参见 Sarah Allan, *The Shape of the Turtle: Myth, Art, and Cosmos in Early China* (New York: State University of New York Press, 1991), 104–105。

3 关于重新修建及现存未毁坏的元明清时期天文仪器的相关图片，参见 Marilyn Shea, http://hua.umf.maine.edu/China/astronomy/index.html。

4 康熙观象台上天文仪器基座的狮子造型与 18 世纪乾隆时期长春园西洋楼景区的石狮造型风格近似，图片经翻拍再版于姚希纯编《北京的狮子》（北京：北京美术摄影出版社，2006 年）第 24 页。感谢官绮云教授推荐我关注 18 世纪的石狮造型。

图 5

黄道经纬仪基座造型

南怀仁、造办处，1674 年

照片拍摄于 2005 年，北京，古观象台

长达一个世纪之久的基座设计传统，即不再试图与神话传说中的形象建立某种联系。[1] 从描绘这些仪器的纸质图画可以看出，这些铜狮与纹章上"昂首蹲伏的狮像"（lions couchants）颇为近似，拥有一对突出的眼球和颇为夸张的波浪形鬣毛，这一特征与纹章上的狮子形象极为相像，而纹章上的狮子形象则往往是模仿欧洲版画或者中国外销纹章瓷上的狮像。[2] 与康熙时期之前蕴含中国传统宇宙观的设计不同，观象台天文仪器基座增加了异域风格的（纹章）狮像，并且放置于象征皇权的五爪金龙之下，这实际是一种关于两种文化关系的实物表征，具有丰富的政治意味，这一点下文将展开论述。

需要特别注意的是，高华士（Noël Golvers）曾明确指出，铜狮造型在《新仪象法要》关于天文仪器设计建造的模型图中并未出现，这本木版印刷的著作是由南怀仁、焦秉贞（活跃于 1669 至 1726 年）和清朝造办处共同完成的。[3] 在 1670 年的一封信中，南怀仁指出，他认为在仪器基座上添加除五爪金龙之外的其他任何动物造型都不合时宜："其他动物造型，诸如狮子、大象等，都太过笨重且体积庞大，会对天文学家使用这些仪器造成不便，而且与金龙造型相比，其他动物造型欠缺灵活性和象征意义，也不便于对仪器进

---

1 苏颂使用"鳌"代指"龟"。见《新仪象法要》，第 137 页。然而在现存仪器中却使用的是近似"玄武"的造型——一种由蛇和龟组合而成的神兽，在元朝天文学家郭守敬所造仪器中使用的造型，也介于龙和另一种由多种动物部位组合而成的神兽麒麟之间。

2 关于纹章瓷上的狮像，可参见 Jochem Kroes, *Chinese Armorial Porcelain for the Dutch Market* (Zwolle: Waanders, 2008), 165, 395, 422, 513。

3 这 9 幅画的原图曾保存于罗马档案馆，MS 493, Busta D (carta 152–158) and Busta Cina (nos. 105, 106)，图片经翻拍再版于 Noël Golvers, *Ferdinand Verbiest, S. J. (1623–1688) and the Chinese Heaven: The Composition of the Astronomical Corpus, Its Diffusion and Reception in the European Republic of Letters* (Leuven: Leuven University Press, 2003), 621–635, figs. 8–15。

行增补和修缮。"[1]

很明显，南怀仁并没有权力决定基座的最终设计方案，在仪器建造之前最终方案通常是由朝廷的更高级别官员[2]或康熙皇帝本人决定。正如凯瑟林·嘉米（Catherine Jami）所言，康熙有意利用欧洲物质文化在朝堂之上展示其精通科学的一面[3]，并借此教育负责建造的工匠及负责观象的臣子——这些臣子"被视为，也自视为皇帝的学生"[4]。

尽管南怀仁负责天文仪器核心部件的设计，但是仪器陈列装饰的权力却掌握在康熙和其辅臣手中。这些仪器的支撑物于是便具有了丰富的政治含义，一方面表现出对外国科技知识的接受，另一方面却被利用来展示皇帝乃天选之子的合法性。[5]这些仪器被放置于

---

1 此处引文原文为 "tum quia aliorum animalium forma, utpote leonis, elephantis, etc., vastitate molis et corporis proportione astronomum quominus commode ad ipsa instrumenta accedere possit, prohibit, nec habet illam corporis draconici flexibilitatem et poeticam, ut ita loquar, addendi mutandique licentiam"，出自南怀仁于1670年8月20日寄给刘迪我（Jacques le Faure）的信件，收于 Henry Josson and Léopold Willaert, eds., *Correspondance de Ferdinand Verbiest de la Compagnie de Jésus (1623–1688)* (Brussels: Palais des Académies, 1938), 179–184。阿兰·查普曼（Allan Chapman）的文章让我注意到这一文献，参见 Allan Chapman, "Tycho Brahe in China: The Jesuit Mission to Peking and the Iconography of the European Instrument-Making Process," *Annals of Science* 41 (1984): 417–443, 420。

2 Nathan Sivin, *Granting the Seasons: The Chinese Astronomical Reform of 1280* (New York: Springer, 2009), 221.

3 Catherine Jami, "Imperial Control and Western Learning: The Kangxi Emperor's Performance," *Late Imperial China* 23, no. 1 (2002): 28–49.

4 Jami, "Imperial Control," 40.

5 这一案例延续了中国从穆斯林天文学中将非中国来源的天文学知识挪为己用的传统。参见 Sivin, *Granting the Seasons*。关于17世纪中国艺术家通过对天文学知识来源的再叙事将外国科学限定于中国文化框架之内的相关分析，参见 Benjamin Elman, *On Their Own Terms: Science in China, 1550–1900* (Cambridge: Harvard University Press, 2005), 172–177。

观象台的顶部，看似将异域物品置于十分中心的位置，然而却从仪式表征和艺术设计上将其包围在中国皇权文化的展示空间之内。

"台"的概念能够帮助我们进一步认识和理解这种展示方式的深刻含义。[1] "台"是指事物对外展示的平台：它可以是（园林中的）露台或是审阅军队的看台，也可以是物质世界中的物品展列平台，比如观象台上的灵台，这里每一件天文仪器都透过四周环绕的雕刻石板予以展示，正如图6标题"黄赤二仪台式"[2] 所示，这也是一种"台"的设计。

此外，"台"也是17世纪展桌概念的组成部分之一：明朝早期工匠用书《鲁班经》曾提出"几"的概念，指涉放置燃香的桌案，17世纪的工匠用语将"台"与"几"的概念融合起来，强调其作为展桌的功能。[3] 文人雅士的居所往往使用展桌陈列具有特殊美学和仪式价值的物品，比如古代燃香和贵重花瓶。[4] 关于物品展列使用何种基座，展示何种物品，用于何种场合，这些都有着清晰的美学传统。一本17世纪早期的收藏家用书建议可以"于日坐几上置

---

1 感谢柯律格教授于2011年7月在德国海德堡大学举办的海德堡东亚艺术史研讨会（Heidelberg Colloquies on East Asian Art History）上给予的建议，对我进一步思考中国物品展示方式帮助极大。

2 焦秉贞、南怀仁、清朝造办处，《新制灵台仪象图》，第7图标题。

3 《鲁班经》，英文翻译与注释本参见 Klaas Ruitenbeek, *Carpentry and Building in Late Imperial China: A Study of the Fifteenth-Century Carpenter's Manual Lu Ban jing* (Leiden: Brill, 1992)。

4 关于摆放燃香的基座的相关探讨，参见 Sarah Handler, "The Incense Stand and a Scholar's Mystical State," in *Austere Luminosity of Chinese Classical Furniture* (Berkeley: University of California Press, 2011), 295–302。

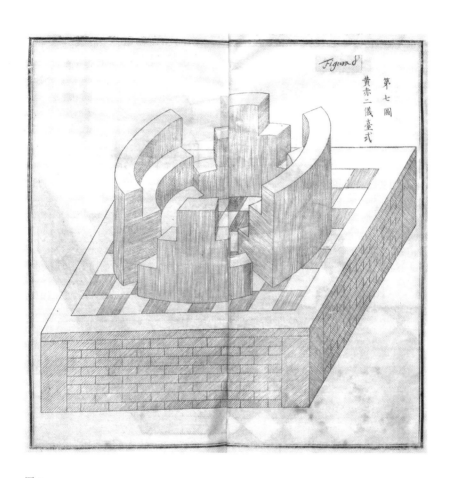

图 6

《黄赤二仪台式》

焦秉贞、南怀仁、造办处，木版画

来源：焦秉贞、南怀仁、造办处，《新制灵台仪象图》，北京：耶稣会，1674 年，第 7
幅

倭台几方大者一，上置炉一"[1]。这本书中还进一步指出可以针对不同用途选用不同类型的倭台："种类大小不一，俱极古雅精丽。有镀金镶四角者，有嵌金银片者，有暗花者，价俱甚贵。近时仿旧式为之，亦有佳者，以置尊彝之属，最古。若红漆狭小三角诸式，俱不可用。"[2]

由此可见，为一件珍贵物品选用合适的基座十分重要。简·斯图尔特（Jan Stuart）指出，物品支撑物与大地之间关联的宇宙观来源于明代著名书画家和艺术理论家董其昌（1555—1636 年）所著《骨董十三说》："然物藉之以存焉者也，而物又莫不相藉也。食物以器藉之，器物以几藉之，几以筵藉，筵以地藉，而地孰藉之哉？能进而求知藉地之物，而天人交而万物有藉矣。"[3] 在本文的案例中，赤道经纬仪和黄道经纬仪象征宇宙，由象征皇帝的金龙托起，所谓"天人交"从寓意上看意味着皇帝身为天子顺应天命管理万民，而从实物上看金龙也恰恰是天文仪器的重要支撑物。

正如董其昌所言，万物皆需支撑。观象台本身和天文仪器四周的石板造型的支撑物可称之为"台"，金龙的支撑物称为"柱"，石板造型底部位置称为"趺"，而龙柱和最底层相互嵌套的支撑结构之间的雕刻造型部分称为"座"[4]。"座"可以指涉不同类型的支撑物：

---

1 文震亨，《长物志》（苏州，1616—1620 年），卷八，2，收入《文渊阁四库全书》（北京，1773—1782 年）。关于花瓶，柯律格认为"花瓶的风格"决定了在"合适尺寸倭几"上如何放置。参考：Craig Clunas, *Superfluous Things: Material Culture and Social Status in Early Modern China* (1991) (Honolulu: University of Hawai'i Press, 2004), 44。

2 文震亨，《长物志》，卷六，3。感谢巴伦达哈（Barend ter Haar）教授与我讨论我的英文翻译。

3 参考：董其昌，《骨董十三说》，成书于 1636 年之前，再版于黄宾虹、邓实编，《美术丛书·二集》（上海：神州国光社，1947 年），第八辑，253—264，254，英文翻译来自：Stuart, "Practices of Display," 706。

4 这一术语见于苏颂，《新仪象法要》，137。

几榻的下座、藏书橱底部的小橱、屏风的下座、山形的器具、香盒的方形支撑物、佛像的石幢底座。[1] "座"的概念还可以进一步延伸至盆景[2]的底座,法国汉学家石泰安(Rolf Stein)认为盆景是"世界的缩影"[3]。以上这些看似不同的"座"发挥着纽带作用,使艺术品、宗教器物和盆景融入收藏品及其展示空间所属的宏大框架之中。观象台上天文仪器的"座"及龙柱共同宣示了皇帝的所有权,这与中国收藏家在所藏绘画作品的显眼位置加盖印章的做法极为相似[4]:画作易手之后,其前一任收藏者仍通过其印章彰显存在感,而观象台上的天文仪器在1900年左右被八国联军抢走,并于20世纪重新安装在德国柏林无忧宫公园(Park of Sanssouci,图7)[5],尽管这些仪器几经辗转,但仪器上的巨大龙形基座仍然清晰地表明其来自中国。

结论

　　正如中国瓷器通过金属底座得以欧化,康熙时期耶稣会士造的

---

1 文震亨,《长物志》,卷六,1B;卷六,5A;卷六,7A;卷七,7A;卷八,2A;卷八,5B。

2 文震亨,《长物志》,卷二,16A。

3 Rolf Stein, *The World in Miniature: Container Gardens and Dwellings in Far Eastern Religious Thought* (1987) (Palo Alto, Calif. : Stanford University Press, 1990).

4 座与印章的类比最先见于 Jan Stuart, "Where Chinese Art Stands: A History of Display Pedestals for Rocks," in Robert Mowry, ed., *Worlds within Worlds: The Richard Rosenblum Collection of Chinese Scholars' Rocks* (Cambridge: Harvard University Art Museums, 1997), 85–107, 85。

5 德国和法国军队劫掠了其中易于搬运的物件并运回欧洲,后归还中国。参见 Iannaccone, "Syncretism," 99。

图 7
德国波茨坦无忧宫柑橘园内的中国清朝天文仪器照片
摄于约 1910 年

天文仪器也通过特殊造型的基座被赋予中国内涵。这些天文仪器的台式基座构成了三维的立体框架，其开放式外框设计一方面界定了空间边界，另一方面也允许乃至邀请人们进入其中，这与康德所列举的"附属物"三个案例中的"华丽建筑周围的柱廊"（colonnades around magnificent buildings）[1] 十分相似。无论是中国瓷器的金属底座，还是传教士所造天文仪器下方的台式基座，都在中国设计和欧洲设计之间架起了桥梁，通过具有本土特色的展示框架借鉴吸收了异域的美学元素。

注：在此感谢何四维与沃斯纽斯基基金会（Hulsewé-Wazniewski Foundation）在推进荷兰莱顿大学考古学、艺术学和中国物质文化教学与科研方面做出的杰出贡献，同时感谢该基金会对本研究的资助。同时本文曾在 2011 年 7 月德国海德堡大学举办的海德堡东亚艺术史研讨会、2012 年 3 月美国普林斯顿大学举办的"'各种主义者'的终结与艺术史的未来"（The End of "-Ist" and the Future of Art History）研究生学术论坛，以及 2012 年 10 月中国北京举办的"相遇清代：中国与西方的艺术交流"国际研讨会上宣讲，在此感谢曾对本文部分内容提出意见和建议的与会学者。

---

1 "Säulengänge um Prachtgebäude," Kant, *Kritik der freien Urteilskraft*, 104.

国际流通与本土变通：十八世纪的器物与文化邂逅

克里斯泰尔·史曼太克
（KRISTEL SMENTEK）

　　乾隆皇帝在其执政的中晚期，偶然收到一件罕见而精美的铜胎珐琅彩花瓶。这件花瓶由广州工匠制造，并由一位广州官员作为贡品进呈。花瓶极富创意地大胆融合欧洲与中国的传统工艺技术、造型和纹饰风格（图1）。这个大花瓶的设计灵感源于欧洲进口的那类瓷器，以中国画的方式呈现了一派欧洲田园风光，画面被栩栩如生的不对称设计的镀金涡形纹饰包围，这些纹饰足以与绚丽的法国洛可可式装饰相媲美。花瓶表面的耳垂形（秋海棠形）纹饰及花瓶两侧的铺首衔环把手，体现出早期瓷器装饰传统的衍变，以及古代青铜工艺与铜胎珐琅彩的融合，而铜胎珐琅彩技术本身即是跨文化知识迁移的复杂产物。[1]

　　在大约同一时期的巴黎，出现了一件与上述花瓶十分相似、具

---

1 Evelyn S. Rawski and Jessica Rawson, eds., *China: The Three Emperors, 1662–1795*, exh. cat. (London: Royal Academy of Arts, 2005), no. 119；杨伯达，《清代广东贡品》（展会手册。北京：故宫博物院；香港：香港中文大学文物馆，1987年），54，131（46号展品说明）。

图 1
描绘欧洲风光并带
有铺首衔环把手的
洛可可风格花瓶
广州，广东省，乾
隆时期，镀金铜胎
珐琅彩，瓶高 50.5
厘米
现藏：北京，故宫
博物院

有中欧融合风格的奇特作品，这件作品是为谁生产的，以及在什么情况下生产的不得而知。这件明朝龙泉窑青瓷上十分巧妙地附着着18世纪法国的铜鎏金花枝。作品打破了人们对金属的刻板印象，生机盎然的铜鎏金花枝缠绕和穿透瓷器表面，时而遮掩、时而显现瓷器的镂空釉面（图2）。与广州的珐琅彩花瓶一样，18世纪中期法国铜鎏金底座的使用也得益于与异域器物碰撞之后所生发的创意和灵感。透过这件珐琅彩花瓶，可以看到中国和欧洲文化融合之后，创造出一种全新的器物。

珐琅彩花瓶和铜鎏金底座青瓷在各自所属品类中都是风格独特的作品，但也正是这种独特风格揭示出18世纪清朝和欧洲艺术交流的典型特点，即来自异域的陌生艺术形式和技术带来动态和多变的工艺流程，并在新的环境中不断流通和重新诠释。这两件代表性作品都揭示出器物在协调文化传播时的核心作用。除开天主教传教士、到中国冒险的西方商人，以及少数到欧洲旅行的中国民众，这一时期中欧之间的文化相遇更多发生在器物而非人的层面。进口器物是文化接触的主要发生地，受到进口器物启发而创造的新物件则具有异常重要的价值，能够帮助我们考察非殖民主义的跨文化关系中文化他者的参与进程。[1]

本文着重考察用铜鎏金工艺装饰中国瓷器的法国传统，这种艺术品陈列之风在18世纪中期达到顶峰。本文认为亚洲进口器物的形式转换是一种文化翻译，这种文化翻译旨在协调文化差

---

1 关于跨文化关系的探讨，参见 Greg Thomas, "Yuanming Yuan/ Versailles: Intercultural Interactions between Chinese and European Palace Cultures," *Art History* 32 (2009), 115–143；以及 Jonathan Hay, "Toward a Theory of the Intercultural,"*Res: Anthropology and Aesthetics* 35 (1999): 5–9。

图 2
明朝龙泉窑青瓷灯
中国硬质瓷器，15 至 16 世纪；法国铜鎏金底座，18 世纪中期；高 22.9 厘米
现藏：巴尔的摩，沃尔特艺术博物馆

异，而非贬低或征服另一种文化。[1] 这种艺术实践也凸显了器物性
（materiality）在文化交流中的媒介作用。众所周知，18 世纪的欧洲
为亚洲瓷器所倾倒，这种不可思议的器物带来视觉、听觉和触觉上
的享受，其制作技术多个世纪以来一直颇为神秘。然而，这些神秘
瓷器抵达法国之后，却往往被以切割或钻孔等方式添加上金属外衣，
使得其形态发生改变（从瓷碗和花瓶变成香料罐和大口水罐），也
使得其功能发生变化或丧失（铜鎏金底座使其变得沉重，也无法盛
水）。这些形态变化被认为是破坏了物品的原貌，一度被解读为 18
世纪的欧洲不懂得欣赏亚洲的艺术作品。然而，如果不拘泥于装饰
艺术的现代主义偏见，以及需保留艺术作品原貌的原则，以装框形
式对异域艺术作品重新装饰也可以视为增加了其附加价值。[2] 如同
采用画框来装饰绘画珍品的欧洲传统，或是使用底座抬高和凸显艺
术珍品的中国传统，金属外部纹饰的应用使得观赏者更加关注瓷器
本身，同时也增加了观赏者的感官体验，使其更能体会瓷器的视觉
和触觉美感。器物从一种文化语境到另一种文化语境的转换或翻译
固然不可避免导致某种改变；但我认为正是这种通过外形装饰带来
的改变揭示了一系列复杂的跨文化体验，这种由亚洲瓷器及其背后
先进而强势的文明所激发的跨文化体验，既让人感到矛盾，又令人
倍感振奋。

---

1 本文主要探讨中国瓷器的装饰问题，事实上欧洲的日本瓷器也使用铜鎏金装饰，也是
体现文化相遇的物件，但是日本瓷器往往与中国瓷器相混淆，有时甚至被单独提及以
凸显其相对于中国瓷器的优越性。关于欧洲对日本瓷器的接受问题，参见 John Ayers,
Oliver Impey, and J. V. G. Mallet, *Porcelain for Palaces: The Fashion for Japan in Europe,
1650–1750* (London: Oriental Ceramic Society, 1990)。

2 正如毕宗陶（Stacey Pierson）所言，外形装饰是一种 "例外化的过程"（exceptionalizing
process）。参见 Stacey Pierson, *From Object to Concept: Global Consumption and the Transformation
of Ming Porcelain* (Hong Kong: Hong Kong University Press, 2013), 36。

目前，关于瓷器作品的外形装饰问题的研究尚不多见。对亚洲瓷器进行外形装饰通常被解读为异域审美的归化现象，或被阐释为一种中国风现象。这两种观点都基于对中国文化和法国文化的过时而简单的国别划分，属于 19 世纪以来民族国家文化本质主义的论调。一些支持归化观点的论文，其隐含逻辑是法国纹饰同化乃至超越了瓷器的中国美学价值。[1] 这种论断还隐隐残存着现代主义对装饰艺术的批判。按照这种观点，只有那些在美学设计上存在先天不足的器物才需要通过装饰进行弥补。那些支持中国风观点的论文确实提及了中国元素，然而这些论断也仅仅是将中国元素作为启发创作、颇为时尚但缺乏深度的异国情调而已。[2] "中国风"这一术语本身诞生于 19 世纪，在帝国主义大行其道的时代，这一术语的使用一直伴随着一种嘲弄和蔑视的口吻。[3] 彼时对中国风的理解更多是抱以嘲讽和挖苦，而非源自对中国文化的持续兴趣或求知欲；更多是关注这些器物的外形特征，而非其文化内涵。可以说，中国风这一概念背后是一种欧洲文化优越性的论调。于是，将中国花瓶或瓷像作品用铜鎏金底座包裹，往往被解读为使用法国美学对异域美学的一种

---

1 Thibault Wolvesperges, "Chine-Japon-chinoiserie en France de Louis XIV à la Révolution, nouvelles perspectives d'analyse," in Brigitte d'Hainaut-Zveny and Jacques Marx, eds., *Formes et figures du goût chinois dans les anciens Pays-Bas* (Brussels: Éditions de l'Université de Bruxelles, 2009), 15–35, esp. 20–21.

2 David Porter, *Ideographia: The Chinese Cipher in Early Modern Europe* (Palo Alto, Calif.: Stanford University Press, 2001), 136–139.

3 中东地区关于中国风的研究不存在这些偏见。相关论述可参见 Yuka Kadoi, *Islamic Chinoiserie: The Art of Mongol Iran* (Edinburgh: Edinburgh University Press, 2009)。

遏制或征服。[1]

毫无疑问，18世纪的法国对中国物质文化的回应，以及对中国古代伟大艺术和发明的评价，都是充满矛盾甚至敌视情绪的。[2]然而，彼时法国对中国瓷器进行装饰的狂热事实上却证明了中国物质文化的无限魅力。本文认为，将陌生的瓷器作品转译为本土文化更为熟知的形式，其用意不在于压制或是抹去瓷器的中国元素，而恰恰在于通过一种展示艺术珍品的本土装饰语言对中国瓷器表示尊重和重视。

今天瓷器的无处不在令人们很难想象18世纪的欧洲对中国瓷器的疯狂迷恋。中国瓷器工艺精湛，造型优美，釉色迷人。与欧洲土陶制品不同的是，亚洲瓷器十分光滑，异常纤薄，而且纹饰色彩丰富，光鲜亮丽，这些特征都是欧洲陶器无法比拟的。瓷器在叩击

---

1 持类似论调的探讨可参见 Mimi Hellman, "The Nature of Artifice: French Porcelain Flowers and the Rhetoric of the Garnish," in Alden Cavanagh and Michael E. Yonan, eds., *The Cultural Aesthetics of Eighteenth-Century Porcelain*(Surrey, England: Ashgate, 2009), 39–64, esp. 55–58; Mimi Hellman, "Object Lessons: French Decorative Art as a Model for Interdisciplinarity," in Julia Douthwaite and Mary Vidal, eds., *The Interdisciplinary Century: Tensions and Convergences in 18th-Century Art, Literature, and History* (Oxford: Voltaire Foundation, 2005), 60–76, esp. 74; Perrin Stein, "Vases and Satire," in Colin Jones, Juliet Carey, and Emily Richardson, eds., *The Saint-Aubin Livre des caricatures: Drawing Satire in Eighteenth-Century Paris* (Oxford: Voltaire Foundation, 2012), 301–321, esp. 316–318。

2 关于17和18世纪欧洲对中国认识上的转变，相关研究可参见 Porter, *Ideographia*; Anne Gerritsen and Stephen McDowall, "Material Culture and the Other: European Encounters with Chinese Porcelain, c. 1650–1800," *Journal of World History* 23, no. 1 (2012): 87–113。其中第二篇文章，作者主要是分析欧洲旅华人士所撰写的关于中国瓷器的评论，并非本文所探讨的实体器物上的文化相遇。

时甚至还能发出清脆悦耳的声音。¹对于彼时欧洲而言，对瓷器的迷恋很大程度上是因为其神秘的制作工艺。亚洲瓷器制作技术一直掌握在中国和日本的工匠手中，也一度引发了五花八门的猜想，直到 18 世纪最初的十年，德国梅森的工匠才成功烧制出欧洲第一件真正的硬质瓷器。然而，直到 18 世纪 60 年代，欧洲大陆的大多数地区才陆续开始生产瓷器，而欧洲瓷器的制作之谜在 18 世纪一直被认为与炼金术有莫大关联。诸如裂纹釉等中国制釉工艺，欧洲工匠却一直未能掌握（图 3）。在 18 世纪大部分时期，对于欧洲消费者而言，亚洲瓷器都保持着制作工艺上的神秘魅力。正如人类学家阿尔弗莱德·盖尔（Alfred Gell）所言，亚洲瓷器这类工艺精湛的器物固然令人惊叹不已，但它们同样也会给欧洲观赏者们带来认识上的困惑，特别是当这些器物的制作技艺和物质形式超出观赏者的理解范畴时，便会使得观赏者丧失兴趣。²对于 18 世纪的欧洲观赏者而言，如果得知这件器物产自一个古老、遥远而且据说物产华美的帝国，那么中国瓷器的吸引力将大大提升。

为进口瓷器加铜鎏金底座的做法实际上是由法国巴黎室内装饰商（marchands-merciers）精心策划的，这些极富创意的奢侈品商人

1 耶稣会士殷弘绪（François Xavier d'Entrecolles）在 1712 年从中国寄出的信件里提醒欧洲观赏者关注中国瓷器的悦耳声响，这封信随后很快在法国公开发表。参见 Robert Finlay, *The Pilgrim Art: Cultures of Porcelain in World History* (Berkeley: University of California Press, 2010), 26。

2 Alfred Gell, "The Technology of Enchantment and the Enchantment of Technology," in Jeremy Coote and Anthony Shelton, eds., *Anthropology, Art and Aesthetics* (Oxford: Clarendon Press, 1992), 40–63; Mimi Hellman, "The Joy of Sets: The Uses of Seriality in the French Interior," in Dena Goodman and Kathryn Norberg, eds., *Furnishing the Eighteenth Century: What Furniture Can Tell Us about the European and American Past* (New York: Routledge, 2007), 129–153, esp. 140–142.

图 3

金属外框装饰的香料瓷瓶

裂纹釉硬质瓷，康熙年间，约 1700 年；法国铜鎏金底座，1745—1749 年；整件作品高
45.7 厘米，口径 31.8 厘米，足径 25.4 厘米

现藏：旧金山，旧金山美术博物馆

是当时中国物质文化的主要阐释者，他们的服务对象是法国精英阶层。[1] 作为一类特殊产品的生产商，法国室内装饰商并未直接参与生产，相反他们组织了一大批工匠参与进来，因为当时的行会管制，这些工匠只能从事一种材料的生产。例如，铜鎏金底座瓷器的制作至少需要三类工匠：铸铜师、镀金师和瓷器切割与穿孔师。这些室内装饰商选择使用铜鎏金工艺装饰瓷器，实际上是充分参考了用金属固定装置展示稀罕或珍贵物品的欧洲传统，这一传统经得起历史考验，也在欧洲大陆广为流传。他们更是完全改造了这一传统。到18世纪30年代，室内装饰商们完全抛弃了先前法国工匠采用精美纯银或镀银底座装饰亚洲瓷器的做法，转而采用覆盖面更大、更为精美的铜鎏金把手和顶盖这些附属物件进行装饰，同时采用镂空雕刻而非实心的底座将瓷器垫高。然而，最近几十年一些收藏家很快适应了去掉这些附属装饰，将瓷器还原到未经修饰的初始状态。对18世纪的欧洲观赏者和同一时期的中国观赏者而言，艺术珍品都需要用框架和底座进行装饰[2]，无论这件艺术珍品是一幅油画、一幅素

---

1 Carolyn Sargentson, *Merchants and Luxury Markets: The Marchands Merciers of Eighteenth-Century Paris* (Malibu, Calif.: Victoria and Albert Museum in association with the J. Paul Getty Museum, 1996); Thibault Wolvesperges, "Les marchands-merciers et la Chine, 1700–1760," in Georges Brunel et al., *Pagodes et dragons: Exotisme et fantaisie dans l'Europe rococo, 1720–1770*,exh. cat. (Paris: Paris-Musées, 2007), 17–23.

2 Jan Stuart, "Practices of Display: The Significance of Stands for Chinese Art Objects," in Jerome Silbergeld et al., eds., *Bridges to Heaven: Essays on East Asian Art in Honor of Professor Wen C. Fong* (Princeton: Princeton University Press, 2011), 693–712, here 699–700; Philip Mak, *The Art of Chinese Wooden Stands: The Songde Tang Collection*, exh. cat. (Hong Kong: University Museum and Art Gallery, University of Hong Kong, 2008). 关于现代收藏家对于瓷器外形装饰的反感与憎恶，参见 Francis Watson and John Whitehead, "An Inventory Dated 1689 of the Chinese Porcelain in the Collection of the Grand Dauphin, Son of Louis XIV, at Versailles," *Journal of the History of Collections* 3 (1991): 13–52, here 18 and 51, note 12。

描、一件中国瓷器、一件水晶石雕、一件打磨过的贝壳、一件玉器或是一件珍贵饰物。附属物件凸显了被装饰物品的重要价值，缺少了这些附属装饰，主体物品也就失去了被关注的价值。

在法国，瓷器的外部装饰也具有一种非常现实的功能。瓷器在运输途中较易受损，铜鎏金外框能够很巧妙地保护瓷器易损的口沿和瓶颈，继而确保商人能够收回在高价值进口瓷器上的投资。切割掉原有的易于破损的把手和手柄也是为了起到类似的作用。尽管根据当代瓷器专家的评判标准，18世纪法国大部分铜鎏金底座的亚洲瓷器本身价值并不高，但是对于当时的法国瓷器爱好者而言这些已经是非常罕见的珍贵物件。与各家东印度公司成批进口小件的装饰瓷器和实用瓷器不同，法国的室内装饰商倾向于选择与众不同的瓷器作品，例如具有鲜艳釉色的动物瓷器；拥有珐琅彩、精美镂空设计、不同平面造型，以及单色釉、灰绿色釉或裂纹釉的大件瓷器。室内装饰商的货物清单还显示，这些瓷器即使存在缺陷，也仍然价值颇高，这或许是因为附属装饰能够在一定程度上对这些缺陷作出弥补。[1]

然而，法国室内装饰商们的创造力并不仅限于修修补补。18世纪法国的工匠不仅仅对进口瓷器进行装饰，还对瓷器进行切割、穿孔和重新组装，将进口花瓶和瓷碗转换为成套的大口水罐、香料容器和含盖瓶罐。有时香料容器的制作需要用到两只中国瓷碗，并借助铜鎏金的镂空圆箍将其连接起来（图4）。[2]还有更为极端的案例，一些瓷器有时被切割不止一次，分割之后再重新组合，目的是方便

1 Sargentson, *Merchants*, 69. 关于通过外形装饰修补瓷器的创意案例，参见 Gillian Wilson, *Mounted Oriental Porcelain in the J. Paul Getty Museum* (Los Angeles: J. Paul Getty Museum, 1999), cat. no. 19。

2 Wilson, *Mounted Oriental Porcelain*, cat. no. 13.

图 4

重新装饰后的含盖瓷碗

中国硬质瓷器，康熙年间；法国铜鎏金底座，1745—1749 年；高 40 厘米，直径 38.1 厘米

现藏：洛杉矶，保罗·盖蒂博物馆

嵌入更多铜鎏金装饰物件（见图 3）。[1] 对亚洲瓷器进行外部装饰经常需要将其切开的做法，导致当代对中国风的理解中隐含一种轻率和诋毁。但是这种做法其实并不仅仅针对亚洲进口器物。在法国，梅森出产的瓷器（Meissen porcelains）也会被分割以方便装饰，而且在 18 世纪的欧洲，绘画作品通常会被切割重塑，就连价值不菲的珍品古董和古代伟大画师的作品，也往往会被重新组合或增添装饰，然而艺术史家们却很少提及这些案例。[2]

瓷器的外形装饰使得欧洲观赏者更为关注其器物属性、神秘工艺和迷人釉色。例如，亚洲瓷器的单色制釉工艺受到 18 世纪欧洲观赏者极度推崇，这一工艺西方尚无法企及。欧洲工匠都十分清楚，单一釉色很难均匀烧制，对大型瓷器而言更是困难。[3] 中国瓷器的釉色，特别是单一釉色，其如镜面一般的表面备受欧洲用户喜爱；而当时瓷器上铜鎏金饰件的各种雕镂造型和不同纹案设计，使得瓷器表面镜面般的映射效果更为生动。[4] 正如一位 18 世纪的评论家所言，铜鎏金饰件与瓷器仿佛是天作之合，釉色表面所反射的铜鎏金光泽

---

1 参见 Kristel Smentek, *Rococo Exotic: French Mounted Porcelains and the Allure of the East*, exh. cat. (New York: The Frick Collection, 2007)。

2 关于梅森瓷器的切割和外形装饰问题，参见 J. Paul Getty Museum, 79. DI. 59。关于 18 世纪对古代伟大画师作品的修饰问题，参见 Ben Broos, "Improving and Finishing Old Master Drawings: An Art in Itself," *Hoogsteder-Naumann Mercury* 8 (1989): 334–355；Kristel Smentek, "The Collector's Cut: Why Pierre-Jean Mariette Tore Up His Drawings and Put Them Back Together Again," *Master Drawings* 46 (2008): 36–60。

3 Edme-François Gersaint, *Catalogue raisonné des bijoux, porcelains, lacqs ... de M. Angran, vicomte de Fonspertius* (Paris, 1747), 31.

4 耶稣会士李明（Louis-Daniel Le Comte）十分欣赏中国瓷器的釉面，曾将其比喻为镜面。参见 Louis-Daniel Le Comte, *Nouveaux mémoires sur l'état présent de la Chine* (Paris, 1696), 1:322。

进一步强化了视觉效果。[1]

在法国精英阶层的居室内，亚洲瓷器这种材质本身的魅力，往往通过成套瓷器或是借助玻璃展镜反射形成的累加效应，得到进一步增强。很多铜鎏金装饰瓷器往往成套出售，每套通常包含至少两件造型和釉色同样精美的同款瓷器，比如，一套使用瓷碗加工而成的香料容器包含至少四件瓷器。其他物件也是将三件以上釉色和装饰风格近似的瓷器予以组合，摆放于壁炉架台面之上。这种两件或三件瓷器成套组合的做法进一步凸显了瓷器的材质特色，同时也体现出 18 世纪法国高雅品位重视对称美学的传统。瓷器常常被摆放在墙壁玻璃镜面前方，其魅力往往通过镜面反射得到进一步提升。这种陈列方式不仅通过重复手法使得青瓷或珐琅瓷釉色的迷人程度成倍增加，而且还通过组合展示方式呈现了瓷器和铜鎏金附件的高超工艺水平。[2]

事实上，瓷器也不仅仅带来视觉上的享受。欣赏瓷器作品需要视觉和触觉的协调配合，而 18 世纪的评论家就已经隐约认识到这种具身认知（embodied perception）的体验方式。到 18 世纪 60 年代，一些法国作家认为亚洲瓷器能够带来一种独特的感官体验，他们称之为"柔和触感"（tact flou），并将之粗略定义为"鉴赏家观赏瓷器时所产生的某种感官体验"。[3]法语词 tact 字面意思是指触觉，而在历史文本中这一术语用于描述瓷器时，却意指由瓷器质地及其

---

1 Pierre Remy and Jean-Baptiste Glomy, *Catalogue raisonné des tableaux, sculptures ... porcelaines anciennes ... de feu monsieur le Duc de Tallard* (Paris, 1756), 257.

2 Hellman, "Joy of Sets.".

3 Pierre Remy and Claude-François Julliot, *Catalogue raisonné des tableaux, desseins et estampes et autres effets curieux après le décès de M. de Jullienne* (Paris, 1767), porcelains, 6.

釉色共同带来的触感体验。[1] 另一个法语词 flou 似乎特别用于指称釉色的某些属性，但其实并不容易对其进行定义。在法语词典中，flou 拥有多种含义，指各式各样的轻盈，一种令人愉悦的柔和、精致、柔软（moelleux）；与油画又硬又干（dure et sèche）的属性恰好相反的温润醇和（mellowness）。[2]

"柔和触感"这一术语仅仅用于描述对瓷器本身的感官体验，并不用于对瓷器外形装饰的描述。然而，要实现这一术语所描述的异域文化感官体验，瓷器外形装饰的作用也不可或缺。艺术理论家新近指出，在欧洲传统中，外形装饰既是艺术品的附属物，同时也被视为构成艺术品整体性的重要组成部分。尽管外形装饰本身价值并不突出，但它却能促成和提升对艺术品的感官体验。与画框的功能类似，铜鎏金附件衬托和凸显了瓷器本身，成功将观赏者吸引至近前鉴赏，而后它却功成身退，退出至观赏者的视野之外，将焦点留给瓷器本身。[3] 当时在不同瓷器上还往往重复使用相同造型的饰物，或是使用更为时尚的饰物替代已经过时的饰物，这些业界实践非常形象地反映了外形装饰的这种衬托功能。18 世纪一些法国雇主甚至还专门定制金属外框，而且往往不惜成本，但是当时法国室内装饰

---

1 Philippe-François Julliot and Alexandre-Joseph Paillet, *Catalogue des vases, colonnes, tables de marbres rares, figures de bronze, porcelains de choix ... & autres effets importants qui composent le cabinet de feu M. le duc d'Aumont* (Paris, 1782), 25.

2 关于各时期对法语词 tact 和 flou 的诸多定义，参见 *Dictionnaire de l'Académie française*, 4th ed. (Paris, 1762), Dictionnaires d'autrefois: https://artfl-project.uchicago.edu/content/dictionnaires-dautrefois，检索 "tact" 和 "flou"。关于法语词 flou 的定义，也可参见 Claude-Henri Watelet and Pierre-Charles Lévesque, *Dictionnaire des arts de peinture, sculpture et gravure* (Paris, 1792), 2:328–331。

3 Jacques Derrida, *The Truth in Painting*, trans. Geoff Bennington and Ian McLeod (Chicago: University of Chicago Press, 1987), 61.

商及其工匠们更惯常的做法是，在各种进口瓷器上重复使用同一款式的底座、顶盖和把手等饰物。[1] 这种做法也说明，当时的大多数消费者内心十分清楚瓷器本身的价值要高于铜鎏金附件的价值。当然，这并非意味着外形装饰可有可无，而是说明对外形装饰的鉴赏与对瓷器的鉴赏二者相互依存。铜鎏金附件曲折有致的弧线造型不仅抓住了观赏者的眼球，也在隐隐地诱使观赏者伸出手来，去感受瓷器典雅、精致与柔和的釉彩，与众不同的镂空雕饰和纹饰，以及圆润的外形和流畅的轮廓。从这一角度而言，似乎可以推测：吸引观赏者触摸瓷器是对其附加华丽手柄或顶盖装饰的重要动力。尽管这些外在装饰很大程度上不太实用——有些手柄和顶盖不易把握，但是这些装饰却似乎在向观赏者发出邀请，欢迎观赏者使用原本并不方便移动，也没有多少实用功能的瓷器。[2]

从现存的法国金属镶嵌瓷器可以看出，瓷器的金属装饰风格在18 世纪 30 年代发生了转变，在这之前多采用更为坚固的实心底座及纯银或镀银的精致把手和顶盖，而之后则转为采用更为精细的铜鎏金装饰造型及架高的镂空铜鎏金底座。那么，会是中国的瓷器展示文化导致了这些变化吗？有学者指出，法国采用成本更低的铜鎏金装饰并非出于经济考量，而是一种审美转向。[3] 铜鎏金外框与 18世纪法国家具、烛台、炭架和时钟上广泛使用的金属装饰十分相似，这一时期法国金属外框的设计也与当时流行的洛可可艺术风格近似。那么，当时的金属外框设计风格是否也参考了中国以往的艺

---

1 参见 Smentek, *Rococo Exotic*, 20, 43。

2 Marcia Pointon, "The Lure of the Object," in Stephen Melville, ed., *The Lure of the Object* (Williamstown, Mass.: Sterling and Francine Clark Art Institute, 2005), 207–211, 此处引文出自第 209 页。

3 Wilson, *Mounted Oriental Porcelain*, 11.

术风格？尽管瓷器的外形装饰问题尚未有很多研究，但是 18 世纪法国的收藏品中却有来自中国的各种器物，且为数不少，这些器物往往都有底座、支架，或配有镀金的把手、顶盖和足底等外在装饰。或许正是这些中国器物的到来启发了法国工匠，于是他们开始尝试借鉴，并创造性地改变了广州工匠之前采用的装饰材料和装饰形式。

法国著名中国风画家和设计师弗朗索瓦·布歇曾指出，18 世纪的法国已经出现各种品类的中国器物，从陶瓷、漆器到青铜和象牙制品。[1] 布歇的私人藏品目录于 1771 年出版，列有大量亚洲器物，其中就有一些器物使用产自中国的底座或支架，还有一些器物有镀金的把手或足底。这些器物中有两件中国青铜小瓶（cornet），用南洋木底座支撑，一件灰陶瓶（terre grise vase）以“中国白玉底座”支起，还有一件附有铜鎏金把手的象牙瓶被描述为体现了“高超的中国工艺水平”。[2] 吉利安·威尔逊（Gillian Wilson）教授曾指出，中国进口的珐琅瓷很可能是法国铜鎏金底座设计的一个参考来源。[3] 威尔逊引用的文献中还揭示了更多类似的例子，比如布歇藏品中有一件“设计精美的”中国铜胎珐琅彩瓷瓶使用了铜鎏金的三角支架，收藏家让·德·朱利安尼（Jean de Jullienne）1767 年的收藏清单里有一件香炉使用南洋铜材质的铜鎏金三足底座架起。[4] 布歇藏品中还

---

1 关于布歇对中国瓷器的本土化装饰，参见 Perrin Stein, "Les chinoiseries de Boucher et leur sources: l'art de l'appropriation," in Brunel et al., *Pagodes et dragons*, 86–100; Perrin Stein, "Boucher's Chinoiseries: Some New Sources," *Burlington Magazine* 138 (1996): 598–604。

2 "来自中国的珍品"（"d'un travail précieux de la Chine"），参见 Pierre Remy, *Catalogue raisonné des tableaux, desseins ... et autres curiosités qui composent le cabinet de feu M. Boucher* (Paris, 1771), lots 637, 894, 653，此处引文出自第 653 页。

3 Wilson, *Mounted Oriental Porcelain*, 11.

4 Remy, *Catalogue raisonné ... M. Boucher*, lot 939; Remy and Julliot, Catalogue raisonné ... Jullienne, lot 1515.

有一件香料瓷容器，盖上绘有一个浮屠像（pagode，法语中指中国的凡人和佛陀），整件作品"十分和谐地按照中国品位使用青铜进行装饰"，另有一件铜鎏金底座的黑色漆盒，也颇有"中国风味"（goût chinois）。[1] 朱利安尼藏品中也有类似的以青铜和铜鎏金装饰的物件，这些装饰或带有南洋风情，或具有中国品位。[2] 然而，这些所谓的"中国品位"具体所指为何，却不甚明了。它或许是指通常认为的具有中国特色的装饰，比如有时固定于亚洲瓷器口沿处或把手上的铜鎏金金龙造型（图5），也有可能是指从中国进口的金属底座或支架。关于金属底座或支架，还有一个更为有趣的案例：1747年法国收藏家安格朗·德·冯波尔舍斯（Angran de Fonspertius）的资产出售目录中曾记载有一件来自中国的水果造型青铜香炉，支撑这件香炉的就是一个叶子造型的青铜底座。[3]

据我所知，上述器物如今很少能得到证实，只能通过文字描述想象它们的模样。不过现存的一些绘画作品倒是能够证实，18世纪法国观赏者对中国的底座比较熟悉，或者说至少见过其图像，这些底座风格从简约到华丽，不一而足。值得注意的是法国人胡桂尔（Gabriel Huquier）于1738至1749年出版的《来自中国的各种鸟类、花卉、植物和战利品》（*Livre des differentes éspéces d'oiseaux, fleurs, plantes, et trophés de la Chine*），这套图册包含不少于60张关于中国器物的版画，其中就有大量花瓶使用了三角支架、漆器底座和根雕底座。[4] 17、18世纪的一些描绘中，出口至欧洲的陶瓷也有

---

1 Remy, *Catalogue raisonné ... M. Boucher*, lots 767, 726.

2 Remy and Julliot, *Catalogue raisonné ... Jullienne*, lots 1612, 1610.

3 Gersaint, *Catalogue raisonné ... Angran de Fonspertius*, lot 338.

4 除开瓷器，胡桂尔还绘制了许多其他中国器物，包括如意、硬石雕、玉石成品、三足鼎和篮篓等。法国巴黎国立艺术史研究院图书馆藏有这本图册的一套手工上色版，与其一起装订的还有另外12幅关于中国器物的水粉画。

图 5

一对水罐

硬质瓷瓷器，康熙年间，约产于 1700 年；法国铜鎏金附件，制作于约 1730—1735 年间；

两件瓷器均高 59.4 厘米

现藏：巴黎，卢浮宫博物馆

木质或其他材质的底座。¹ 使用底座装饰的瓷器、香炉和其他青铜容器也出现在所谓的 "坎普弗尔版画"（Kämpfer prints）²，也即来自苏州的 17 世纪晚期彩色木版画中。这些木版画在 17 世纪 90 年代之前开始陆续进入欧洲，在 18 世纪 40 年代之前的法国市面肯定已经可见；也是在这一时期，耶稣会士汤执中（Pierre-Noël Le Chéron d'Incarville，1706—1757 年）开始将其中国见闻寄给他的法国博物学家朋友伯纳德·德·裕苏（Bernard de Jussieu）。³ 这些木版画启发了胡桂尔后来若干的亚洲风格的有足底座设计。⁴ 胡桂尔在木版画中见识了许多不可思议的底座设计，其中就有一件极度不对称设计的镂空底座，支撑着一只香炉（图 6）。这只香炉的底座也许是木头制成的，但它完全可以媲美 18 世纪 40 年代法国用于中国瓷器上的更为栩栩如生的架高铜鎏金底座。⁵ 更为引人注目的是，18 世纪 70 到 80 年代北京耶稣会士曾向法国国务大臣和亲华人士亨利 - 莱昂纳多·贝尔坦寄送了数百幅绘画作品，画作中几乎所有的中国瓷

1 相关案例可参见 *Porzellan aus China und Japan: die Porzellangalerie der Landgrafen von Hessen-Kassel*, exh. cat., Staatliche Kunstsammlung Kassel (Berlin: Dietrich Riemer, 1990), cat. nos. 10, 11, 129, 131。

2 译者注：德国医生、博物学家恩格柏特·坎普弗尔（Engelbert Kämpfer）曾于 17 世纪 80 至 90 年代旅居日本等亚洲国家，著有《日本志》（*History of Japan*）一书，书中有关于日本乃至亚洲器物的资料。

3 Bertrand Guillet et al., *La soie et le canon: France-Chine 1700–1850*, exh. cat. (Paris: Gallimard; Nantes: Musée d'Histoire de Nantes, 2010), 144, cat. nos. 2. 52–2. 53. 前人研究一直认为是德国医生、博物学家恩格柏特·坎普弗尔于 1693 年最早将这些木版画从日本带回欧洲。然而，最近的一项研究挑战了这一观点。参见 Kim Sloan, "Sloane's 'picture in frames' and 'books of miniatures,'" in Alison Walker et al., eds., *From Books to Bezoars: Sir Hans Sloane and His Collections* (London: British Library, 2012), 168–189, 此处出自第 186 页。

4 《1767 年由胡桂尔绘制的古董花瓶和现代花瓶》（*Recueil de vases antiques et modernes dessinés par G. Huquier en 1767*），现藏凡尔赛市立图书馆。感谢大卫·普林斯（David Pullins）博士向我推荐胡桂尔的图册。

5 关于现存的各种材质的中国底座和支架，参见 Mak, *The Art of Chinese Wooden Stands*。

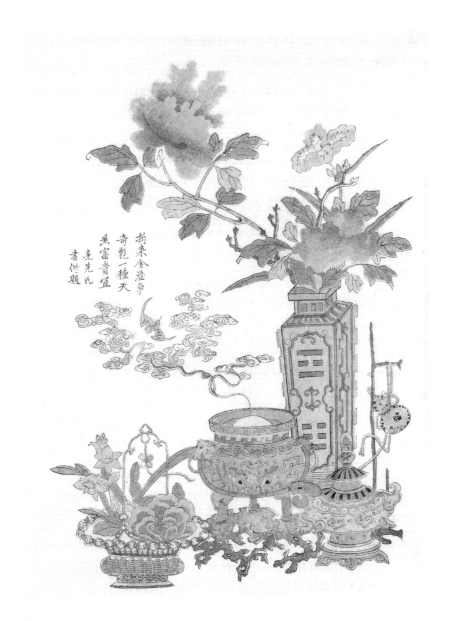

图 6

《花卉、香炉和各色瓷瓶》

彩色木版画，中国，约 1690（？）年，37 厘米 ×28.8 厘米

现藏：巴黎，吉美亚洲艺术博物馆

器和其他古董都以底座支撑（图 7）。[1] 从这些画作中可以看出中国底座使用了各种制作材料，从硬木、瓷器、铜鎏金到漆器再到玉器；从中也可以看出中国底座拥有各种造型，从圆形、多边形的底台到有足的底架，再到一些形式更自由、包裹面更广的底座——这些底座甚至很大程度上改变了对其装饰对象——瓷器的观感。

与胡桂尔的图册一样，贝尔坦收到画作的时间要晚于法国铜鎏金装饰设计风格转向，但它们都向法国社会呈现了各种不同的中国瓷器装饰，这些装饰风格也许通过这种方式成功地进入了 18 世纪的法国，潜移默化地影响了中国瓷器在法国的室内陈列方式。至于法国工匠倾向于将中国瓷器加工成拥有带足底座和较大顶盖的香料容器，或许也可以解读为，这是模仿了法国收藏品中以各种形式呈现的中国香炉装饰。18 世纪法国的收藏品拍卖目录中记录的中国青铜器保留着其原始的木制支撑物。目录中的瓷器，其原本的底座变成更为华丽的本土装饰，似乎这种本土装饰更能体现其收藏者的高雅，也更能展示来自遥远异域的材质精美、工艺精湛的物件。这些被精心装饰的瓷器本身价值不菲，通常被陈列在装饰奢华的法国居室内，被视为其收藏者社会地位的象征。从这一意义上讲，精心装饰的瓷器与许多其他珍贵物件一样，都被赋予"表征"（représentation）的功能，以十分浮夸的形式展示收藏者的身份，因为只有法国上流显贵才有资格拥有这等珍品。然而，外形装饰固然帮助亚洲瓷器登上如此奢华的展示平台，但它同时也将亚洲瓷器从众多展示器物中孤立出来，使其成为与一个遥远帝国文化接触的空间。耶稣会士的中国见闻报告，以及从亚洲进口的丝绸、瓷器、

---

1 贝尔坦的许多瓷器图册现存于巴黎的法国国家图书馆版画部。贝尔坦的瓷器图册中有一卷于 2013 年 4 月 9 至 10 日在纽约佳士得拍卖行被拍卖售出，拍品编号 60。

图 7

《宣德时期（1426—1435 年）的抱月瓶》

出自图册《中国古花瓶暨各种瓷器》（*Vases anciens et diverses porcelaines de Chine, Antique vases and various porcelains from China*），此图为第 71 幅

现藏：巴黎，法国国家图书馆

玉器、漆器等更为实质化的新奇器物，呈现出一种精致、华丽的宫廷文化，很容易引起法国上流精英阶层的文化共鸣。[1]

"中国风"一度被解读为一种肤浅的美学游戏，它带来一种掺杂着矛盾心理的欢愉，矛盾心理产生于异域器物上大量难以理解的异域文化符号。这种解读实际上羞于承认文化交流的器物性诉求，即跳脱出人的维度，以器物本身促进对异域文化成就的相互欣赏（至少在精英阶层、贵族阶层有所体现），甚或在两种文化欠缺共同表征符号时亦能如此。18世纪欧洲艺术对中国的反应，既有惊艳绝伦，也有不屑一顾，这一点无须否认。但与此同时，产生了一个特殊术语——"柔和触感"（tact flou），专门用于描述欧洲与亚洲瓷器的相遇体验，并创造一种瓷器装饰工艺来强化这种体验，这便如同（本文开篇提及的）广州珐琅彩瓷瓶一样，揭示出彼时本土文化与来自遥远异乡的进口器物之间实际上有着更为开放和强烈的互动。18世纪欧洲与中国的这种文化相遇，也恰恰展示了器物本身如何得以促成自我与他者之间那种互动而非对立关系的想象。

---

1 参见 Thomas, "Yuanming Yuan/Versailles"。

邂逅西洋锦：十八世纪清朝的欧洲丝绸

梅玫
（MEI MEI RADO）

乾隆皇帝有两幅大型戎装骑马像，分别描绘他第一次和第二次大阅时的仪容，两次大阅分别于 1739 年和 1758 年在京郊南苑举行。大阅是清朝最高级别的阅兵典礼，用于皇帝检阅清廷军队。这一仪式目的在于展示满族军队的英武之姿和凸显清廷的政治权力。[1] 这一重要场合的皇帝画像具有非常强烈的象征意义和宣传色彩，在画像中乾隆皇帝被描绘为集权力量的掌控者及绝对权威的统治者。

这两幅画像均由耶稣会士意大利画家郎世宁创作，他从 1715 年开始任职于清朝宫廷画院直到去世。在郎世宁笔下，乾隆全身戎

---

1 关于大阅和乾隆皇帝相关画像的探讨，参见朱家溍，《清高宗南苑大阅图》，《故宫退食录》（北京：北京出版社，1999 年），1：61-64；Pamela Kyle Crossley, *A Translucent Mirror: History and Identity in Qing Imperial Ideology* (Berkeley: University of California Press, 1999), 272-275；刘潞，《从博行诗意图与清高宗大阅图考析》，《故宫博物院院刊》，4（2000）：23—25。但是，朱家溍和克罗斯利（Crossley）都把 1739 年的大阅图错认为是 1758 年的大阅图。

装,骑于骏马之上(图 1)。[1] 两幅画像均通过不同层次的象征符号构建出一个理想化的统治者形象:头盔上铭刻有藏文书写的佛文,象征他是清朝国教的化身;戎袍上的龙形纹饰表明他的天子身份;画中隐而不露的骑射之术揭示了他的满族尚武血统。乾隆的皇帝形象还通过与欧洲艺术作品的互文进一步得以显现。乾隆的骑马姿态与罗马帝王的雕像,以及文艺复兴以来的欧洲君主画像遥相呼应,进一步强化了他作为帝国统治者的英雄主义形象。[2]

两幅画像在构图和形制上极为相似,二者之间十分有趣的一点差异在于,第二次大阅画像中的弓插和鞍鞯使用了西洋锦(图 2,截取自图 1)。这些西洋锦拥有亮丽的金属底色和大片的花卉纹饰,让人不禁联想起使用金属丝线的自然主义织锦风格,这种风格曾在 1733 至 1740 年盛行于欧洲。两幅画像的这一差异揭示出,乾隆时期西洋锦在清廷重要仪式,以及帝王形象视觉构建上起到越来越重要的作用。

近年来,乾隆皇帝的异域审美品位,以及彼时的中欧文化交流日益受到学界的关注。然而,西洋锦所起到的历史作用却备受忽视。[3] 锦缎研究学者通常关注中国出口至欧洲的丝绸制品,以及欧洲丝织品设计中的中国风纹案,却鲜少关注欧洲纺织文化对中国的影响。本文旨在初步探讨乾隆时期清宫使用西洋锦的起源、功能和价值。

---

1 关于 1739 年图像的探讨,参见 Evelyn S. Rawski and Jessica Rawson, eds., *China: The Three Emperors, 1662–1795*, exh. cat. (London: Royal Academy of Arts, 2005), 166。

2 Crossley, *A Translucent Mirror*, 273.

3 2003 年南京云锦研究所曾展出几件北京故宫藏西洋锦,但错认为由江宁织造织成。纺织考古学者赵丰最早指出此一错误,并注意到故宫所藏的西洋锦。参见赵丰,《中国丝绸艺术史》(北京:文物出版社,2005 年),195。亦可参见赵丰,《锦程:中国丝绸与丝绸之路》(香港:香港城市大学出版社,2012 年),315—319。

图 1

《乾隆大阅图》轴

郎世宁，1758 年，绢本设色，430 厘米 ×288 厘米

现藏：北京，故宫博物院

图 2
图 1 细节图

本项研究调查了大量清宫档案，考察了北京故宫博物院现存的相关藏品，并分析了包含西洋锦画面的清朝宫廷绘画。笔者还追溯了西洋锦进入清朝宫廷的各种途径，基于此探讨这些西洋锦如何启发清宫西洋风格锦缎的织造，如何构造清朝皇帝的勇武形象，以及如何凸显其无上的政治权力。

西洋锦在清宫中的地位可以借助"相遇"的概念来理解。首先，这些西洋锦在中国和欧洲的政治、文化和经济交往中占据着特殊的位置。其在中国的传播和接受体现为一种独特的跨文化互动形式。其次，这些西洋锦被用于清廷重要仪式，可以视为它们与清朝皇权正面相遇的开始：它们的陌生式样和纹饰图案成为一种特殊质地的界面，向画像的观赏者展示出清朝帝王用品的雍容华丽。本文将着重论述西洋锦如何在不同的文化环境中创造出新的价值。本文将特别揭示清廷如何借鉴移植西洋锦的设计制造工艺为己所用，以此展示其全球视野和技术水准，进而彰显其帝国实力。

清宫的西洋锦：起源与仿制

进入清宫的西洋锦主要是作为外国贡品，由出访清朝的欧洲各国使节进呈，其中又以荷兰和葡萄牙为主。荷、葡两国长期活跃于亚洲东南的沿海贸易中，两国在17世纪中期开始派遣使臣出访清廷，并于1684年康熙皇帝放开海禁之后与中国建立了贸易关系。[1] 根据清宫档案记载，金银花缎频繁出现在外国贡品清单里。[2] 这些贡品

---

1 "礼部二一三卷：朝贡一，贡期"，昆冈等编，《钦定大清会典事例》，1886—1899年，卷五〇二。在线全文数据库：http://hanchi.ihp.sinica.edu.tw。

2 相关案例可参见"礼部二一四卷：朝贡二，贡物"，昆冈等编，《钦定大清会典事例》，1886—1899，卷五〇三。

西洋锦并不局限于荷、葡两国的产品，还可能产自法国里昂和英国斯皮塔佛德两大高档丝绸织造中心。西洋锦贡品也有部分来自南亚和东南亚的清朝附属国，欧洲商贸在这些区域十分活跃。清朝附属国进贡的西洋锦很可能来自与欧洲的跨国贸易，而非由本国织造。例如，暹罗在 1720 年进献的贡品中就包含"西洋金缎"和"大西洋阔宋锦"。[1] 这些由欧洲和东南亚国家进呈的西洋锦在进入清宫之前，就已经是跨国贸易的对象。然而对于满族皇帝而言，这些锦缎统统被视为专门进呈的外国贡品，可以彰显其集权威望，也被视为其权力和地位的象征。

西洋锦也通过广州进入中国。广州的粤海关建立于 1684 年，是当时开放对外贸易的四大港口之一。1757 年，清朝皇帝颁发新法令，指定广州作为允许欧洲船只进入的唯一港口。[2] 此后广州长期被作为连接欧洲和清廷的主要通道。粤海关的巡视官员和广东省的本土官员定期向雍正皇帝（1723—1735 年在位）和乾隆皇帝进呈西洋锦等各色新奇西洋物品。[3] 1749 年清朝皇帝特向两广总督传谕：所有进呈朝廷的贡品，特别是"金银丝缎"和"毡毯"，"务是在洋做方可"。[4]

清朝与俄国的贸易为"金花缎"、"金银花缎"和"呢绒"等西洋锦的流入打开了另一条通道。[5] 1689 年签订的《尼布楚条约》开

---

1 "礼部二一四卷：朝贡二"。

2 黄启臣，《清代前期海外贸易的发展》，《历史研究》，4（1986）：153。

3 北京故宫博物院等编，《清代广东贡品》（展会手册。北京：故宫博物院，1987 年）。

4 中国第一历史档案馆、香港中文大学文物馆编，《清宫内务府造办处档案总汇》（北京：人民出版社，2005 年，以下简称《档案总汇》），1723—1795 年，17：705。

5 18 世纪的相关案例参见赖惠敏，《19 世纪恰克图贸易的俄罗斯纺织品》，《中央研究院近代史研究所集刊》，第 17 卷，3（2013）：7。

通了中俄贸易，协议俄国商团定期来京；1727 年，通过《恰克图条约》，贸易中心转移到中俄边境城市恰克图。[1] 例如，清宫内务府档案中就曾提及"所买哦啰嘶金花缎"。[2]

　　清廷造办处的年度库存清册和日常记录也有关于西洋锦的记载。例如，雍正皇帝即位当年（1723 年）库存清册记载了 12 件新进"西洋大金缎"。这些西洋锦颜色和设计不一，从"金色地大花锦"到"黄色地银花锦"再到"白色地多色花锦"都有。[3]1739 年，乾隆皇帝下旨检视"西洋花缎库存"，并从提取出来的 16 件西洋锦中选择较长的一件"棕色西洋锦"，命人将其制成一个大型蒙古包的屏风。[4]1748 年，乾隆又下旨检视库存的所有共 18 件"金银花锦"，并再次从中选取了一件"棕色西洋锦"。[5]

　　笔者在北京故宫博物院藏品中查证了 20 件长幅 18 世纪西洋锦，均为清宫藏品。这些西洋锦的历史可追溯到 17 世纪初到 60 年代，其纹样风格各异，从"奇异风"[6] 纹样、对称式蕾丝纹样、自然主义的大朵花卉纹样，到小花花簇纹样。18 世纪清宫档案记载，以及北京故宫博物院现存的西洋锦，大部分织有金线或银线，这种织有金属线的丝绸是欧洲丝绸中最为昂贵和精美的品种。事实上，清宫

---

1 参见赖慧敏，《乾隆朝内务府的皮货买卖与京城时尚》，《故宫学术季刊》，第 21 卷，1（2003）：102—103。

2 "记事录"，《档案总汇》，1762 年，十月，27：385。

3 "库内收贮档"，《档案总汇》，1723 年，一月，1：231。

4 "皮作"，《档案总汇》，1739 年，十月，9：56。

5 "库贮"，《档案总汇》，1748 年，十月，16：447。

6 "奇异风丝绸"（bizarre silk）这一术语来自瑞典学者威尔海姆·斯罗曼（Vihelm Slomann）的著作，指约 1695 至 1720 年期间一种风格独特的欧洲丝绸，其纹样抽象变形，呈现梦幻般、超现实的画面。参见 Vihelm Slomann, *Bizarre Designs in Silks: Trade and Traditions* (Copenhagen: Ejnar Munksgaard, 1953)。

档案中记载的"金花缎"或"银花缎"，如非特别说明其纹样特征，一般都是指西洋锦。满族皇帝及其侍臣似乎将华丽耀眼的金属线视为西洋锦的主要特征。乾隆皇帝也特别青睐作为纺织原材料的西洋金银线，并屡屡传旨大量采买，用于龙袍的织造。[1] 18 世纪的西洋金属线通常是由（银镀金或合金的）细金属丝缠绕于丝线芯上，而传统的中国金属线是片金或捻金丝线，片金即粘附于纸胎或动物皮子上的金属箔线，捻金即是以金属箔线缠绕在丝线芯上制成的金属缕线。西洋金属线主要有两种形式——平滑型金属线（filé）和加捻型金属线（frisé），其中后者随光线的变化可以制造特殊的质感，非中国本土所有。乾隆皇帝特别钟爱西洋金属线，认为其有更为饱满明艳的外观和变化多端的质感。[2]

　　故宫博物院有一小块棕色锦缎，仍然贴有旧签条，是罕见的清楚标明"西洋锦"的清宫存世藏品，是珍贵的研究案例（图 3）。锦缎左上方有两个红条，分别有墨书"金银花缎一尺五寸原样"和"来文上写西洋锦"字样。这块锦缎展示了"奇异风"设计风格，丝绸上大量使用金银丝线，大片呈现了所指不明、奇妙幻化的生物与花草。这种奇异风丝绸纹样风格出现在 1700 至 1710 年的欧洲。锦缎红条上的"原样"二字意味着它曾一度作为样本，用于仿造复制；"来文"二字则很可能是江南织造在收到造办处谕旨及样本时加以备注的，指造办处的来文。北京故宫博物院存有两件模仿这段棕色西洋锦织造的丝绸。其中一件相当忠实地复制了原始图案，而另一件则做了简化修改，省略了部分图案。两件仿品都表现出尽力模仿原样

---

1 相关案例，参见"记事录"，《档案总汇》，1750 年，六月，17：288；"记事录"，《档案总汇》，1751 年，七月，18：388。

2 相关案例，参见"行文"，《档案总汇》，1763 年，十二月，28：117。

图 3

棕色地金银花西洋锦

欧洲，约产于 1700 至 1710 年间

现藏：北京，故宫博物院

的精妙设计，但都未能复制出原始纹样巧妙的空间构图。

　　清朝宫廷的丝绸用品均由三大官方织造供给，三大织造分别位于南京[1]、苏州和杭州三个南方城市。造办处为织造提供设计方案和指导，同时也提供清宫旧藏，或是通过其他渠道获取的织锦作为样本。据造办处档案，江南三大织造中，在乾隆时期只有苏州织造被指派仿制"西洋锦"。粤海关虽然没有设立织造局，亦不时奉旨参与西洋锦的仿制。[2]1762 年清宫档案中对苏州织造仿制西洋锦的品质和成本有详细记载。同年五月，造办处将"金花缎一块"和"西洋锦一块"奉旨发与苏州织造，着用西洋金银线各织一尺。[3]同年十月，苏州仿制的金花缎和西洋锦送进宫中，乾隆皇帝将其与原样比较之后，认为苏州仿制的品质更高。再经对比仿品与原样的成本，乾隆得出结论，认为苏州仿制的锦缎"身分厚蜜（密）、做法细致，但所有用工料比较似属稍多"。造办处于是指示苏州织造"前面花纹上无金之处，背后亦要无金"，从而降低成本。[4]由此可见，苏州仿品在用金线纬线提花时，使用的是长跑梭工艺（即提花纬线贯通幅宽），而非挖梭工艺（即提花纬线仅用在花样区域内）。这种长跑梭织金线的技法在当时用金属线织造的奢侈品丝绸中时常可见。

　　这一记载表明，在 18 世纪 60 年代，苏州织造已经掌握了西洋锦的复制工艺，而且尝试使用本土工艺替代外国工艺。这一点与清宫其他装饰艺术的发展十分相似，诸如铜胎珐琅瓷、玻璃、钟表、洋漆等各个领域，无不反映出清宫对模仿、内化和创新西洋工艺和

---

1 译者注：位于南京的织造名为江宁织造。

2 相关案例，参见"行文"，《档案总汇》，1762 年，五月，27：340—341。

3 "行文"，《档案总汇》，1762 年，五月，27：340—341。

4 "记事录"，《档案总汇》，1762 年，十月，27：385。

风格的热衷。早在康熙时期，清朝皇帝就已经将掌握外国工艺与政治成就联系起来。[1] 这种政治野心的实质是通过技术掌控彰显帝国实力。于是，学习仿制外国工艺并将其超越俨然成为大清帝国展示包容姿态和超然地位的物质文明寄托，也象征其精神征服遥远异域的政治企图。这些从乾隆皇帝屡屡要求苏州仿品应"比原样身分要好"[2] 可见一斑。

故宫博物院藏品中有一批 18 世纪丝绸，融合了西洋纹样风格和中国构图与织造工艺，从中可以一窥清宫仿制西洋锦的特征。这批现存丝绸中，有的与西洋锦原样风格十分贴近，有的则与本土工艺兼容并包。例如，其中有两块藏青色和明黄色丝绸带有大片花卉纹样，模仿的是英国斯皮塔佛德织造中心安娜·玛丽亚·加斯维特（Anna Maria Garthwaite，1688—1763 年）[3] 的设计风格。[4] 与斯皮塔佛德式西洋锦惯常采用柔和色彩不同，这两块丝绸在颜色选择上迎合了清朝宫廷审美，遵循了清宫服饰的用色传统。明黄色是皇家服饰专属颜色，只有皇帝、皇后和职位很高的王臣才能享用。这些丝绸展示了异域设计如何在新的文化语境中进行调适，从而实现新的功能。这批藏品中还有一块丝绸采用了由大幅花朵纹样组成的对称式拱形设计，这种设计很明显是模仿 18 世纪中期法国丝绸的装饰风格。然而这块丝绸上牵牛花纹样的处理却没有遵循欧洲自然主义风格，其上的牡丹纹样也仍然是遵循中国更为传统的扁平化和模式

---

1 参见高士奇，《蓬山密记》，《历代日记丛钞》（北京：学苑出版社，2006 年），18：269。

2 相关案例，参见"苏州"，《档案总汇》，1760 年，四月，25：550—551。

3 译者注：18 世纪英国丝绸花纹设计师。

4 关于明黄色的相关案例，参见宗凤英编，《明清织绣》（上海：科学技术出版社，2005 年），83。

化风格。

　　与欧洲的中国风丝绸类似，这些饱含杂合特色的清宫织物也许可以命名为中国的欧洲风丝绸。它们一方面引入了具有明显欧洲装饰风格的丝绸纹样，另一方面基于模仿对象进行了更为自由的重新诠释和富于想象的再次创作。这些清宫织物的价值不在于体现了多少地理空间上的关联与碰撞，而在于它们织造和经历的语境中被赋予的文化内涵。在清朝宫廷，中国仿制品被认为与西洋锦原样具有相同的异域风情与异域特色。

作为武备配件的价值与功能

　　清宫文献、图像和传世实物均表明，西洋锦在乾隆朝的武备仪式（尤其是行围和大阅）中拥有显著的地位。虽然西洋锦在宫廷使用的织物中只占很小一部分，其重要性却不可低估。

　　西洋锦常被用于装饰蒙古包，而蒙古包在皇家狩猎和军事场合中则作为住宿和庆典的临时场所。清宫档案记载，皇帝曾着令使用"宗（棕）色西洋锦"和"西洋金花缎"制作蒙古包内屏风。[1] 此外，西洋锦也常被用于制作鞍鞯和櫜鞬（撒袋与弓插）。北京故宫博物院现存的几件旧藏西洋锦制品都属于这一范畴。其中两套櫜鞬正是用上文讨论过的残存棕色"奇异风"西洋锦制成。其中一套仍带有黄纸残签，上面的文字表明其为乾隆皇帝御用武备配件（图4）。[2] 另一套由一块黄色银丝缎制成，织物纹样为典型的对称式样蕾丝纹

---

1 "皮作"，《档案总汇》，1739年，十一月，9：56；"皮作"，《档案总汇》，1755年，四月，21：431。

2 参见徐启宪编，《清宫武备》（香港：商务印书馆，2008年），29。

样，正是欧洲 1725 至 1730 年左右的设计款式。原锦缎未剪裁的部分在故宫博物院尚有存留。从郎世宁所绘制的宫廷画《哨鹿图》（1741年）中看，这一锦缎也曾被制成鞍鞯，紧随乾隆皇帝的两位侍从所配的鞍鞯就是相同的纹样（图 5）。

《哨鹿图》再现了 1741 年的木兰秋狝（Mulan Autumn Hunt）[1]，这一皇室活动在离京城 150 英里（约 240 公里）外的热河举行，一年一次。[2] 画中乾隆皇帝及其亲信侍从骑行于猎鹿队伍前列，位于透视画面的前景视框。此类纪念性质的图像可看作是将历史事件加以想象性地重组。现实生活中的真实细节都被融入华丽的叙事画面之中，极具象征意义。画中的所有鞍鞯从图像看均为欧洲丝、毛织物——乾隆皇帝坐骑所配的鞍鞯为羊毛织物，画面中最后一位侍从坐骑所配的棕色鞍鞯带有对称设计的花卉纹样，这显然是 1700 至 1720 年的纹饰风格。在其他数幅乾隆皇帝射猎图中，亦有西洋锦配件的踪影。

最能展现西洋锦在清宫武备仪式中显要地位的图像，则要属本文开篇简要提及的 1758 年《乾隆大阅图》（见图 1）。木兰行围和大阅都是高度政治化的国家仪式，对建构、强调满族传统和传达大清帝国的政治野心有重大意义。清朝皇帝将满族骑射尚武的传统奉为帝国强盛的根基，透过这些典礼将其制度化。此外，清朝皇帝还利用这些机会向蒙古、西藏贵族，以及中亚地区归顺或降服的部落首领炫耀王朝武力。皇帝在这些场合的出现极具象征意义，他将帝国的权力形象地融入每一件物品、每一个姿势和每一个细节之中。西

---

1 译者注：又称热河行围。

2 关于木兰行围，参见侯锦郎、Michèle Pirazzoli，《木兰图与乾隆秋季大猎之研究》（台北：故宫博物院，1982 年）。

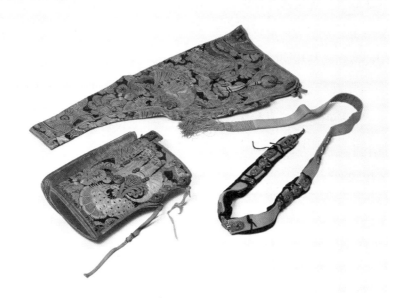

图 4

西洋锦撒袋与弓插

乾隆时期

现藏：北京，故宫博物院

洋锦在这些场合粉墨登场，帮助乾隆皇帝构建其意图展现的理想化的帝王形象。正如细节图（图5）所示，尽管——或许正因为——西洋锦有着十分显眼的异域外观，它才得以被挪用来强化帝国的权威形象。

　　第一眼看去，西洋锦鞍韂和弓插上自然主义的花果纹与皇帝的龙袍似乎不甚和谐。这种视觉张力与其说是由迥异的纹样风格造成的，倒不如说是产生于反差修辞的隐含逻辑。龙袍上的每一种纹样都具有象征意义，每一个元素都有着预先设定的修辞含义，因此也产生出一种独特的认知接受模式。例如，龙袍上的海浪和岩石纹样[1]象征皇朝的稳定与长久，金龙则代表天子，而西洋锦纹样在中国民众和满族统治者眼中并没有太多象征意义。这可以说是18世纪清宫中国本土丝绸和欧洲丝绸的最大区别。事实上，在清朝皇宫并没有多少具有满族特色的织品。当时中国南方几处织造制作的皇室服饰纹样，都依循汉族的传统风格。清朝皇室服饰无论风格如何变化，其上的中国传统纹样永远具有指称含义，通过双关、暗指或隐喻等手法传达国运长久昌盛的传统主题。然而清宫中的西洋锦织品仅仅停留于表层，无法与帝国形象具备更深层次的关联。它们只能从图案、质地、色调这些外观层面吸引观赏者的视线。但是这种独特的外观能够立刻在观赏者心中滋生一种华丽的即视感，同时也营造出一种颇为神秘的氛围。这种不明所以的视觉冲击，恰恰符合大清皇帝展示帝国权威形象的意图。

　　艺术史家奥立可·格莱巴（Oleg Grabar）曾在其专著《装饰的媒介》（*The Mediation of Ornament*）中指出，装饰是物品和观赏者之间的沟通媒介。装饰能够"起到过滤器的作用，帮助传达信息、

---

1 译者注：这种纹样被称为"海水江崖"，寓意福山寿海。

标志、符号甚或象征意义……以便达到更好的交际效果"[1]。如果我们将格莱巴关于"物品"和"艺术作品"的理论用于分析真实事件和纪念画面中皇帝身上的诸多符号，便能更好地理解西洋锦在乾隆皇帝武备仪式中的重要作用。在这些仪式中，无论从象征功能还是从更为原始的修饰功能来看，丝绸制品建构了皇帝的"外在装饰"，成为一种视觉上的沟通媒介，帮助展示皇帝的无上权力。

西洋锦带来了全新的视觉形式和材质样式，这些都很容易与中国织品区分开来。对这种异域属性的理解和阐释也带来了全新的视觉和感官体验，激发出一种既好奇又敬畏的复杂情感。北京故宫博物院现存藏品显示，得益于其极为新颖的纹样和复杂多变的构图，西洋锦常常被选用来制作武备配件，而且缝制时还往往使用极为奢华的金线或银线。

一件现存鞍鞯与 1758 年《乾隆大阅图》中的鞍鞯极为相似（其锦缎如出一辙），这件藏品能够帮助我们想象当时这些西洋锦织品的观赏体验（图 6）。浅粉色缎地背景密密地织满了平滑和加捻两种质地的银线，这些银线如今光泽已有些暗淡。背景中由金属线织成的暗花衬托出作为主纹样的大朵奇异花果，主纹样明暗清晰，色彩层次鲜明。这是典型的欧洲自然主义风格丝绸，流行于 1733 至 1740 年；里昂丝绸设计师、制造商让·何维勒（Jean Revel，1684—1751 年）是此种风格的开创者和代表人物。[2] 这件织品的立体效果是通过当时革命性的引返针（points rentrés）技法织出的：

---

1 Oleg Grabar, *The Mediation of Ornament* (Princeton: Princeton University Press, 1992), 226.

2 关于让·何维勒和欧洲丝绸设计的自然主义风格，参见 Peter Thornton, *Baroque and Rococo Silks* (London: Faber & Faber, 1965), 116–125；Lesley E. Miller, "Jean Revel: Silk Designer, Fine Artist, or Entrepreneur?," *Journal of Design History* 8, no. 2 (1995): 79–96。

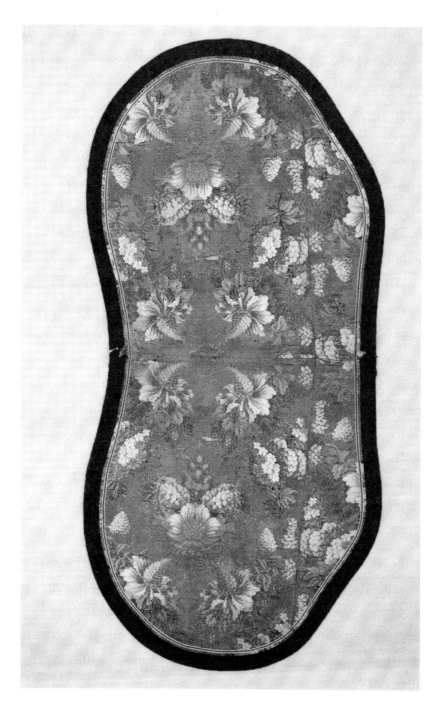

图 6

西洋锦鞍鞯

乾隆时期

现藏：北京，故宫博物院

即在某一纹样范围内，重叠织入不同颜色的纬线，在视觉上营造出过渡色，达到明暗变化的效果。这一织造技法以丝线来演绎西洋绘画中的透视法和明暗法，通过对视觉的操纵达到仿真的效果。西洋自然主义绘画技法由耶稣会士画师传入清宫，在乾隆年间已内化为清朝宫廷画风，主要用来描绘皇帝及其物品的形象。[1]乾隆皇帝对具有幻视效果的透视壁画尤为偏爱，在其登基的第一年即1736年就着令创作类似绘画。[2]其鞍鞯使用的西洋锦正体现了这种自然主义和幻视主义的风格，与清宫其他西洋风格的艺术作品具有同样的视觉效果。尽管这些风格在绘画艺术中不算新颖，但是在丝绸制品中使用在当时却是十分罕见的。因此，这块用作大阅鞍鞯的锦缎营造出一种珍稀罕见和独一无二的深刻印象，强有力地彰显了清朝皇帝的超然地位。

乾隆皇帝特别钟爱的金属线能够产生一种炫目的效果，金属线反射的光线看上去似乎是由皇帝本人散发而出，从视觉上强化了皇帝光辉而神圣的形象。作为珍贵金属的金银光辉四射、色彩持久，而光辉和持久正是睿智之人和理想政权所需要的特质。因此从象征意义和心理暗示层面来看，金银花缎的材质完美展现了英明统治和国运昌盛的主题。

乾隆皇帝将西洋锦织品作为个人的外在服饰或随身物品，这些织品向乾隆意图征服的受众呈现了一场奇特而华丽的相遇，就如同是谒见皇帝的预演一般。木兰行围和军队大阅通常被乾隆皇帝作为

1 相关案例，可参见一系列正式和非正式的宫廷画像，如王致诚的《十骏马图册》（*Ten Fine Horses*），艾启蒙的《十骏犬图册》（*Ten Fine Dogs*），以及佚名宫廷画师的《古玩图》（*Scrolls of Antiquities*，1728年）。

2 参见 Kristina Kleutghen，《通景画与郎世宁遗产》，《故宫博物院院刊》，3（2012）：78。

与蒙古部落和中亚国家首领进行政治会面的重要场合。例如，1758
年大阅有一个重要的政治目的——向新近降服的哈萨克（Kazakhs）、
布鲁特（Kirgiz）[1] 使臣展示军容，炫耀国力。[2]《乾隆大阅图》
皇帝画像于阅兵典礼三周之前传旨绘制，完成之后悬挂于南苑新衙
门行宫，这里是大阅期间接待中亚使臣的地方。[3] 这幅画像高逾 4
米，画像本身被视作谒见天子的前奏，甚至替代。画中描摹入微的
西洋锦鞍鞯和弓插正对观者的视线，当观者走向画像时直入眼帘。
画中的西洋锦织品如同一个入口，邀请观者进入观赏和瞻仰，从而
强化和延长了观者与强权帝王相遇的主观期待。

　　西洋锦在清朝武备仪式中占据如此中心的地位，说明在清朝的
帝国文化想象中，西洋锦与勇武气魄和军事实力联系在一起。在木
兰行围和大阅中，汉文化元素却有所缺席，这是因为在满族统治者
眼中，汉文化代表着柔和气质，这与满文化的阳刚气质截然不同。[4]
与之相对的是，这些仪式却部分借助于西洋元素，用于建构和展示
强权和帝国话语。例如，郎世宁的《哨鹿图》中出现了西洋枪和望
远镜，一定程度上暗示了清朝皇帝对西洋技术和新颖治国方法的借

---

1 译者注：即柯尔克孜族，清朝时期按照准噶尔人的称呼，称其为布鲁特。

2 参见朱家溍，《清高宗南苑大阅图》：63；刘潞，《从博行诗意图与清高宗大阅图考析》：
23—25。

3 参见"如意馆"，《档案总汇》，1758 年，十月，23：480；刘潞，《从博行诗意图
与清高宗大阅图考析》，24。

4 关于满族统治者认为汉文化柔和的相关讨论，参见 Wu Hung, "Beyond Stereotypes: The
Twelve Beauties in Qing Court Art and the Dream of the Red Chamber," in Ellen Widmer,
以 及 Kang-I Sun Chang, eds., *Writing Women in Late Imperial China* (Palo Alto: Stanford
University Press, 1997), 355。事实上，汉文化在清宫文化中发挥着十分重要的作用，也
帮助呈现了乾隆皇帝全能的统治者形象。汉文化在很多其他场合被乾隆皇帝大量借用来
展现其好舞文弄墨的文人雅士形象。

鉴。[1] 画面前排的西洋锦织品起着关键的象征作用，它们凸显了中间人物的主体角色，展示了满族皇帝及其随从的光辉形象。西洋锦于是成为满族文化身份建构和投射的媒介。这些西洋元素已经脱离了其原始语境，也解除了与潜在历史问题的关联，于是在清朝宫廷中便具备了相当的符号延展性。这样一来，它们就可以被创造性地融入重要仪式之中，用于全新语境中重要事件的意义构建。

此外，西洋锦还帮助建构了乾隆皇帝全能的统治者形象。乾隆皇帝热衷于通过绘画和艺术品建构自己的多元形象，前人对此已做过深入探讨。[2] 他总是试图在各种不同场合，通过不同的视觉和器物手段，重新塑造和展示其多种形象——文殊菩萨、勇武豪杰、文人高士、道教圣人、西洋艺术与技术专家等。在木兰行围和大阅中，新奇奢华的西洋锦又为其意图展示的全能形象增添了新的一笔。

1759 年，清朝宫廷学士奉乾隆皇帝敕令编纂完成 18 卷本《皇朝礼器图式》，详细规定了清朝礼制器物的形式和功能。这一典章政书正式将西洋锦写入国家典礼规范。其中关于皇帝大阅櫜鞬的条目明确规定："鞬以银丝缎为之，绿革缘，天鹅绒里……櫜以革，蒙银丝缎……"[3] 此条所配图式櫜鞬上的花纹明显为欧洲丝绸纹样（图 7）。书中规定，唯有"皇帝吉礼随侍櫜鞬"以"金银丝缎"制成，

---

1 参见 Dorothy Berinstein, "Hunts, Processions, and Telescopes: A Painting of an Imperial Hunt by Lang Shining (Giuseppe Castiglione)," *Res: Anthropology and Aesthetics* 35 (1999): 170–184。

2 相关案例，参见 Zhang Hongxing, *The Qianlong Emperor: Treasures from the Forbidden City*, exh. cat. (Edinburgh: National Museum of Scotland Publishing, 2002)。

3 允禄等编，《皇朝礼器图式》（1759 年，再版于台北：商务印书馆，1976 年），原本第十四卷，武备二，7：2。

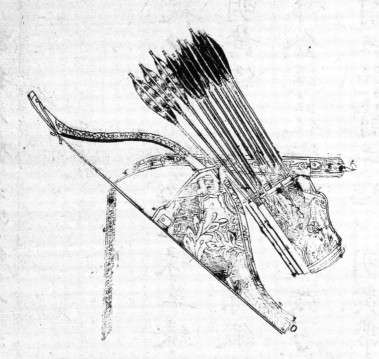

图 7

《乾隆皇帝大阅櫜鞬》

来源：《皇朝礼器图式》，1759，"武备二"

其他亲王、官员则用别种面料。[1] 此外还规定，皇帝大阅军帐中要配以西洋金丝锦缎制成的大幅屏风，置于皇位后方。[2]

　　西洋锦在清朝远不是肤浅的异国玩物，而是内化为王朝典礼的一部分，成为大清天子形象和帝国秩序不可或缺的元素。军事典礼中，西洋锦为皇帝和他的随身侍从独有，只与最高的帝国权力相连。西洋锦无与伦比的地位意味着天子对"西洋"的独享和超越地理界限的中心权威。

　　注：在此感谢北京故宫博物院文明先生和严勇先生对本研究给予的帮助。感谢巴德大学研究生中心的弗朗索瓦·路易（François Louis）先生和米歇尔·马耶（Michele Majer）女士、大都会艺术博物馆的梅琳达·沃特（Melinda Watt）女士及阿曼达·文德尔（Amanda Wunder）女士对本文提出的宝贵修改意见和建议。感谢英国纺织协会（Textile Society）于 2013 年颁予本文"娜塔莉·罗斯史坦丝绸奖"（Natalie Rothstein Silk Prize）。感谢托马斯·P. 凯利（Thomas P. Kelly）先生、曲培醇女士、玛丽·克里斯蒂安（Mary Christian）女士对本文细致入微的编辑加工。

---

1 武备二，原本第十四卷，《皇朝礼器图式》，7：5。

2 武备八，原本第十八卷，《皇朝礼器图式》，6：3。

第二部分

中西方知识与信息交流

亨利·贝尔坦和 18 世纪晚期中法图画贸易

约翰·芬莱
（JOHN FINLAY）

　　我所指称的中欧"图画贸易"（commerce in images）开始于 17 世纪中叶，并于 18 世纪晚期达到高峰。这一术语的法语表达 "commerce des images" 在 18 世纪的法国文本中颇为流行，多取其字面含义——图画贸易或图画交易。我在本文中也选择使用这个术语，但我更倾向于取其更富哲学性的含义，就如同"思想贸易"或"观念贸易"（commerce des pensées 或 commerce des idées，二者都源自伏尔泰等人的著作）这类术语一样，意味着自由开放的思想交流。

　　近代欧洲与中国的交往首先是通过文本和图画，后来才通过大量涌入的各种商品，尤其是茶叶、纺织品和瓷器。来自中国的文本和图画以不同方式在欧洲传播，有些较为随意且偶然，有些则是主动和刻意为之，即通过收集图画与中国建立直接联系，并试图弄清楚这个遥远帝国对于欧洲意味着什么。由西方或中国艺术家在欧洲和中国制作的中国图画，有颇具历史意义的知名图画，也有独特又怪异的图画——这些另类图画只存在于一小群鉴赏行家手中，几乎不为外人所知。

亨利 - 莱昂纳多·让·巴普蒂斯特·贝尔坦在法国的一系列活动是欧洲主动探寻中国图画的典型案例。在路易十五（1715—1774年）和路易十六（1774—1792年）时期，贝尔坦于 1763 至 1780年担任国务大臣（secrétaire d'état）。[1] 作为政府官员和狂热的私人收藏家，贝尔坦通过与北京法国耶稣会士的大量书信，得以了解中国。这些耶稣会士受过高等教育，给他提供了很多书籍、器物、版画和绘画。1766 至 1792 年期间，贝尔坦收到大量来自中国的信件，其中包含不同领域的详细文本和相关译文。自明末清初以来，耶稣会士一直以科学家、数学家和艺术家的身份为朝廷服务，目的是让皇帝认识到欧洲文化的优越性，从而看到基督教的优越性。耶稣会士在朝廷上独一无二的地位，以及他们对汉语和传统中国学问的了解在他们寄给贝尔坦的信件中都有直接反映。其中很大一部分信件发表于 1776 至 1814 年间出版的 17 册《中国杂记》（*Mémoires concernant les Chinois*）。[2]

原始信件和文件是《中国杂记》的基础，现在分别收藏在法国各大档案库中[3]，许多文件都未曾出版。在这些文件中，我们可以看

---

1 关于贝尔坦的主要信息来源是 Jacques Silvestre de Sacy, *Henri Bertin dans le Sillage de la Chine:1720–1792* (Paris:Editions Cathasia; Les Belles Lettres, 1970)。

2 Jean-Joseph-Marie Amiot et al., *Mémoires concernant l'histoire, les sciences, les arts, les moeurs, les usages, &c. des Chinois par les missionnaires de Pékin*, 15 vols. (Paris:Nyon l'Aîné, 1776-1791)；另见两卷遗作（Paris and Strasbourg:Treuttel et Würtz, 1814）。《中国杂记》的出版历史较为复杂，参见 Joseph Dehergne, S.J., "Une grande collection:Mémoires concernant les Chinois (1776–1814)," *Bulletin de l'École française d'Extrême-Orient* 70 (1983):267–298。

3 主要藏品收藏于法兰西学会图书馆、法国国家图书馆及位于法国旺夫的法国耶稣会档案馆。

到贝尔坦独特的笔迹，文件中还反复出现"参见图画"的表述。这些表述表明这些文件附有插图，且这些插图与文件的内容不可分割。但是，贝尔坦收藏的图画除了文本中的插图之外，还有单独的画作和版画。事实上，贝尔坦的藏品之所以闻名于世，正是因为他除了收藏众多插图书籍、各色器物和科学标本之外，还藏有数百幅中国画作。

　　贝尔坦与他同时代的人一样，相信图画、器物及科学标本证实并强化了从书本中学到的知识。虽然很难完全复原贝尔坦的图画收藏全貌，但是我们知道他的收藏不仅涉猎广泛而且颇有深度。贝尔坦及其他同时代学者藏品的深度正是本文探讨的主题，其中一些学者还与贝尔坦有着直接的联系。本文将以清朝皇帝的夏宫——圆明园的图画作为案例，探讨这一主题。贝尔坦藏有几组圆明园建筑的图画，这表明他对皇家建筑有着浓厚兴趣；但与此同时，这组收藏也揭示出颇为矛盾的一面，即贝尔坦似乎从未意识到这些图画描绘的都是同一个建筑群。这也说明即使既有图像也有文字描述，欧洲人还是很难想象出中国建筑古迹的样子，因为这些与他们所熟知的建筑古迹模样相差甚远。威廉·弗里德里希·黑格尔在他 1830 年出版的《哲学全书》中写道："智慧就是重新认知。"[1] 虽然 17 世纪和 18 世纪的欧洲人有多种渠道了解中国，但是文化的陌生感和缺乏文

---

1 参见重印版 Wilhelm Friedrich Hegel, *Enzyklopädie der philosophischen Wissenschaften*, ed. Friedhelm Nicolin and Otto Pöggler (Hamburg, 1969): 378。在此感谢曲培醇让我注意到了这一引文。

化参照点使得理解中国成为 18 世纪的一大挑战。[1] 正如本文所述，图画和文本贸易是对这一挑战的回应。

考察乾隆皇帝《圆明园四十景图咏》图册副本在法国——尤其是在贝尔坦收藏活动的背景下所引起的反响，可以帮助我们更好地认识图画和文本贸易，也可以帮助我们了解这些贸易所带来的对中国某一特定建筑的认知，哪怕这种认知十分局限。首先，我会简要描述清廷制作这本流传至 18 世纪法国的图册的背景。然后，我会大致按照时间顺序描述欧洲收藏的《圆明园四十景图咏》的一些不同版本，并说明它们与亨利·贝尔坦的直接或间接联系。《圆明园四十景图咏》木版画是传到欧洲的第一个版本，我会先讨论这些木版画，再讨论其他相关的画作。这里有一个关键要素，即木版画或相关画作的所有者是否真正知晓其藏品所描绘的内容，事实上，这些图像的标题及相关文字描述证实了这些收藏者并非一无所知。接着，我会进一步考察文本证据，包括那一时期出版的书籍及档案文件。最后，我想谈谈在 18 世纪后期，对中国相关知识的收集可能意味着什么，文中所考察的材料很多之前从未发表过。贝尔坦和其他欧洲收藏家收藏的皇家图册《圆明园四十景图咏》各种副本，充分表明了中国与 18 世纪欧洲图画贸易的复杂性。

---

1 最有名的早期资料有阿塔纳修斯·基歇尔（Athanasius Kircher，1602—1680 年）神父的《中国图说》（*China Illustrata*，1667）和耶稣会传教士的《耶稣会士中国书信集》（*Lettres édifiantes et curieuses, écrites des missions étrangères, par quelques missionnaires de la Compagnie de Jésus*）。基歇尔从未到过中国，所以这本书是基于其他人的著作，尤其是耶稣会传教士的著作完成的；这本书被翻译成好几种语言，并对汉学有着持久的影响。34 册的《耶稣会士中国书信集》于 1702 至 1776 年在巴黎出版，内有世界各地耶稣会士寄往法国的大量信息，其中关于中国的描述对欧洲文化产生了巨大影响。编辑包括耶稣会士郭弼恩（Charles Le Gobien, S. J.，1652—1708 年），他整理了前 8 册的内容；值得一提的是，还包括杜赫德（Jean-Baptiste Du Halde），他出版了第 9 至 26 册的内容。《耶稣会士中国书信集》前几册的出版人是雷克拉（Nicolas Le Clerc，1655?—1742? 年），其后的卷册和各种重印版是其他巴黎出版人出版的。

清朝皇家图册《圆明园四十景图咏》

　　圆明园位于北京的正西北方向，是一座皇家园林，有时也称为夏宫，但更准确地说是"完美而清晰的花园"（或"完美而明亮的花园"）。圆明园闻名于欧洲，最开始是通过耶稣会士，即艺术家王致诚 1743 年的信件。该信件发表在《耶稣会士中国书信集》中，其中详细描述了圆明园的建筑物和景观。[1] 王致诚本人在信中写道，皇家园林难以用语言描述，因为在欧洲找不到类似的东西，他承诺会尽可能地将园林图像寄往欧洲。[2]

　　1738 年，乾隆皇帝下旨绘制 40 幅圆明园分景图并装订成册，还在园林图像旁附上了 40 首他写的诗，这本图册具有中欧杂合的风格。1744 年，《圆明园四十景图咏》诗画图册完工后收藏在圆明园，本来是极少得见，且永远不会进行任何现代意义的展出的。[3] 但是，《圆明园四十景图咏》图册的清朝皇家木刻印版的准备工作几乎同时开始了。该木版画图册的印刷和装订于 1745 年完成，内含大量插图，完美复制了原始的 40 张画作。折页插图后附乾隆皇帝的诗文，并补充了大量彩绘版本所没有的评论。制作皇家木刻印版并不意味

---

1 王致诚于 1738 年抵达中国，并在中国度过了余生。王致诚关于圆明园的书信，参见 Louis Patouillet, S.J., comp., *Lettres édifiantes et curieuses* (Paris: Frères Guérin, 1749), 27: 1–61。虽然信中只有第一节与圆明园直接相关，但这封信还是多次被重印和翻译。

2 王致诚最后确实将《圆明园四十景图咏》的印本寄往法国。参见 Paul Pelliot, "Les 'Conquêtes de l'empereur de la Chine,'" *T'oung Pao* 20 (1921):183–274；见 esp.206–207, note 3。

3 参见清代皇家收藏的书法和绘画专书《石渠宝笈续编》（北京，1793 年，第 78 卷；重印于台北：故宫博物院，1971 年），7：3755—3759。《圆明园四十景图咏》图册在第二次鸦片战争期间被一名法国军官带走，目前收藏在法国国家图书馆版画与摄影部，Rés.B-9。

着按照欧洲图册印制的模式出版或发行。发行和购买皇家木版画的印本受到严格管制，获取木版画图册并寄回欧洲对于耶稣会士（或者通过其他来源，尚不明确）而言，并非完全不可能做到，但想必也十分困难。

《圆明园四十景图咏》版画来到欧洲

瑞典卡尔·弗雷德里克·谢菲尔（Carl Fredrik Scheffer，1715—1786 年）伯爵曾送给乔治 - 路易斯·勒·胡日（Georges-Louis Le Rouge，约 1712—约 1796 年）一套《圆明园四十景图咏》皇家木版画图册，这一印本通常被引述为是第一个到达欧洲的版本，这实际上并不准确。居住在巴黎的勒·胡日复制了这 40 张图画，并发表在 1786 年出版的《时尚的英中式园林》（*Jardins anglo-chinois à la mode*）系列出版物的第 15 和 16 辑中。[1] 勒·胡日在第 15 辑的标题页（图 1）中指出这些图画来自谢菲尔伯爵。勒·胡日的出版物中图版所附文字并没有具体指明这是圆明园，只是简单地用 "中国皇帝的花园" 来描述这些图画。勒·胡日的《时尚的英中式园林》是 18 世纪欧洲 "中国风格" 园林设计和建造的主要参考，亨利·贝尔坦肯定对这个极为成功的出版项目有所了解。

但是，书面文献和现存版画清晰记载了在勒·胡日的出版物出版之前，《圆明园四十景图咏》清朝皇家版画的印本已经出现在欧洲。例如，在法国国家图书馆内收藏有一套只含建筑插图、没有配文的圆明园版画图册（图 2）。图画在图册中随机排列，并未按

---

1 参见 Véronique Royet et al., *Georges Louis Le Rouge: Les jardins anglo-chinois* (Paris: Bibliothèque Nationale de France; Connaissance et Mémoires, 2004)。

图 1

《时尚的英中式园林》第 15 辑第 1 幅

乔治－路易斯·勒·胡日（法国人，约 1712—约 1796 年），基于《圆明园四十景图咏》

第 20 幅而创作，1786 年，蚀刻版画，26.4 厘米 ×31.4 厘米，Paris: Le Rouge

现藏：洛杉矶，盖蒂研究所

图 2

《洞天深处》，《圆明园四十景图咏》第 40 幅

沈源（约 1728—1748 年）和孙祜（活跃于约 1728—1745 年），1745 年，木刻版画，约 26.7 厘米 × 约 31.4 厘米

现藏：巴黎，法国国家博物馆

乾隆诗及《圆明园四十景图咏》画作或版画的原始顺序排列。这几点都表明，法国国家图书馆所藏版画是单独的校样，并不是从装订书籍中得来。这份图册内有查奥尼斯公爵六世（Michel Ferdinand d'Albert d'Ailly，1714—1769 年）的藏书票，并于公爵去世后第二年作为其藏品公开出售。该图册的标题是《中国的各种园林和寺庙，绘制及刻版于中国》[1]，这表明查奥尼斯公爵当时并不知道这些图像上画的具体是什么。

　　贝尔坦是查奥尼斯公爵六世遗产的执行人之一，他与公爵的关系十分密切。与贝尔坦相关的档案文件显示，从中国寄出的材料清单上包含寄给"查奥尼斯公爵"（Duc de Chaulnes）的物品——事实上有时很难确定这一称谓究竟指的是父亲还是儿子，因为他的儿子也是一个中国物品和图画的狂热收藏家。[2] 但透过这些记载可以确定的是，彼时中国物品的狂热收藏家之间保持着密切联系。

在欧洲的《圆明园四十景图咏》画作

　　两本非常相似的《圆明园四十景图咏》彩绘本引出了另一个问题，即这些皇家图画在 18 世纪后期的接受度问题。其中一本目前收藏在位于莱顿的国家民族学博物馆，是让·泰奥多尔·罗耶（Jean Theodore Royer，1737—1807 年）的藏品。[3] 另一本收藏在法国国

---

1 *Différents Palais & Temples de la Chine, dessinés & gravés à la Chine.* 该图册目前收藏在法国国家图书馆版画与摄影部，Oe 21 c rés (4o)。

2 参见法兰西学会图书馆，Ms. 1524。

3 Royer Collection / Zeldzaamheden, Rijksmuseum voor Volkenkunde, Leiden, (1883, accession nos.360–364). 参见 Jan van Campen, "A Chinese Collection in the Netherlands," *The Magazine Antiques*, September 2000, 360–371. 另参见 Jan van Campen, *De Haagse jurist Jean Theodore Royer (1737–1807) en zijn verzameling Chinese voorwerpen* (Hilversum, Netherlands: Verloren, 2000)。

家图书馆，是亨利·贝尔坦的藏品。[1] 罗耶收藏的图册已经出版，但贝尔坦收藏的图册不曾出版且几乎完全不为人所知。[2] 罗耶和贝尔坦收藏的《圆明园四十景图咏》图册都是在中国以中欧混合风格绘制的，而且都按照相同的顺序排列，但其排列顺序与乾隆皇帝的原始版本并无太大关联，或者说没有任何关联。

　　这些画作显然出自一小群艺术家之手，而且其中个别艺术家的绘画技巧尤为突出。在这两本图册中，虽然绘画者改变了一些园林景观，并常常添加一些在木版画或皇家画作中不存在的细节，但都遵循了《圆明园四十景图咏》原作的整体构图。例如，在制作贝尔坦图册中的《勤政亲贤》（图 3）[3] 时，其中的建筑被简化处理并使用更为明亮的色彩。与此不同的是，《圆明园四十景图咏》木版画版本中的《勤政亲贤》（图 4）则基本上按照乾隆版本的原始构图。[4]

　　罗耶收藏的图册不再装订成书册形式（抑或它曾经是书册形式），也不再有现代意义的标题。但是贝尔坦收藏的图册则采用其藏品典型的风格装订，并有一个手写标题——"海淀，中国皇帝的行宫"[5]。现在北京的海淀区，在过去是北京西北部的一个城镇。因出现在中国耶稣会士的信件中，海淀作为圆明园所在地而闻名于 18 世纪的欧洲。贝尔坦和罗耶的图册中的许多相似之处表明，两者是在同一时间由同一个工作坊制作的。虽然后文我会讨论贝尔坦是如何得到这份图册，但是目前我们仍不知道当时为何及如何将在中国

---

1 法国国家图书馆版画与摄影部， réserve Oe 26 (gd. fo)-Ft 4。

2 Chiu Che-Bing, *Yuanming Yuan: Le jardin de la Clarté parfaite* (Besançon: Les Éditions de l'Imprimeur, 2000).

3 标题是《勤政亲贤》，《圆明园四十景图咏》第 2 幅。

4 该图是 1887 年《圆明园图咏》中国石印版本（天津：天津石印书屋）的复制品。

5 *Haitien, Maison de plaisance de l'Empereur de la Chine.*

图3

图册《海淀，中国皇帝的行宫》第 4 幅

佚名中国画师，基于《圆明园四十景图咏》（18 世纪后期）中的《勤政亲贤》（第 2 幅）

而创作，水墨、水彩、纸本，约 32 厘米 × 约 38 厘米

现藏：巴黎，法国国家博物馆

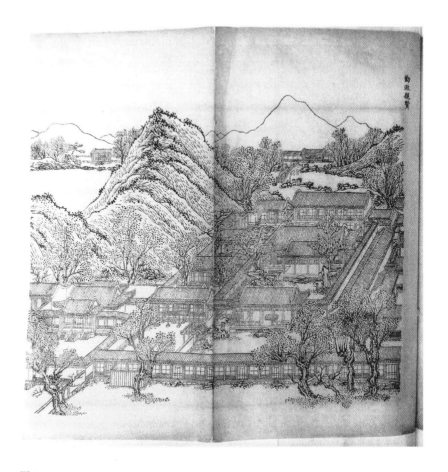

图 4

《勤政亲贤》，《圆明园四十景图咏》第 2 幅

翻印自沈源和孙祜绘制的木刻版画版本《圆明园四十景图咏》（1745 年）中的第 2 幅，

1887 年，石刻版画，24.8 厘米 ×26.5 厘米，天津：天津石印书屋

现藏：巴黎，私人收藏

制作的两份本质上相同的图册寄往欧洲。

另一幅基于《勤政亲贤》而绘制的画作也是贝尔坦的藏品，这幅画体现了中国艺术家可以基于清廷原始画作做多大程度的发挥。这幅画的题目是"行宫"（Maison de plaisance，图 5），在 18 世纪这个词是对包括圆明园建筑在内的中国皇家建筑的传统描述。[1] 这幅画采用了《圆明园四十景图咏》的原始构图，并在画的右侧增加了许多建筑物，使画面得到较大程度的延伸。画中建筑细节绘制得十分精准，可以说是传统绘画中界画的典范。也可看出，这幅画一定是一位或几位接受过欧洲透视画法和立体构图训练的中国艺术家所作。

贝尔坦收藏的另外 4 幅画也来源于皇家图册《圆明园四十景图咏》，同样也在原始绘画基础上做了改动。与贝尔坦收藏的独立画作《行宫》一样，这些画作均尺幅巨大（约 68 厘米 × 约 68 厘米），并装订成大图册。图册标题页上写着"来自中国皇家园林和其他园林的景观"[2]，这再次表明纵然贝尔坦知晓或猜测这是皇家园林，但是他并不知道画作描绘的是具体哪一处园林。虽然这些画作与原始图画有显著差异，但还是可以很容易地在《圆明园四十景图咏》原始图册中找到这 4 幅画的原型。其中取材自《杏花春馆》（图 6）的画作（图 7）改动最大，也最古怪。[3] 不仅对建筑物进行了重新排列，还增加了新的建筑群。周围景观改动也很大；山石背景也以夸张变

---

1 该图至少出版了两次。参见 Hendrik Budde et al., eds., *Europa und die Kaiser von China (1240–1816)* (Frankfurt am Main: Insel-Verlag, 1985), 261；Anita Chung, *Drawing Boundaries: Architectural Images in Qing China* (Honolulu: University of Hawai'i Press, 2004), 61, color pl.4.

2 *Paysages chinois tirés des jardins de l'empereur, et autres.* 法国国家图书馆版画与摄影部，Oe 26 (gd. fo)–Ft 4.

3 标题是《杏花春馆》，《圆明园四十景图咏》的第 9 幅。

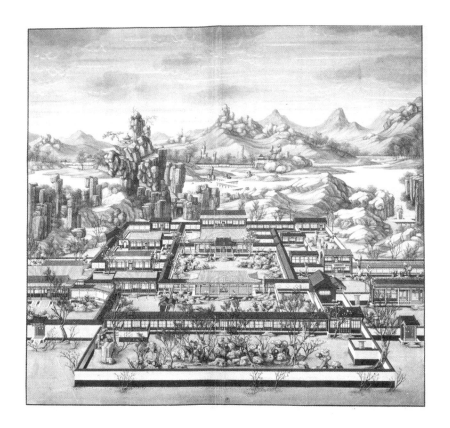

图 5

《行宫》

佚名中国画师，基于《圆明园四十景图咏》中的《勤政亲贤》而创作，18 世纪后期，水墨、水彩、纸本，80 厘米 ×88 厘米

现藏：巴黎，法国国家博物馆

图 6

《杏花春馆》，《圆明园四十景图咏》第 9 幅

唐岱（1673—约 1746 年）和沈源，1744 年，水墨、水彩、绢本，62.3 厘米 ×63.3 厘米

现藏：巴黎，法国国家博物馆

图 7

图册《来自中国皇家园林和其他园林的景观》第 4 幅

佚名中国画师，基于《圆明园四十景图咏》中的《杏花春馆》而创作，18 世纪后期，约 68 厘米 × 约 68 厘米

现藏：巴黎，法国国家博物馆

形的手法来表现。前景色调丰富且浓淡不一，但是遵循欧洲的空气透视法，这些色彩渐渐褪色变成浓淡各异的灰色，然后淡入到遥远的地平线中。似乎贝尔坦版本与最初的乾隆版本差别越大，这些图像就显得越荒诞。

贝尔坦、《圆明园四十景图咏》和中国文本

取材于《圆明园四十景图咏》的版画和绘画与一些文本息息相关，例如 18 世纪欧洲出版的著作，以及耶稣会士从北京寄来的文件。在贝尔坦收录的文件中，关于圆明园最长的一篇是题为《圆明园》（*Jardin de yuen-ming-yuen*）的手稿。[1] 该手稿日期作者均不详，但我认为作者是法国传教士钱德明（Jean-Joseph-Marie Amiot，1718—1793 年，1749 年以后一直活跃于中国）神父，他博学多闻，且是最常与贝尔坦通信的人之一。[2] 手稿开篇提及王致诚 1743 年写的一封描述圆明园的信。手稿作者重申，与王致诚的生动描述一样，图画也可以激发读者的丰富想象，为此特将取材于《圆明园四十景图咏》皇家版画的绘画图册和《圆明园》手稿一并寄来。显然，这份图册即是上文所探讨的贝尔坦藏品，与收藏在莱顿的图册完全相同。在这种情况下，必须强调一下视觉图像的重要性：文字描述本身无法表达圆明园的外观——正如王致诚自己写的那样，圆明园与欧洲的建筑相差巨大，无法描写——但图画起到了关键作用；眼睛看到的这些图像就是真正的中国皇家园林。

---

1 法国国家图书馆，Fonds Bréquigny, vol. 123, fols. 243–246。

2 钱德明在 1769 年 3 月 1 日的一封信中，为王致诚神父撰写了长篇传记和讣告。参见 Henri Bernard, S.J., "Le Frère Attiret au service de K'ienlong (1739–1768)," *Bulletin de l'Université l'Aurore* 1943, 3rd ser., 4, no. 1 (13):30–82; and 4, no. 2 (14):435–474。

此外，手稿作者认为真正值得寄的一个限量珍本也随之寄往欧洲。这个珍本无疑指的就是 1745 年制作的《圆明园四十景图咏》清朝皇家版画。手稿作者钱德明指出，这本图册有一篇优美的"序言"[1]，内含 40 幅分景图所绘景观的名称、木刻插图及乾隆皇帝题写的 40 首带有大量注释的诗。这一版本的注释是由一群杰出的士大夫编纂的，其中引用了儒家经典、中国历朝正史、著名诗篇及大量其他资料。这样一本木版画图册正是清王朝自我宣传的典型手段，体现出乾隆皇帝不仅是颇具造诣的诗人，还是中国正当合法的统治者。[2] 贝尔坦本人不懂中文，因此随同《圆明园四十景图咏》木版画图册和绘画图册一并寄回的手稿详细解释了木版画图册的内容。虽然手稿中高度恭维了乾隆皇帝的诗，但是手稿中的评价也是非常准确且敏锐的，显然写出这一评价的作者十分重视这本木版画图册，并希望借欣赏乾隆皇帝的成就来激励他的收信人。

贝尔坦、"艺术"和建筑

在 1776 年出版的第一册《中国杂记》序言中，贝尔坦简要讨论了中国画。他写道，欧洲人看到的中国画大多是最糟糕的，尤其是那些在中国南方港口城市广州生产的屏风画和扇面画，这些画作无法让我们深入了解中国。他还表示他自己收藏有来自北京的杰出画作："其中一些展示了壮观的皇帝宫殿和官吏府邸，以及装满奇珍

---

1 "序言"是雍正皇帝和乾隆皇帝的两篇文章，1725 年的《圆明园记》和 1742 年的《圆明园后记》。

2 皇帝的政治议程是我博士论文的关键内容："'40 Views of the Yuanming yuan': Image and Ideology in a Qianlong Imperial Album of Poetry and Paintings" (Yale University, 2011)。

异宝的橱柜等；另外一些则展示了迷人景观和乡村风光，其中乡村
人物的刻画之精准令人惊叹；这些画作很好地运用了透视技法，色
彩鲜亮，其色彩运用水平我们迄今还无法企及。"[1] 当然，贝尔坦收
藏的圆明园大幅图画及其他一些类似画作确实配得上这样的描述，
其他类似画作在此不作讨论。[2]

贝尔坦积极寻求中国画，并将之视为信息来源，而非艺术作品。
在 18 世纪的法语中，"Art"一词除了指称美术之外，还意指"技巧"
（skill）乃至我们常说的"技术"（technology），事实上这个词的后
两种意思在贝尔坦的文档中最为常见。贝尔坦对技术和农业问题颇
为重视——因为这些问题与他在政府的工作直接相关，这种关切从
他所藏图册描绘的内容可见一斑，有不少图册都描绘了建筑、养蚕、
纺织、瓷器，以及其他技术和农业相关内容。他收到来自北京的大
量实用文本、历史文本和文学文本，其中相当一部分发表在《中国
杂记》上，但奇怪的是，杂记中仅有极少的技术相关插图。值得注
意的是，第 7、第 8 和第 12 册《中国杂记》是一个例外，第 7 和第
8 册中包含大量有关中国武器和军队构成的插图，第 12 册中则含有
大量孔子生平画像。

由此我们得以窥见贝尔坦积极寻获中国相关信息的部分画面，
这一画面异常复杂，而且很多时候不甚完整。贝尔坦的"图画贸易"
很显然可以说是成败参半，他从中国获得的一些信息慢慢为人所知，
但他所收集的大量文本和图画至今仍未出版，其价值也未曾得到认
可。贝尔坦希望通过出版《中国杂记》让受过教育的欧洲人至少可
以了解一些他对中国的认识。在第一次尝试接触中国时，贝尔坦的

---

1 Preface, *Mémoires* (Paris: Nyon, 1776), 1: i–xiv.

2 然而，这无法解释贝尔坦所藏画作中风景的奇异变形，这直到目前仍是个未解之谜。

期望确实颇为乐观。在第 1 册《中国杂记》的序言中，贝尔坦再次写到，如果以前从中国寄往欧洲的物品能够更仔细地收集起来并呈现给公众，那么法国就可以更好地与中国在"艺术"（arts，这里贝尔坦指的是工艺或技术）、工业、社会习俗和政府治理等方面进行比照，这对法国而言将大有裨益。[1] 借助北京法国耶稣会士的帮助，贝尔坦读到并看到了关于清代中国的高度理想化但亦十分详尽精准的文字和图像描述。

　　透过与贝尔坦有所往来的谢菲尔伯爵等收藏家，我们得以了解图画藏品在 18 世纪后期一小群法国精英阶层中的接受和传播情况，他们与贝尔坦一样对中国充满热情。可见，贝尔坦的藏品至少对一部分公众是可见的，他也希望这部分公众将真实有用的中国信息分享给能从中获益的人。当时对贝尔坦藏品的一段评述明确提及了这一意图：

　　　　贝尔坦与居住在北京的法国耶稣会士之间的广泛通信维持了 20 余年，从中他得以看到中国制作的那些最新奇的物件……但是贝尔坦收藏的大量从中国寄来的绘画作品让这间书房精彩无比，这些画作让我们亲眼见识这个伟大帝国的礼仪、风俗、器物和艺术，而我们对这些至今仍知之甚少。贝尔坦先生不但乐于开放他的书房，甚至乐于将各种藏品开放给一些学者和艺术家，让这些专家能够通过鉴赏藏品获益。[2]

---

1 *Mémoires*, 1: xiii–xiv. 关于贝尔坦与中国直接接触的资料和他的目的，参见 Henri Bernard-Maître, S.J., "Deux Chinois du XVIIIème siècle à l'école des Physiocrates Français," *Bulletin de l'Université l'Aurore* 1949, 151–197。

2 Luc-Vincent Thiéry, *Guide des amateurs et des étrangers voyageurs à Paris, ou Description raisonnée de cette ville, de sa banlieue et de tout ce qu'elles contiennent de remarquable* (Paris:Hardouin et Gattey, 1787), 1:134–136. 感谢枫丹白露宫馆长文森特·德罗格（Vincent Droguet）让我注意到了这一重要来源。

　　出现在法国的《圆明园四十景图咏》的各种版本——无论是木版画图册还是基于原始乾隆图册绘制的版本——都极为罕见，因为这些都是来自清朝宫廷的作品，官方发行量本就十分有限。在18世纪后期的欧洲，来自中国的普通图册多是描绘蚕桑、纺织和瓷器制作。这些图册大多是由广州画坊制作专供出口，画中的相关活动描绘通常过于简化和理想化，因此实际上对于传播技术知识并没有多大价值。贝尔坦收藏的《圆明园四十景图咏》完整图册的标题也仅仅对画作内容作了一般性概述，但他同时也收到了随木版画图册寄来的翔实文本，这些文本则向他详细阐述了乾隆皇帝的诗词和圆明园的建筑图像。

　　在北京和欧洲的法国耶稣会士有时将圆明园称为"北京的凡尔赛宫"（Versailles de Pékin）。坐落在法国和中国都城之外的皇家或帝国宫殿之间确实有很多类似之处，二者都被无数花园环绕。关于这两座宫殿相似之处的联想，也确实有助于从一定程度解释欧洲人对中国皇帝的迷恋。除了各种版本的《圆明园四十景图咏》之外，贝尔坦本人还藏有数量惊人的中国建筑图像，或许正是这些收藏激发了他建设中式居所的想法，但最终却没能实现。贝尔坦一度设想将他位于巴黎郊区沙图的住所建成一座真正的中国风格建筑。他在拟寄往中国的一封长信的草稿中，概述了他的"中式住宅"计划，他甚至计划另建一个"中式亭台"。[1] 信中谈及他的建造设计图样时，贝尔坦写道，虽然他的藏品中有"各种各样的中式亭台图像"，但

---

1 该文件现收藏于法国国立艺术史研究所（INHA），Paris; MS 131, fols.91 ff., 其中包括一张印有 "Le Cabinet chinois de Bertin à Chatou"（贝尔坦在沙图的中式办公室）字样的标题页。这封信是写给弗朗索瓦·布儒瓦（François Bourgeois，1723—1792 年）神父——贝尔坦另一位频繁写信往来的朋友的。

是如果北京有哪位"建筑师"能够提供一个设计方案,他一定会采纳这个新方案。目前尚不清楚他收到了什么样的回应,抑或并未收到任何回应。但可以肯定的是,贝尔坦实际上并没有真正打算建造一处中国风浓郁的中式居所,而在当时,中国风已经是一种极为普遍的园林设计风格。

结论

在 18 世纪后期,贝尔坦及其法国收藏友人究竟意图从法中图画贸易中获得什么?答案是,他们希望从中得到对于中国的真实而深入的认识,而图画及相关文本则是他们认识中国的主要信息来源。本文着重探讨了《圆明园四十景图咏》的不同版本——特别是在 18 世纪后期出现在法国的版本,试图揭示这些图画事实上都是关于同一个建筑群落的描绘。这些图画向我们清晰展示:当时法国的有识之士迫切希望通过图画传播,获取关于欧洲以外国家的信息。在欣赏这些中国图画时,观赏者有时明确知道图画所绘内容,但有时他们只能依靠猜测——在获取关于中国的真实信息过程中,这种不确定性带来的理解困难十分普遍。尽管如此,通过仔细考察这些图画及相关文本,我们可以获知,18 世纪欧洲的知识分子已经能够获取超乎我们想象的大量有关中国的信息。

植物之旅：中国帝苑与海西花草

邱志平
（CHE-BING CHIU）

　　在 18 世纪，中国与西欧的交流不仅丰富多彩而且硕果累累。在空间规划领域，身在清廷的欧洲艺术家兼传教士与中国的建筑大师、艺术家和工匠之间的互动与合作，促使他们构想并建造出了圆明园内建筑与园林融为一体的独一无二的景观。圆明园内的西洋楼受到广泛宣传而广为人知，这些宣传由耶稣会传教士亲自精心策划。虽然圆明园建筑引起了中国艺术和建筑方面的西方学者和爱好者的浓厚兴趣，但是其园林部分却鲜少有人关注。在 18 世纪，园林艺术和植物学是特权阶层，特别是那些在华耶稣会传教士的研究领域——这些耶稣会士对植物学兴趣尤甚，还与欧洲启蒙运动时期的杰出学者保持信件往来。一项关于圆明园花园内树木、灌木和植物的研究表明，耶稣会士的兴趣不仅影响了西洋楼周围花园的设计，而且影响了今天中国颇为常见的欧洲植物的进口。

耶稣会士

　　耶稣会士在中西交流中所扮演的重要角色一直是大量研究的主题。简要回顾一些主要人物及其书信交流和出版活动，能够帮助读者更好地理解这篇关于植物旅行的文章。耶稣会中国代表团的关键人物是利玛窦（Matteo Ricci，1552—1610 年）神父和他的继任者汤若望（Johann Adam Schall von Bell，1591—1666 年）、南怀仁神父。他们在各个方面都是杰出人士，第一位被誉为汉学的奠基人，第二位被任命为钦天监监正，第三位是幼年玄烨（1654—1722 年）——未来的康熙皇帝——的数学老师。

　　在这些传教士于中国辛勤工作的同时，阿塔纳修斯·基歇尔神父在西方出版了百科全书《中国图说》（*China Monumentis qua Sacris qua Profanis*）。[1] 多年来，这本书一直是了解远东文化的主要参考书。在启蒙运动时期，耶稣会士对于欧洲了解中国做出了至关重要的贡献。在 18 世纪初，在巴黎的中国传教区司库郭弼恩神父于 1702 年提出一项出版计划，这项计划后来促成多卷本《耶稣会士中国书信集》[2] 的出版。这套书信集中有一封信是关于中国皇帝的

---

1 Athanasius Kircher, *China Monumentis qua Sacris qua Profanis* (Amsterdam: Jacob van Meurs, 1667).

2 Charles Le Gobien et al., eds., *Lettres édifiantes et curieuses écrites des missions étrangères par quelques missionnaires de la Compagnie de Jésus* (Paris, 1702-1776). 1702 年，其最初标题为 "Lettres de quelques missionnaires de la Compagnie de Jésus, écrites de la Chine et des Indes Orientales"，但很快被更换。1703 至 1708 年，此多卷本丛书每年出版一册。杜赫德神父编辑出版了第 9 至 26 册（1709—1743 年），巴杜耶（Louis Patouillet）神父继续编辑出版了第 26 至 34 册（1749—1776 年）。1819 年，里昂出版商 J. 威赫纳赫勒和 Et. 卡宾公司（J. Vernarel；Et. Cabin & C.）出版了此多卷本丛书的 14 册全新版本。杜赫德神父的名作：*Description géographique, historique, chronologique, politique de l'empire de la Chine et de la Tartarie chinoise* (Paris: P. G. Lemercier, 1735) 是对中国传教士所寄信件的汇编。

"行宫"，由王致诚修士于 1743 年所写；这封信激起了法国乃至整个欧洲对这个话题的浓厚兴趣。[1] 信中用各种华丽的辞藻介绍了圆明园，指出圆明园是宫殿与园林相结合的建筑群，中国皇帝会于一年中最好的时节住在园内。在欧洲的中国风潮流的鼎盛时期，王致诚这封信的到来极大提升了欧洲人对中国的兴趣，并革新了欧洲人对园林的看法。

1776 年，钱德明神父[2] 开始着手出版《中国历史、科学与艺术回忆录》[3]。这本书的作者是一群传教士，其中包括韩国英（Pierre-Martial Cibot，1727—1780 年）神父，他贡献了一些关于桑蚕、中国梓树、棉花与棉树、竹子及中国温室的论文，特别是《论中国园林》（*Essai sur les jardins de plaisance des Chinois*）这一重要论文。这些文章在他去世两年之后才得以出版。[4]《论中国园林》这篇百科全书式的论文包含了关于中国园林的最新知识，但作者韩国英神父实际

---

1 王致诚曾接受过绘画训练，在清朝被任命为如意馆画师。如意馆内聚集了包括传教士画师在内的整个清王朝最优秀的艺术家。王致诚的 "Lettre à M. d'Assaut, 1er novembre 1743" 于 1749 年发表在《耶稣会士中国书信集》第 27 册第 1—61 页。1752 年由哈·博蒙特（Harry Beaumont）爵士翻译成英文，单独出版，参见 *A Letter from F. Attiret, a French Missionary, now employ'd by that Emperor to Paint the Apartments in those Gardens, to His Friend at Paris* (London:R. Dodsley), 1752。

2 钱德明是一名数学家和天文学家，也是法国科学院和皇家学会的成员。钱德明和欧洲学者保持着密切的书信往来。

3 Jean-Joseph-Marie Amiot et al., *Mémoires concernant l'histoire, les sciences, les arts, les mœurs, les usages, & c. des Chinois par les missionnaires de Pékin*, 8 vols. (Paris: Nyon l'Aîné, 1776-1814). 该丛书的主要编辑包括钱德明神父、韩国英神父、晁俊秀（François Bourgeois）神父、高类思（Aloys Louis Ko, 亦拼作 Aloys Louis Kao）神父和贺清泰（Louis Antoine de Poirot）神父。该丛书有约 200 幅版画插图。这套关于中华帝国的百科全书共分 5 册，由巴黎尼翁·莱因出版社（Nyon l'Aîné）于 1776 至 1791 年陆续出版。

4 韩国英神父是一名数学家、植物学家和机械师，还发表很多著述。其关于中国园林的文章于 1782 年发表在《中国杂记》丛书第 8 册第 301—326 页。

上不曾去过以园林著称的江南地区，所以这篇文章的论述偏重理论，也较为宽泛。

西洋楼

大约 1747 年，圆明园建成后不久，乾隆皇帝在路易十六送给康熙皇帝的一组版画中看到喷泉的图像，留下深刻印象。[1] 他问郎世宁——如意馆（宫廷艺术工作坊）的宫廷画家——北京城内有没有能够建造喷泉的传教士。这是东西方在建筑和景观园艺领域非凡交融的开始。传教士的报告让西洋楼的历史为大众所熟知。西洋楼的建造分三个阶段完成，从 1747 年开始，于 1780 年的头几个月里完成。参与西洋楼规划和装饰的主要传教士艺术家包括：郎世宁[2]修士，负责监督整个工程；蒋友仁[3] 神父负责建造喷泉、飞瀑，以及维持喷泉和飞瀑运转的液压机械；王致诚修士和艾启蒙[4] 神父负

---

1 这幅画展示的正是《法国最美建筑》（*Veües des plus beaux bâtiments de France*）系列版画所描绘的凡尔赛宫花园中的喷泉，这一系列版画由佩赫勒兄弟（Perelle brothers）绘图并雕刻制作。

2 郎世宁是乾隆皇帝最喜欢的画师。为奖励他对圆明园做出的贡献，乾隆皇帝任命他负责皇家园林。郎世宁崇拜错觉和透视技法大师安德烈·波佐（Andrea Pozzo，1642—1709 年），并自称是他的学生（实际上并不是）。他还曾和年希尧合作把波佐的《绘画和建筑艺术透视法》（*Perspectiva Pictorum et Architectorum*, Rome: Komarek, 1693 年）一书翻译成中文。

3 蒋友仁（Michel Benoist, 1715—1774 年）是一名数学家、天文学家和制图师。因为略懂水利，其被任命为西洋楼"水法"（喷泉）的主要负责人。于是，"这位天文学家变成了喷泉建筑者"。参见 "Lettre d'un missionnaire," in *Lettres édifiantes*, 8:470。

4 艾启蒙也是受聘于如意馆的艺术家。作为郎世宁的徒弟，他曾协助参与西洋楼装饰元素的设计，特别是水上剧院（théâtre d'eau）的设计。

责建筑物的室内装潢；汤执中[1]神父负责花园植物的种植；杨自新[2]修士负责铁艺作品；文纪[3]修士负责玻璃制品；德天赐[4]神父负责监督自动装置、钟表和其他精密机械装置的制作，用以装饰宫殿房间。位于长春园北部的建筑群由样式雷家族成员督建——其家族数代均为清廷建筑事务的掌案头目，并由工匠大师、花匠大师和其他拥有各种技能的工匠协助营造。共 12 处建筑和景观，均坐落在东西向的一块 T 形地面上。建成以后，乾隆皇帝下令雕刻一组园景铜版画，使其名垂千古。伊兰泰（活跃于 1749—1786 年）负责绘制草图及监督雕刻事宜。[5]这组铜版画于 1751 年雕刻完成并呈递给乾隆皇帝。《耶稣会士中国书信集》中一篇热情洋溢的书信表明乾隆皇帝对西洋楼十分满意。[6]

西洋楼周围的园林

从圆明园遗址和伊兰泰的版画中可以看出，西洋楼周围的园林

---

1 汤执中是一名植物学家，同时是法国科学院的通讯员。

2 杨自新（Gilles Thébault，1703—1766 年）是一名制表师。他曾根据郎世宁的图纸制作了养雀笼的锻铁门。

3 文纪(Gabriel-Léonard de Brossard,1703—1758 年)是一名玻璃制造大师。据钱德明所言，文纪的玻璃作品曾被用于装饰皇帝宝座所在宫殿。

4 德天赐（Pietro Adeodato di Sant'Agostino，1760—1821 年）是一位意大利奥古斯丁教派修士，曾与杨自新一起受命服务于清廷造办处做钟处。

5 伊兰泰是中国满族画师，向耶稣会艺术家学习了西方绘画理论。历史上关于他的信息很少。在文献记载中，他的名字通常与如意馆的传教士艺术家一同出现，也常见于与西洋楼相关的文献之中。参见《圆明园》（上海：上海古籍出版社，1991 年），第 821 篇（乾隆五十一年〔1786〕，四月一日），1565。

6 特别参考："Lettre du père Benoist à M. Papillon d'Auteroche," dated 16 November 1767, *Lettres édifantes...*, vol. XIII (1819), pp. 176–184。

整齐对称，花圃呈几何形状，树木直线排列，修剪植物点缀其间（图1）。园林内有假山和叠石，几条小溪将园林分割成不同的景观，这些景观被描绘成 20 幅版画。自 19 世纪初以来，圆明园建筑逐渐进入公共知识领域，一直被人们关注和研究。[1] 当前已有多项学术研究探讨了圆明园西洋楼建筑的历史和建造风格[2]，但是其周围的景观园林却鲜有学者关注[3]。

故宫保存的一些历史资料显示，郎世宁当时绘制了一幅草图，旨在于谐奇趣楼东侧建造一个西式花园。[4]《耶稣会士中国书信集》中的信件，以及法国旺夫耶稣会档案中的一些信件提到，负责西洋楼周围园林种植的是汤执中神父。

汤执中于 1706 年 8 月 21 日出生于法国卢维耶，1727 年 9 月 7 日进入耶稣会成为初学修士。在加拿大和魁北克逗留后，他于 1739 年回到法国，并请求教会派其前往中国。他于 1740 年 1 月 19 日

1 Louis-François Delatour, *Essais sur l'architecture des Chinois* (Paris: Clousier, 1803).

2 Osvald Sirén, *The Imperial Palaces of Peking*, 3vols. (Paris/Brussels: G. van Oest, 1926); Carroll Brown Malone, "History of the Peking Summer Palaces under the Ch'ing Dynasty," *Illinois Studies in the Social Sciences* 19, nos.1–2 (1934); Clay Lancaster, "The European Palaces of Yuanming Yuan," *Gazette des Beaux-Arts* 34 (1948):261–288, 307–314; Hope Danby, *The Garden of Perfect Brightness:The History of the Yüan Ming Yüan and of the Emperors Who Lived There* (Chicago: H. Regnery, [1950]); Alexander Schulz, *Hsi Yang Lou:Untersuchungen zu den 'Europäischen Bauten' des Kaisers Ch'ien-Lung* (Würzburg: Universität Würzburg, 1966); Michèle Pirazzoli-t'Serstevens, *Le Yuanmingyuan.Jeux d'eau et palais européens du XVIIIe siècle à la cour de Chine* (Paris: Editions recherche sur les civilisations, 1987).

3 当然也有例外，参见 Gilles Genest, "Les Palais européens du Yuanmingyuan: Essai sur la végétation dans les jardins," *Arts asiatiques* 49 (1994):82–90。

4 《圆明园》（上海：上海古籍出版社，1991 年），第 419 篇（乾隆二十一年〔1756〕，四月十一日），1359。

登上杰森号邮轮，并于同年 10 月 10 日抵达中国。作为一名玻璃匠人被派往中国，他对自己取得的成绩并不满意。在来中国之前，他随伯纳德·德·裕苏 [1] ——法国国王花园（Jardin du Roi，后改名为 Jardin des Plantes〔植物园〕）的植物学家开始了植物学研究，到中国后，他真正想做的是继续进行研究。早在 1742 年，汤执中就写了封信给伯纳德·德·裕苏："如果你能寄送给我一些种子、球茎等，由我转呈给中国皇帝，我就可以引起中国皇帝的关注，至少向其表明我十分热爱花卉，是一名植物学家。这能使我有机会见到更多中国植物，如果不这样做，我可能永远无法接触到这些植物。中国皇帝喜爱花卉，他有一个宫殿经过特别设计，以便他俯瞰那开满洋甘菊的小山丘。" [2] 信中罗列了皇帝可能感兴趣的植物名单：不同颜色的大型罂粟花、郁金香、花毛茛、海葵、香石竹、水仙花、耧斗菜、

---

1 伯纳德·德·裕苏是法国国王花园的一名植物学教授，同时是法国科学院和瑞典皇家科学院的成员。他曾为凡尔赛宫特里亚农宫建造了一个植物园。

2 法语原文为 "Si vous pouvez m'envoyer quelques graines, oignons, etc. que l'on pût presenter à l'Empereur, par là je pourrai me faire connoître, du moins comme curieux de fleurs, et ensuite pour botaniste, ce qui me donnerait peut-être occasion de voir bien des plantes, que je ne verrai probablement jamais sans cela. L'Empereur aime les fleurs; il a un appartement fait exprès d'où il découvre une petite coline [sic] tout couverte de matricaires"。这些内容来自 1742 年 11 月 17 日寄给伯纳德·德·裕苏的信件，其复印件藏于法国旺夫的耶稣会士档案库。

黑种草、矢车菊、金莲花和百合等。[1]

汤执中神父给植物学和农学领域的著名科学家一共写了 16 封信。收件人包括亨利 – 路易·杜默·德·孟梭（Henri-Louis Duhamel de Monceau，1700—1782 年）[2] 和基里尔·拉祖莫夫斯基（Kirill Razumovsky，1728—1803 年）[3] 伯爵等，其中大部分信是写给伯纳德·德·裕苏的。可以肯定就在 1749 年，汤执中再次写信给伯纳德·德·裕苏请求对方寄送种子。而伯纳德·德·裕苏于 1751 年寄来了这些种子。其中有含羞草的种子，这种植物通常被称为"别摸我"（touch-me-not）或敏感植物（sensitive plant），原产于中南美洲的热带地区，于 1648 年引入欧洲。这种植物非常"敏感"，当其感应到哪怕最轻微的触碰或最微弱的气息时，其羽片和小叶会

---

1 "de beaux gros pavot de couleurs différentes, des tulipes, des renoncules, des anémones, des oreilles d'ours, des œillets, du petit basilic, des jonquilles, la fleur de la passion, l'ancolie, la nigelle ou nielle, l'apocin du Canada, le bleuet, capucine petite et grande, les chenilles ou scorpioïdes, couronne impériale, la flambe, juliane, les différens lis, les différentes luzernes, les différens narcisses, le pié d'oiseau, les différentes scabieuses, valériane, verge dorée, violette, etc. L'empereur d'abord s'attachera à la variété de couleurs, ensuite à la variété des fruits, ou graines, et pour lors j'aurois occasion de lui parler botanique." 这些内容来自 1742 年 11 月 17 日寄给伯纳德·德·裕苏的信件，大意为： "美丽且不同颜色的大型罂粟花、郁金香、毛茛、海葵、耳状报春花、康乃馨、罗勒草、长寿花、西番莲、楼斗菜、黑种草、加拿大罗布麻、蓝莓、大株或小株金莲花、红毛茛、皇冠花、鸢尾花、紫丁香、各种百合花、各种苜蓿草、各种水仙花、禽足草、各种蓝盆花、缬草、一枝黄花、紫罗兰等。中国皇帝首先会被这些五颜六色的植物所吸引，然后会注意到这些不同植物的果实或种子，这样一来，我就有机会和他探讨植物学。"

2 亨利 – 路易·杜默·德·孟梭是一名农业学家和植物学爱好者，同时是法国科学院和瑞典皇家科学院的成员。

3 基里尔·格里戈里耶维（Kirill Grigoryevich）于 1744 年被授予拉祖莫夫斯基伯爵（Count Razumovsky）的头衔，这得益于他的兄弟阿列克谢（Aleksey，1709—1782 年）深受俄国女皇伊丽莎白·彼得罗芙娜（Elizabeth Petrovna）喜爱。1746 年，基里尔被任命为圣彼得堡科学与艺术学院（Academy of Sciences and Arts of St. Petersburg）院长。

折叠起来，整个叶片暂时下垂。[1] 汤执中于 1753 年实现了他的目标：他呈递给皇帝两枝含羞草，皇帝"龙颜大悦，开怀大笑"[2]。此后汤执中被任命为宫廷植物学家，并被允许进入圆明园。关于含羞草的所有资料目前只剩下郎世宁的一幅画作，皇帝十分喜欢这幅画，还为它写了一首诗。[3]

　　汤执中把他从法国收到的其他各类种子"或种在御花园里，或种在北京郊区的其他花园里，后来将所有由这些种子种植而成的植物集中移植到圆明园，构成西洋楼的园林景观。皇帝在园林中散步时，一边兴致勃勃地观赏这些植物，一边询问这些外来物种的详细信息"[4]。遗憾的是，如今想要考察耶稣会士在西洋楼种植的植物极其困难。1860 年，额尔金（Elgin）伯爵命令英法联军焚毁圆明园。

---

1 *Le Bon jardinier*, 152nd ed. (Paris:La Maison rustique, 1964), 2:1357. 引自： Genest, "Les Palais européens du Yuanmingyuan," 82–90.

2 参见 1753 年 10 月 27 日寄给伯纳德·德·裕苏的信件，藏于法国旺夫耶稣会士档案库。

3《海西知时草》，绢本，136.6 厘米 × 88.6 厘米，其上落款为郎世宁中文名，未标明日期，现藏台北故宫博物院。关于其副本，参见 Michel Beurdeley, *Peintres jésuites en Chine au xviiie siècle* (Arcueil: Anthèse, 1997), 160. 画中诗为乾隆皇帝于 1753 年亲笔所题："西洋有草，名'僧见底幹'，译汉义为知时也，其贡使携种以至，历夏秋而荣，在京西洋诸臣因以进焉。以手抚之则眠，愈刻而起，花叶皆然，其眠起之侯，在午前为时五分，午后为时十分，辄以成诗，用备群芳一种。懿此青青草，迢遥贡泰西。知时自眠起，应手作昂低。似菊黄花韡，如樱绿叶萋。讵惟工揣合，殊不解端倪。始谓萹蒲诞，今看灵珀齐。远珍非所宝，异卉亦堪题。"

4 内容来自蒋友仁神父 1767 年 11 月 10 日写的信件。参见 Henri Cordier, "Les Correspondances de Bertin Secrétaire d'État au xviiie siècle," *T'oung Pao* 18 (1917):326. 法语原文为 "soit dans les jardins de Sa Majesté, soit dans différents autres jardins des environs de Pe King, réunissant ensuite sous un même coup-d'œil dans les jardins des Palais Européens les productions qui étoient sorties de ces graines. L'Empereur lorsqu'il alloit se promener, prenoit plaisir à examiner et à s'informer en détail sur ces différentes productions étrangères à la Chine."

在 20 世纪，圆明园又遭到彻底忽视，园中原有植物全都未能保留下来。如今唯有通过观察伊兰泰的版画，以及恩斯特·奥尔末（Ernst Ohlmer, 1847—1927 年）[1] 和其他外国游客[2] 当时拍摄的照片，才能大致想象出清朝皇帝在这片西方乐土中散步时长春园北部的模样。

仔细观察版画和照片，可以看到直线种植的树木，修剪整齐的植被和几何对称的花坛。在许多版画中，尤其是在描绘谐奇趣（图1）、养雀笼和方外观的版画中，可以清楚看到植有牡丹的花床。[3] 莲花[4] 可见于观赏池塘之中——如竹亭北面（图2）的观赏池塘，或见于海晏堂（图3）西面水力钟附近的盆体之中。画中还可以看见一些其他物种，但是格式化的版画让我们无法识别汤执中栽种的花卉品种。

画中可以清晰辨认的有两种树木。第一种是垂柳。[5] 在海晏堂附近可以看到一些不规则形状的垂柳（图4）。另有 4 棵种在迷宫之中，其枝干向上拱起，呈伞状造型。第二种是松树。在海晏堂西面前可以看到这些松树，顶部平整且向外延伸，我们猜测这些是中国松

---

1 恩斯特·奥尔末于大清北京海关供职。他于 1873 年左右拍摄了一组圆明园照片，这是已知关于圆明园西洋楼最早的影像之一。

2 包括泰奥菲勒·皮瑞（Theophilus Piry）于 1876 年及 1912 至 1913 年拍摄的照片，托马斯·查尔德（Thomas Child）于 1877 年拍摄的照片，阿尔方斯·弗赖赫尔·冯·穆默·施瓦茨恩斯坦（Alfons Freiherr von Mumm Schwarzenstein）于 1901 年拍摄的照片，康纳德·W. 安那（Conrad W. Anner）于 1911 至 1912 年拍摄的照片，索菲斯·布拉克（Sophus Black）于 1915 至 1918 年拍摄的照片，奥斯伍尔德·喜仁龙（Osvald Sirén）于 1922 年拍摄的照片，以及毕安祺（Carl Whiting Bishop）于 1923 至 1925 年拍摄的照片。关于外国游客拍摄照片的详细研究，参见 Régine Thiriez, *Barbarian Lenses* (Amsterdam: Gordon & Breach, 1998)。

3 *Paeonia lactiflora* Pall.

4 *Nelumbo nucifera*.

5 *Sophora japonica Pendula* Loud.

树。[1] 版画上的其他物种看起来像针叶树，针叶以非常密集的阴影线描绘。

幸亏有奥尔末的照片，吉勒·热内（Gilles Genest）才得以大致辨认出一些落叶树，包括香椿、臭椿、中国板栗树和洋槐。[2] 汤执中督建的园林绿植其最显著的特点在于直线排列的树木及精心裁剪的修剪植物，这些几乎可见于每一幅版画。在汤执中的一封信中，我们发现他请求寄来紫杉树的种子。这封信写于 1751 年，即第一座西洋楼——谐奇趣建成的那年。因此有理由推测这一请求与西洋楼周围的植被工程有直接关联。这是海晏堂和万花阵之间第一处直线种植的树木，其东侧邻接养雀笼，西侧毗邻水库。吉勒·热内认为在圆明园遗址中或许还可以找到中国桧树，而这种植物在中国至今仍被用作修剪植物。[3]

大水法坐落在西洋楼建筑群的中间区域（图 5）。大水法中央是两棵巨大的修剪植物，每棵树上都有 9 个连续的树冠，两棵树的连线构成南北向的轴心线。在巨大的自动喷泉前面，沿着喷泉水池的曲线边缘栽种着一些小型的修剪植物。大水法对面是著名的观水法，其台基两边各有一个金字塔形石雕[4]，另有修剪植物点缀两侧使其增色。观水法四周并无石砌围墙，只是用精心修剪的浓密树篱做成隔断，这些树篱离地高度只有 10 厘米，与皇子门（Princes Gate）的石基等高。树篱顶端修剪得十分平整开阔。

最令人赞叹的是，在大水法和线法山之间一块长宽各 60 米的

---

1 *Pinus tabulaeformis* Carr，或 *Pinus sinensis* Mayr。

2 Genest, "Les Palais européens du Yuanmingyuan," 88.

3 Genest, "Les Palais européens du Yuanmingyuan," 83–84, 87 and note 39.

4 译者注：即汉白玉方塔。

图 1

谐奇趣北面

伊兰泰

来源：《圆明园西洋楼铜版画》，1783—1786 年，共 20 幅版画，镶嵌于重磅纸中；每幅版画 50 厘米 ×87.5 厘米，此图为第 2 幅

现藏：洛杉矶，盖蒂研究所

图 2

竹亭北面

伊兰泰

来源：《圆明园西洋楼铜版画》，此图为第 9 幅

现藏：洛杉矶，盖蒂研究所

图 3

海晏堂西面

伊兰泰

来源：《圆明园西洋楼铜版画》，此图为第 10 幅

现藏：洛杉矶，盖蒂研究所

图 4

海晏堂北面

伊兰泰

来源：《圆明园西洋楼铜版画》，此图为第 11 幅

现藏：洛杉矶，盖蒂研究所

方形土地上，以梅花形状排列着大约 20 排树木，这些很可能是紫杉树，均修剪至与人齐高，将人们的目光吸引到其中央通往线法山的凯旋门，给人留下深刻印象。

最后可以看到，在线法山东门西向壁面（图 6）及东门两侧叠石上描绘着某种藤蔓植物，类似于五叶地锦（Virginia creeper，北美爬山虎）。关于爬山虎，蒋友仁曾描述道："爬山虎是一种生长在山间的藤蔓植物，类似黑科林斯葡萄藤蔓。[1] 这种植物与常春藤相似，但叶片要小很多；它通过附着墙壁攀爬生长；它比常春藤要漂亮很多，并且没有常春藤的任何缺点。它是一种多年生、不畏寒的植物，能在北面朝向和阴暗环境下茁壮生长。在这里它能适应任何气候。它被广泛应用于清朝皇帝的各类园林之中，用以装饰园中的假山石洞及北面朝向的墙壁等。"[2]

1757 年 5 月 12 日，汤执中于北京去世。[3] 据蒋友仁的信件记载，汤执中去世后，"皇家园林的西洋植物由太监全权照管，这些太监

---

1 爬山虎（Parthenoissus tricuspidata）是一种藤蔓植物，涵盖亚洲和北美地区的 10 个种属，北美爬山虎（Virginia creeper）是种属之一。

2 法语原文为 "[Le] Pa-chan hou, barbe qui rampe sur les montagnes ... ressemble à des raisins de Corinthe. La plante ... est semblable au lierre, mais la feuille est beaucoup plus petite, elle rampe et s'attache aux muralles, elle est beaucoup plus agréable à voir que le lierre et n'en a pas les incommodités. Elle est vivace, ne craint point le froid, se plait au nord et à l'ombre. Ici elle pousse en tout temps. On s'en sert beaucoup pour les différents jardins de Sa Majesté pour orner les grottes, murailles exposées au Nord, etc"。内容来自蒋友仁神父于 1770 年 11 月 25 日写的信件，参见 Cordier, "Les Correspondances," 334–335。

3 北京法籍神父住院院长赵圣修（Joseph-Louis des Roberts, 1703—1760 年）神父在其 1757 年 5 月 16 日写的信件中告知汤执中去世的消息。

替代汤执中监管所有花匠"[1]。在这之后各类种子仍源源不断运送而来。汤执中去世10年后，皇帝召蒋友仁入宫辨认广东海关呈递的一些种子、文件及一本书册。皇上委任蒋友仁"在其眼皮底下"[2]种植这些种子，并由当时留在中国的唯一了解植物学的耶稣会士——韩国英神父负责协助。由这些种子成功种植出一些植物，包括大量的冰叶日中花。[3]如今圆明园中原始的植物均已不复存在；遗址中的植物与版画中的描述相去甚远。幸好有一份清单列举了从乾隆末期到嘉庆初期园中的植物，可以帮助我们大致了解彼时园中的植物种植情况。[4]最初信息由一个中法跨学科合作团队收集整理，这个团队在1997至2000年期间对这片地域进行了考察。[5]

　　1761年，郎世宁创作了一本花鸟图册，这类绘画是中国古代文

---

1 法语原文为 "le soin des Plantes Européennes dans les jardins de l'Empereur étoit resté aux seuls Eunuques, qui avoient à leurs ordres les jardiniers que le P. d'Incarville avoit formés"。内容来自蒋友仁神父1767年11月10日写的信件，参见 Cordier, "Les Correspondances," 327。

2 Cordier, "Les Correspondances," 327.

3 冰叶日中花（学名 Cryophytum cristallinum Br. N. E., 或 Mesembryanthemum cristallinum L.）属番杏科，长相出众，其叶面和嫩茎上有透明结晶。这种植物来自好望角，后被引进至加纳利群岛、希腊、法国南部。

4 这份清单大约可追溯至18世纪后期，根据清单上的价格和保存期限判断，这份清单主要用于圆明园中的植物补植。清单上所列植物将用于取代园中已死亡植物。该文件现藏于中国第一历史档案馆。关于该文件的相关讨论，参见伊夫-玛丽·阿兰（Yves-Marie Allain）的文章，"A la recherche des paysages de diverses scènes du Yuanming yuan"，法国华夏建筑研究学会编，《圆明园遗址的保护和利用》（北京：林业出版社，2002年），75—95。

5 该项目由法国华夏建筑研究学会（参见 http://www.artslivres.com/ShowArticle.php?Id=201）和清华大学建筑学院合作完成。阿兰在 "A la recherche des paysages de diverses scènes du Yuanming yuan" 一文中引用了该项目研究报告。

图 5

大水法正面

伊兰泰

来源：《圆明园西洋楼铜版画》，此图为第 15 幅

现藏：洛杉矶，盖蒂研究所

图 6

线法山东门

伊兰泰

来源：《圆明园西洋楼铜版画》，此图为第 19 幅

现藏：洛杉矶，盖蒂研究所

線法山東門尢

人所喜闻乐见的绘画类型。这本图册被命名为《仙萼长春》[1]，内含16张描绘花草虫鸟的彩色图画。这本经典图册遵循当时如意馆画师中盛行的工笔画风。中国皇帝特别看重绘画中的正统观念，并将自己的品位强加给宫廷画家，而且往往限定绘画主题。郎世宁完全理解中国画的"写生"概念，即通过长时间密切和耐心的观察，捕捉绘画对象的本质，尊重其自然形态，同时避免对外观进行盲目模仿。这本图册体现了郎世宁的精湛画技，深受皇帝喜爱，这从册页中的皇帝印章可见一斑。

图册中每张彩页都绘有一两棵植物，以及一两只蝴蝶或小鸟。画中所绘多数为中国土生土长的花卉，如牡丹、芍药、桃花、海棠、玉兰、樱桃、菊花和石竹等。少数为早期传入中国的植物，如罂粟和苋菜（amaranth）。"长春"一词指的是长春仙馆，即乾隆皇帝登基之前身为皇子时在圆明园中的赐居。

乾隆皇帝在其在位的第9年（1744年）命人将长春仙馆彻底翻新，作为皇太后前来看望他时的居所。乾隆皇帝还曾创作了几首关于长春仙馆和馆内植物的诗。其中一首写于1761年，在这首诗中乾隆写到，由于日照充足、雨水充沛，馆内植物长势喜人。郎世宁绘制的16张彩图完美呈现了这些来自海内外的花卉，将它们的优雅美丽和雍容华贵留存下来。

圆明园的悲惨命运与第二次鸦片战争的最后阶段密切相关。1860年10月，一队英国远征部队的士兵放火烧毁了这座中国皇帝的园林。付之一炬的不仅是这座受到中国各地和海外启发而修建的

1《仙萼长春》图册包含了16幅绢本画作，每幅27.8厘米×33.3厘米。该图册约完成于1761年，即乾隆二十六年。现藏于台北故宫博物院。参见邓嘉德主编，《朗世宁工笔花鸟》（成都：四川美术出版社，1996年）及 Beurdeley, *Peintres jésuites en Chine*, 163–169。

园林，还有几代王朝精心收藏的青铜器、玉器、绘画和书法作品，一座拥有数万册书籍的藏书楼，一个西洋楼建筑群，以及一个栽种着来自不同地区的植物的温室。在圆明园被洗劫一空的第二天，维克多·雨果写道："我们所有教堂内的所有珍品加起来，都比不上这座美丽壮观的东方博物馆。"[1]

西洋楼凭借其西式风格建筑、法式风格花园和欧洲进口植物，毫无疑问成为中欧两个文明之间非凡交融的重要见证者。值得一提的是，从《仙萼长春》图册可以看到，欧洲进口植物在圆明园各处园林均可见踪影。

不幸的是，圆明园的辉煌已经永远消失了，欧洲与西方艺术家和设计师参与的所有合作痕迹都被抹去了。只剩伊兰泰的《圆明园西洋楼铜版画》和郎世宁的《仙萼长春》这两份图册，可以见证发生在启蒙运动时期的这场富有成果的交流。

---

1 Victor Hugo, "Lettre au capitaine Butler," in *Oeuvres complètes* (Paris:Club du Bibliophile, n. d.), 31:563–565.

19 世纪广州园林与中外植物贸易

陈婉丽
（YUEN LAI WINNIE CHAN）

不少学者都对 18 和 19 世纪中国园林和园林艺术对西方的影响有过探讨，然而反过来西方园林艺术与实践对中国的影响却鲜有学者涉足。[1] 事实上，随着中国植物和植物画对外贸易的持续发展，中国对于植物价值及园林功能的理解也在逐步改变。这种改变在港口城市广州表现得最为明显，在 18 世纪中期到 19 世纪中期，这里一度是中西方之间的贸易中心。

---

1 参见 "Botany," in Joseph Needham, *Science and Civilization in China* (Cambridge: Cambridge University Press, 1986), vol. 6, part 1；Fa-ti Fan, *British Naturalists in Qing China: Science, Empire, and Cultural Encounter* (Cambridge: Harvard University Press, 2004)；Bianca Maria Rinaldi, *The "Chinese Garden in Good Taste": Jesuits and Europe's Knowledge of Chinese Flora and Art of the Garden in the 17th and 18th Centuries* (Munich: Martin Meidenbauer, 2006)；Jane Kilpatrick, *Gifts from the Gardens of China: The Introduction of Traditional Chinese Garden Plants to Britain, 1698–1862* (London: Frances Lincoln, 2007)。

　　在所谓的广州一口通商（Canton trade system，1757—1842 年）[1]
贸易政策以前，中国园林一直是作为修身养性的私家处所，代表着
文人雅士的山水情趣。在 19 世纪早期的广州，中外植物与园林贸
易交流十分频繁，出现了一种不同于中国传统私人园林的公共园林，
这种新式园林拥有时尚的休闲设施，人们可以在园中自由徜徉，可
以欣赏和购买来自中国各地的本土植物乃至世界各地的异域物种。
与此同时，随着 19 世纪广州商人阶层地位的提升，传统的园林思
想开始发生改变，私人园林不再仅仅是文人隐居的处所，也逐渐向
外界开放，成为社会化的场所。

　　本文首先聚焦 19 世纪中西方之间日益增长的植物、园艺技术
及园林图画贸易，重点考察西方园林理念如何进入中国。之后将探
讨植物的商品化进程，以及园林如何演变为大众休闲和行商贸易的
公共场所。最后将思考广州私人园林如何逐步走向开放，其中的园
林景观如何摒弃文人雅士偏爱的乡间山野景致，转而变得充满浓厚
的商业化气息。本文希望透过这些讨论，揭示中国园林和植物思想
的改变实际上是中国社会更大变革的一个缩影，这场变革由 19 世
纪的中西接触强行带来，其最为明显的变化是商业支配力量的日益
增强，社会变得更为看重商业成就而非地位和阶层，而后者却是传
统儒家成功学标榜的重要标准，这一标准在晚清中国也开始面临重
大的冲击和变革。

---

1 广州一口通商政策起始于时任两广总督李侍尧（逝世于 1788 年）于 1758 年 1 月 28
日发布的官方布告，将广州作为唯一的通商口岸，外国船只能进入广州港进行交易。
第一次鸦片战争的爆发宣告了 1842 年这一政策的结束。关于广州一口通商政策的相关
研究，参见 Paul A. Van Dyke, *The Canton Trade: Life and Enterprise on the China Coast,
1700–1845* (Hong Kong: Hong Kong University Press, 2005)。

中西植物、植物图画及园林图画的交流与实践

在 19 世纪早期，中西方之间就已经出现了大量的植物标本贸易。西方对异域植物的兴趣至少可追溯至启蒙运动时期，而中国对西方植物的热衷则可以追溯到 18 世纪的清宫传统（参见本书邱志平的文章）。除开植物贸易，中西方还在植物图画与园林图画及园艺技术方面存在大量交流。西方尤其是英国热衷植物收藏的博物学家通常都是富有的地主阶级。约瑟夫·班克斯[1]（1743—1820 年）是其中最有名的收藏者之一，他在 1780 至 1817 年期间曾无数次请求英国贸易使团带上园艺学家和植物学家，以便从全世界收集各种标本。班克斯的这一努力为英国皇家园林——邱园引进了大量新的植物品种，班克斯也自 1773 年开始担任邱园园长，先期是名义上担任，而后才得以正式任命。经过多年管理，班克斯将邱园从一个收藏植物和异域物品的皇家博物馆（邱园中还包含一些异域建筑，例如 1761 年由威廉·钱伯斯设计建造的中国宝塔），转变成一个园艺科技和园林经济研究中心。

西方商人多依赖中国花匠帮其收集植物，而西方植物学家和园

---

1 约瑟夫·班克斯是其所在时代最知名的博物学家和植物学家之一。他曾任英国皇家学会会长和邱园的当然园长（ex officio director）。另参见 Georges Métailié, "Sir Joseph Banks—An Asian Policy?," in R. E. R. Banks et al., eds., *Sir Joseph Banks: A Global Perspective* (Richmond, England: The Royal Botanic Gardens, Kew, on behalf of the co-sponsors, 1994), 157–169。感谢约瑟夫·班克斯爵士协会（Sir Joseph Banks Society）的保尔·斯科特（Paul Scott）先生、诺丁汉特伦特大学（Nottingham Trent University）的 P. 内尔·钱伯（P. Neil Chamber）博士及布拉德福德大学（University of Bradford）的马克·西沃德（Mark Seaward）荣休教授提示我关注与约瑟夫·班克斯和约翰·里夫斯（John Reeves，1774—1856 年）相关的文献。

艺学家则多是在其旅途不受限制的区域自行收集人工培植和野生的植物。自 1757 年广州一口通商开始，东印度公司的船只便负责从广州港向英国运送活体植物，这些植物都以方便运输的木制容器收纳。[1] 之后不久，欧洲收藏家们便发现中国本土收集的植物品种太少，无法满足其多样化的收集需求。这主要是因为大多数中国花匠只种植市场需要的品种。关于这一问题的报告曾于 1835 年刊在《园丁杂志》(Gardener's Magazine) 上，在报告中东印度公司的验茶员和业余博物学家约翰·里夫斯抱怨太难得到他想要的植物品种："对于中国园艺和花匠，我觉得不能抱以太高期望。通常只有当我提出要购买紫藤植物时，我才能够得到专供售卖的紫藤。我曾试图让广州花地 (Fa Tee) 的花匠帮我主动收集中国的野生植物，尤其是那些还没带回英国的美丽品种（这些后来我都做了绘图），却发现只是徒劳。仿佛没有什么能让这些花匠跳出僵化的'旧习'。他们还是一如既往地只懂得按照雇主的明确要求准备每月的日常供给，也只有雇主要求增加哪些品种时才会照做。"[2]

里夫斯的这段话有趣之处在于，它揭示出当时与他一样的其他业余博物学家习惯于依赖中国花匠帮忙收集植物品种。在 1792 年

---

1 当时用于海上运输植物的移动木制容器现可见于英国皇家园林邱园内的经济植物展区。在 19 世纪 20 年代晚期，英国医生纳撒尼尔·巴格肖·沃德 (Dr. Nathaniel Bagshaw Ward) 发明了"沃德箱"(Wardian case)，这种玻璃制成的箱体为植物的海上长途运输提供了很好的保护。

2 参见 Gardener's Magazine 11 (1835): 112。验茶员里夫斯委托中国画师对其收集或遇见的上千种植物和动物标本（主要是鸟类）一一绘制了图画。这些图画现今大部分都收藏于伦敦自然史博物馆。它们展现了一种迥异于中国传统花鸟画的动植物绘画方式。里夫斯要求中国画师凸显动植物的典型特征，尽管最终完成的画作与同时期西方自然史画作风格相去甚远，但它们仍然具有重要的现实价值，描绘也颇为精准。里夫斯委托绘制的这些图画当时在广州产生多大影响尚不得而知，但是他雇用的这些画师确实学习到了一种观察自然的全新方式。

至 1794 年间，英国园丁大卫·施卓那（David Stronach）和约翰·赫克斯顿（John Haxton）随同马继业使团（Macartney Embassy）来访中国，专门收集植物，而当时进入中国内陆地区还有着诸多限制。[1] 不过也不难想象，他们当时肯定也是从中国花匠手里获取了不少植物标本。大约 10 年后，英国皇家园丁威廉·克尔（Royal Gardener William Kerr）被派往广州采集植物，班克斯的密友——东印度公司资深货监大卫·兰斯（David Lance）负责庇护克尔。欧洲人除了亲自来中国采集植物之外，还在采集完皇家园林所需植物返航的途中，雇用了一位中国花匠照料这些植物，这在皮特·怀特海德（Peter Whitehead）和菲利斯·爱德华兹（Phyllis Edwards）的《中国自然历史图册》一书中曾有提及。[2] 这位中国花匠在英国皇家园林停留一段时间并学习了英国园艺技术，而后被送回中国，负责为之后的植物运输提供指导。很可能正是通过这些中西接触，西方园艺思想得以进入中国，尤其是在广州得到推广。

随着西方对中国植物需求的不断增长，植物逐渐商品化。到19世纪初，广州最主要的植物中间商和提供者是广州行商（the Hong merchants），这些行商由政府授权专营所有广州贸易。这些富商在西关、河南和花地这些广州边远地区修建了奢华府邸，根据1816年的一项政策，外国人可以前往这些区域。广州行商敏锐地意识到外国人对中国特色植物兴趣十足，于是纷纷在其府邸周围修建精美园林，用以彰显其社会地位，也对外展示其拥有可以运往西方的植物物种。这些园林应该就是当时植物贸易发生的重要场所。广州行

1 Peter Whitehead and Phyllis Edwards, *Chinese Natural History Drawings* (London: Trustees of the British Museum [Natural History], 1974), 14–15.

2 Whitehead and Edwards, *Chinese Natural History Drawings*, 14–15.

图 1

《中国商人潘长耀位于广州郊区的府邸》

萨缪尔·布拉德肖（英国人，1804—1872 年），基于托马斯·阿罗姆（英国人，1804—1872 年）的铜版画面创作

来源：Thomas Allom and G. N. Wright, *China, in a Series of Views: Displaying the Scenery, Architecture, and Social Habits of that Ancient Empire* (London: Fisher, Son, 1843)

商们邀请外国人进入其园林参加晚宴，这一场景在托马斯·阿罗姆（Thomas Allom）著名的铜版图册中便有记载。[1]据说约瑟夫·班克斯曾在著名茶商潘有度（Puankhequa II，1755—1820年）[2]家的园林中，见证了一场用欧洲植物交换中国植物的交易。[3]英国的第一株紫藤就是从广州行商潘长耀（Conseequa，逝世于1823年）家园林中的一棵紫藤树上截取所得。[4]潘家园林在阿罗姆的图册中有所描绘，图画名为《中国商人潘长耀位于广州郊区的府邸》（*House of Conseequa, a Chinese Merchant, in the Suburbs of Canton*）；潘氏紫藤（Conseequa's Wisteria，学名Wisteria sinensis，图1、图2）便是以潘长耀的姓名命名的。这幅图画的水彩版收藏于皇家园艺协会的林德雷图书馆（Lindley Library）。约翰·里夫斯是潘有度兄长潘有为（1744—1821年，英国人昵称其"这位乡绅"〔the Squire〕）家园林的常客。在潘有为家园林中，里夫斯第一次见到菊花，这之后菊花成为中国外销画的常见主题。[5]

---

1 Thomas Allom and G. N. Wright, *China, in a Series of Views: Displaying the Scenery, Architecture, and Social Habits of that Ancient Empire* (London: Fisher, Son, 1843).

2 译者注：Puankhequa II 为潘有度的英文名，意为潘启官二世。

3 广州行商潘有度曾赠送给约瑟夫·班克斯一箱植物标本，其中有玉兰和芍药等珍稀品种及一棵侏儒古树。Peter Valder, *The Garden Plants of China* (Portland, Ore.: Timber Press, 1999), 353. Phoenix Bonsai Society, "A Chronology of Dwarf Potted Trees in England," http://www.phoenixbonsai.com/BigPicture/InEngland.html.

4 潘长耀是潘有度的堂兄，也参与了茶叶贸易。潘长耀逝世时，乔治·斯当东和约翰·里夫斯还为其起草了讣告，参见 "Biography of Conseequa," in *Gardener's Magazine* 11 (1835): 111-112. 这一植物标本是从潘长耀福建家乡移植至广州的一棵树上截取所得。因此这一植物才被命名为"潘氏紫藤"，这或许是欧洲人第一次使用中国人姓名为植物命名。参见 *Gardener's Magazine* 2 (1827): 422。

5 *Gardener's Magazine* 11 (1835): 112.

图 2

《紫藤》

广州，约 1812—1824 年，水彩，47 厘米 ×38.3 厘米

现藏：伦敦，自然史博物馆植物学图书馆

花地与新型园林展示

广州花地除了是富商豪宅云集的区域之外，在 19 世纪早期也逐渐发展成为带有休闲园林的苗圃集中地，这些苗圃往往是由广州的实业商人修建。花地的苗圃园林在当时是休闲观光及采购园艺物品的热门去处。这里中外人士云集，不仅仅是商业和娱乐的公共空间，也是文化交流的重要场所。历史上外国和本地游客的游记都充分肯定了这些园林对广州社会发展所起到的重要作用。例如，约翰·巴罗（John Barrow）在其著作《我看乾隆盛世》(*Travels in China*，1804 年）中写道："在（花地）这个村庄周围，有无数花园种植蔬菜供城市所需。在其中一些花园中，我们也看到有一些苗圃，用于培育稀罕、精美、奇特或实用的中国植物品种，这些植物都将送往广州销售。"[1] 纽约商人威廉·C. 亨特（William C. Hunter）于 1825 年抵达中国，在广州生活多年，他将这里描述为"生机勃勃""令人愉悦"。[2] 在其著作《旧中国杂记》(1855 年）中，他记录了在花地度过的美好一天，一位名叫阿青（Aching）的卖花人对他非常热情，这一天在爆竹声中结束。谭夏士使团（Amherst Embassy）的特派员亨利·艾利斯（Henry Ellis）曾造访过花地，并称其为"广州的时髦去处"[3]。然而艾利斯却警示道，西方人每周只能前往一次，并且

---

1 John Barrow, "Journey through the Province of Canton," in idem, *Travels in China* (London: T. Cadell and W. Davies, 1804), 600. 巴罗也记录了艺术和医药领域常用的果树、蔬菜和药草等植物。

2 William C. Hunter, *Bits of Old China* (London, 1855; 再版于台北: 成文出版社, 1966 年），8。

3 Henry Ellis, *Journal of the Proceedings of the Late Embassy to China* (London: John Murray, 1817), 415.

需要交付一笔申请费用。查尔斯·涂古德·唐宁（Charles Toogood Downing）著有《番鬼在中国 1836—1837》（*The Fan-Qui in China in 1836–37*，1838 年）一书，在书中他将花地比作"英国的茶园"[1]。他描述了在花地的亲身经历，在这里支付少量费用便可以在园林中度过一个下午，可以徜徉在石子路上，一边选购植物，一边享受周围的花床、果蔬相伴，还可以享用清淡点心、热茶与咖啡。

　　花地的广州行商府邸园林展示中国植物，主要目的是吸引西方商人；而花地的苗圃园林则展示种类各异的异域植物，外国人和本土顾客均可购买。苗圃中有原产于南方的植物、从美洲进口的向日葵，还有"外国玫瑰"[2]。这里的各类植物在维多利亚和阿尔伯特博物馆收藏的中国植物图册中均有记录，来自华南植物研究所和中国科学院的研究者确认其中既有中国南方省份原产的植物，也有外国品种。[3]苏州文学家沈复（1763—1825年）曾震惊于此地植物品种的多样性，并说明他只能辨认出十之六七，而且许多品种在清廷组织撰写的园艺百科全书《广群芳谱》（1708年）中都未曾提及。[4]这也是为何花地的诸多园林会成为本土及外国人士经常光顾的时尚之所。广州本地文人张维屏（1780—1859年）曾在其日记中

---

1 Charles Toogood Downing, *The Fan-Qui in China in 1836–7, III* (London, 1838; reprint Shannon: Irish University Press, 1972), 204–206.

2 Judith Magee, *Image of Nature: Chinese Art and the Reeves Collection* (London: Natural History Museum, 2011), 14–63.

3 Pauline Webber, "A Souvenir from Guangzhou," *V&A Conservation Journal* 48 (Autumn 2004): 2–4. http://www.vam.ac.uk/content/journals/conservation-journal/issue–48/a-souvenir-from-guangzhou/.

4 Shen Fu and Shirley M. Black, *Chapters from a Floating Life: The Autobiography of a Chinese Artist* (London: Oxford University Press, 1960), 47.

记载过一次秋游，描述了游览花地及广州历史景点的经历。[1]

　　商业贸易切实影响了中国园林的设计和展示。亨利·艾利斯曾提及花地园林内均是设计"直线路径，两侧摆放花盆"[2]。事实上，很多描绘花地园林的外销画都记载了园中的展示，成排的花盆摆放在石砌矮墙上，植物的四周设计如同今天的公共花园、苗圃或是植物中心。[3] 在伦敦自然史博物馆的里夫斯收藏中有上千幅在中国绘制的植物图画，其中就有一些关于移动容器（图 3）、花盆和悬挂花篮的设计绘图。[4] 将植物放入花盆而非种植在地面，意味着这些植物都是用于销售，而且方便运输。事实上中国传统园艺中也有盆栽植物，特别是盆景。但是广州在盆中展示植物的方式却是全新的，不同于传统的盆景，这一点被当时的一些中国文人所诟病。清朝官员四川人李调元（1734—1803 年）曾于 1774 年和 1777 年在广州任职，在其著作《南越笔记》中质疑广州人将龙血树（dragon tree，teishu）放置于盆中或槽中的做法。[5] 在李调元之前 200 年左右，明朝江南文人文震亨（1585—1645 年）在其独特的东方生活观著作《长物志》中，就曾批评将植物放入盆中的做法，这一观点一直到清朝

1 《张南山全集》（广州：张维屏，1780—1859 年；再版于广州：广东高等教育出版社，1993 年），1：5–18。

2 Ellis, *Journal of the Proceedings*, 415–416.

3 相关案例，参见纽约克林顿·豪厄尔古董店内一幅描绘茶园的中国油画（http://www.onlinegalleries.com/art-and-antiques/detail/a-chinese-oil-painting/140418），以及伦敦吉普森古董店内的一扇中国出口的六折屏风（http://www.onlinegalleries.com/art-and-antiques/detail/a-chinese-export-six-fold-wallpaper-screen/76510）。

4 感谢伦敦自然史博物馆的阿曼多·门德斯（Armando Mendez）先生和其他职员，谢谢他们帮助我查看很多馆藏目录和珍贵手稿及约翰·里夫斯的植物图画收藏品，仅这些图画就有 1057 幅之多。

5 吴琦等，《清代广东笔记五种》（广州：广东人民出版社，2006 年），376。《南越笔记》是广东地方志《广东新语》（广州：广东人民出版社，1993 年，1：5—18）的删节版。

图 3

《羊齿植物（细穗石松）移动容器设计图》

广州，约 1800 年，水彩

现藏：伦敦，自然史博物馆植物学图书馆

都很有影响。文震亨认为，窗边伸出一片小芭蕉叶固然可以营造出一种绿意盎然的景致，但是把芭蕉放入盆中就显得太过粗鄙。[1] 这两位文人很明显都对盆栽植物的商业属性嗤之以鼻。

广州的园林在当时也被用于开展园艺实验和开发新的园艺技术，而且常常会从广州附近的村庄雇用苗圃工和花匠。[2] 例如，陈村（Chencun）村民因擅长修剪树木，就被雇用到广州的苗圃工作。广州外地常有顾客专程前来购买陈村工匠修剪装饰过的花树及荔枝、龙眼等果树。西方人也前来此地学习盆栽技术和植物修剪技术，据《乡村园丁》（Cottage Gardener）杂志记者唐纳德·比顿（Donald Beaton）在 1851 年的一篇报道中称，1828 年的英国花匠还没有掌握这些技术。[3]

中国传统园林与广州园林：商业化景观

中国传统文人园林中的基本元素是水景和石景。而作为西方园林基本元素的花卉却并非中国传统园林必备。明朝造园家计成（生于 1582 年）曾著有一本《园冶》[4]，这本园林专著于 1638 年首次出

1 文震亨，《长物志》（1853，再版于佛山：南海伍氏刊本，1874 年），2：41。

2 吴琦等，《清代广东笔记五种》，377—380。

3 Donald Beaton, "Training Roses," Cottage Gardener 7 (1851): 60–61.

4 《园冶》是现存最早专门论述园艺的著作。据现藏日本的最早版本，其出版于 1638 年。清朝文人李渔在其著作《闲情偶寄》（上海：国学研究社，1936 年）中曾提及这部著作。《园冶》的作者计成（字无否，号否道人）为苏州吴江人。关于计成的传记，参见 L. Carrington Goodrich, Dictionary of Ming Biography, 1368–1644 (New York: Columbia University Press, 1976), 215–216。现代注释版是基于 1931 年由中国营造学社出版的版本。参见陈植、杨伯超编《园冶注释》（北京：中国建筑工业出版社，1981 年）。这本著作已有英文版本，译者为阿利森·哈迪（Alison Hardie），参见 The Craft of Gardens (New Haven: Yale University Press, 1988)。

版，其中仅提及石景，并未论及花卉。几乎在同一时间，明朝文化
时尚引领者文震亨在探讨业余园艺工人的鉴赏品位时只推荐了少数
几种花卉。

清朝时期见证了花卉文化的兴起。杭州园艺学家陈淏子（生于
1611 年）在其专著《花镜》（1688 年）中声称，他关于花卉和药用
植物栽培手册的收集已经相当全面，同时还指出实践知识对于培养
园艺工人十分重要。[1] 这与广州新型行商园林中花卉文化的兴起几
乎同步，广州的园林中开始大量栽植本土原产的药草和其他植物，
向西方商人和收藏家出售。[2]

中国传统园林的另一重要特征是借景（日语中称 shakkei），即
将远处的山水和田园景致借到园内视景范围中来。中国园林设计中
的借景概念在明朝专著《园冶》中有所论述："'借'者：园虽别内外，
得景则无拘远近，晴峦耸秀，绀宇凌空，极目所致，俗则屏之，嘉
则收之，不分町疃，尽为烟景，斯所谓'巧而得体'者也。"[3] 这种
从园林建筑范围之外巧借景致的造园手段，揭示了中国传统园林设
计追求更为宏大的自然景观。

而在广州，新式的私家园林也自然有它们自身的借景，大部分
园林都可远眺十三行的江面水景。广州在一口通商时期经历了快速
的城市化进程，不再是一个只住有士绅官员和满族旗人的封闭城市，

---

1 陈淏子，《花镜》（康熙戊辰，1688 年），序。

2 关于欧洲花卉文化的发展，参见 Elizabeth Hyde, "Flowers of Distinction: Taste, Class,
and Floriculture in Seventeenth-Century France," in Michel Conan, ed., *Bourgeois and
Aristocratic Cultural Encounters in Garden Art, 1550–1850* (Washington, D. C.: Dumbarton
Oaks Research Library and Collection, 2002), 77–100。

3 《园冶·借景》，由冯仕达（Stanislaus Fung）翻译，参见 "Here and There in the Yuan
Ye," *Studies in the History of Gardens & Designed Landscapes* 19, no. 1 (1999): 36–45。

而开始在西关兴建行商商行，在珠江对岸建设河南和花地区域，并在这些区域建造了园林府邸和带有休闲园林的苗圃。伦敦马丁·格雷戈里画廊（Martyn Gregory Gallery）藏有一幅约1800年创作的绘画，描绘了从珠江江边一栋房屋内眺望十三行及周围城市景观（图4）的画面，这栋房屋据说可能是广州行商伍秉鉴（Howqua）[1]的府邸。[2] 也是在这一时期，乔治·斯当东爵士在马继业使团的官方报告中，曾描述了在一位行商府邸园林里的所见景致："建筑物高大宏伟，从园中高地可以眺望珠江及江面船只，还可以看到远处的城区和田园景观。"[3] 或许一开始很多当地人士不太能够接受这样的商业化景观，但他们最终不仅变得习以为常，而且还变得开始欣赏这种风格。在大量外销画和墙纸中及行商"潘趣碗"（"Hong" punch bowls）[4] 上都有关于广州十三行及其周边景致的画面，这些画面的视角大多取自珠江对岸的花地和河南，也即行商府邸所在的位置。正如西方对异域植物的兴趣影响了中国本土的园林实践，最开始仅在外销品中描绘的商业化景观也影响了中国本土的审美情趣，

---

1 译者注：伍秉鉴商名浩官（Howqua）。

2 马丁·格雷戈里画廊还收藏有广州行商的画像，描绘了行商府邸的室内装饰，透过其府邸窗户还可以看到十三行的建筑。

3 George Staunton, *An Authentic Account of an Embassy from the King of Great Britain to the Emperor of China* (London: Nicol, 1797), 3:365.

4 例如，国家信托基金会（National Trust）曾从西约克郡的诺斯泰尔·普莱瑞（Nostell Priory）购买了一件中国瓷制潘趣碗（约产于18世纪80年代），这只潘趣碗以珐琅彩描绘了广州的西方商人贸易站。位于白金汉郡的克莱顿庄园红房子（Great Red Room of Claydon House）里有一幅谭夏士伯爵的画像，他是玛格丽特·玛利亚（Margret Maria）的祖父，而玛利亚的丈夫艾德蒙·霍普·瓦内（Edmund Hope Verney）爵士则是克莱顿庄园曾经的主人。这幅画像的左下方背景描绘的正是广州港。

图 4

《广州附近的一栋房屋》

广州，约 1800 年，布面油画

现藏：伦敦，马丁·格雷戈里画廊

开始为本土人士所接受。[1]

　　广州文人俞洵庆曾于1884年撰文评述了富商于珠江沿岸修建府邸园林的风气，指出正是日益兴盛的贸易导致了园林设计从田园景观向商业景观的转变。[2]南京旅行家张宝（活跃于1819年）曾在其1821年创作的游记图册《泛槎图》中描绘了一幅珠江风景图，名为《海珠话别》（图5）。[3]在画面前景部分，装载着货物的船只正在航行；在画面中央部分，沿着新建的滨水区域是成片的商业建筑，在其左侧可以看到广州十三行的一角；在画面远景部分，可以看到传统的中国城市景观——地标性的宝塔、塔楼和白云山。对于中国商人而言，江边滨水区域和十三行的商业景观似乎让他们意识到，这里不仅带来了贸易机会，更带来了文化"他者"，这种他者文化带来了一种全新的思维方式，即成功的标准不再是仕途成就，而变成了商业功绩。

结语

　　在18世纪晚期和19世纪早期的广州，欧洲商人和游客带来了一种全新的植物贸易风尚，深刻影响了中国的园艺实践。这种影响

---

1 关于类似偏好的国外案例可比较19世纪工业化城市布里斯托的商人住宅花园。参见 David Lambert, "Prospect of Trade: The Merchant Gardeners of Bristol in the Second Half of the Eighteenth Century," in Conan, *Bourgeois and Aristocratic Cultural Encounters*, 123–145"。

2 俞洵庆，《荷廊笔记》，转引自黄佛颐编《广州城坊志》（广州，1948年），5: 53b："广州城外滨临珠江之西多隙地，富家大族及士大夫宦成而归者，皆于是处治广囿、营别墅，以为休息游宴之所。"

3 张宝编，《泛槎图》（上海：点石斋，1880年）。香港中文大学新亚书院特藏。感谢香港大学的官绮云副教授告知这一版本的收藏信息。

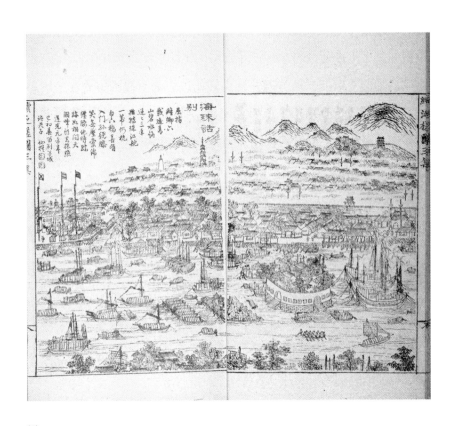

图 5

《海珠话别》

来源：张宝（活跃于 1819 年），《泛槎图》（上海：点石斋，光绪六年〔1880 年〕）

使得中国园林设计开始偏离早期传统，不再把园林仅仅作为隐居的处所，而是将园林转变为半私人化乃至完全开放的商业化园林，开始具备休闲、娱乐和商业贸易的功能。

发生在这个偏远南方港口城市的园林设计变革，实际上是中国社会即将发生的更大变革的一个序曲。随着 1840 年鸦片战争爆发，中国开放了更多通商口岸，广州商人一统对外贸易的时代告一段落。在其后的历史时期，西方园艺理念开始以更为直接的方式在中国蔓延。这从 19 世纪晚期和 20 世纪早期香港和上海的变化可见一斑，那时西式风格的宅邸、植物园和公共花园已然颇为常见。

帝国印象：乾隆皇帝的 8 套版画

玛西亚·里德
（MARCIA REED）

　　欧洲雕版工艺对乾隆时期视觉文化的传播起到了重要作用。中国北京的耶稣会士可以自由查阅大量馆藏图书和版画，包括关于法国凡尔赛宫的大量插图书册及成套版画。乾隆皇帝也许在法国王室内阁（Cabinet du Roi）赠予的图册礼品中曾经见过这些版画。[1] 这

---

1 这些在北京遣使会的著作《北堂图书馆目录》（北京：北堂印书馆，1949 年）中有所记载。这份目录包含的图书多由耶稣会士带来中国，从利玛窦到达中国的 1583 年开始一直到 1773 年在华耶稣会被勒令解散为止；目录中也包含了当时耶稣会士宅邸里许多小型藏书室的图书。这些图书包含大量欧洲著作，主题极为吸引人，如炼金术、建筑学、占星术、天文学、植物学和透视法。目录中还有大量插图书或版画图册，包括安德烈·斐利比安（André Félibien）的《凡尔赛的洞穴》（*Description de la grotte de Versailles*，1676 年），查尔斯·佩罗（Charles Perrault）的《国王的挂毯》（*Tapisseries du roi*，1679 年），内含伊斯雷尔·西尔维斯特（Israël Silvestre）、丹尼尔·马罗特（Daniel Marot）和弗朗西斯·多尔贝（François Dorbay）雕版作品的《路易十四所征服的皇宫和城市之景观》（*Vues des maisons royales et des villes conquises par Louis XIV*，1666—1682 年），以及含有让·勒博特尔（Jean Lepautre）、西尔维斯特、弗朗索瓦·肖沃（François Chauveau）和埃德林克家族（the Edelincks，杰拉德〔Gérard〕、让〔Jean〕，以及尼克拉斯〔Nicholas〕）雕版作品的《凡尔赛宫的绘画与图纸及雕像、文献和花瓶》（*Vues, plans, ... du Chateau de Versailles avec les statues, termes, et vases*，1673—1688 年）。

些版画作为欧洲艺术与建筑的展示媒介，启发了清朝宫廷的艺术定制，也推动了工艺技术的传播，其中最知名的莫过于铜版镂版工艺。乾隆皇帝至少有 8 套专门为其创作的版画。其中最初始的两套由欧洲工匠和中国工匠共同创作：这两套版画中有 16 张版画记录了乾隆皇帝在新疆取得的军事胜利，20 张版画描绘了圆明园中的欧式建筑。其余 6 套完全由中国工匠在中国创作，展示了乾隆皇帝对不同地区的征服成果。

　　本文依照时间顺序审视这 8 套版画的创作过程，试图揭示更为知名的巴黎工匠系列作品《平定准部回部得胜图》如何推动和启发了其后不太知名的中国工匠系列版画创作。本文着重考察这些作品对清朝帝国成就的展示方式，特别是欧洲工匠和中国工匠不同的处理手法。

作为收藏者和赞助人的乾隆

　　乾隆皇帝下旨定制的版画往往被认为是杂合产物，缺少美感和技术含量。[1] 然而，这些杂合产物却正是文化交流的重要表征物，它们揭示了中国工匠如何借鉴和挪用欧洲工艺，从而服务于乾隆皇帝的帝国意志和审美旨趣。根据乾隆皇帝的要求，这些版画都用于展示其帝国成就，但同时也迎合了他作为赞助人和收藏者双重身份的特殊癖好，体现了他对西方艺术定制和版画收藏方式的效仿。

　　乾隆皇帝之所以备受关注，是因为他不仅仅热衷于收集中国艺术作品，还极为欣赏来自欧洲等外国的不同形式的艺术作品。乾隆

---

1 相关案例可参见 Clarissa von Spee, *The Printed Image in China*, exh. cat. (London: British Museum Press, 2010), 124。

皇帝不仅收藏陶瓷器、景泰蓝、金属工艺品和家具，还根据自己的要求专门定制建筑和园林设计，这些都反映出乾隆皇帝对多种艺术媒介十分熟悉。近期举办的"皇帝的私人天堂"故宫珍宝展就展示出乾隆皇帝审美趣味十分广泛，其中有些甚至难以为常人所理解。[1]这一展览的标题揭示出中国收藏和欧洲收藏的主要区别。欧洲赞助人和收藏者在宫殿与早期博物馆中收藏和展示艺术作品，主要是为了彰显其地位与财富；而乾隆皇帝作为一国之君，他的收藏不为名望，只图个人欣赏。在中国，没有公开展示慷慨赞助和大肆收藏的成果的传统。乾隆皇帝的主要艺术定制只是反映了他的个人偏好。他极少向外人公开展示其藏品，而只是热衷于收集和定制一些特殊的艺术作品，借助这些艺术作品，在世界舞台上呈现和诠释其统治成就。

版画的价值

版画是传达社会和政治信息的完美媒介。版画作为可复制品，很多人都可以拥有；也可以说，版画原本就是为了流通和传播而生。版画不仅传播图像还传播思想，其目的就是引发观赏者思考，对其产生影响。版画不断地被整体或部分复制，还可以针对不同的展示空间和不同的收藏者与观赏者进行灵活调整，这一现象在欧洲和中国都很普遍。

在乾隆时期之前，耶稣会士就曾为朝廷创作过版画。南怀仁在17世纪为康熙皇帝制作过一幅巨大的世界地图木版画及天体图文木

---

1 Nancy Berliner, *The Emperor's Private Paradise: Treasures from the Forbidden City*, exh. cat. (New Haven: Yale University Press, 2010).

版画图册。南怀仁从欧洲的科学著作和世界地图中借鉴视觉元素与视觉设计，并通过木版画这一中国特色媒介详细展示了欧洲的科学知识。[1] 无论是这一时期的木版画图册还是后来的版画，都为传达特定信息提供了有用的工具。在 18 世纪，耶稣会士的版画创作变得愈发精致，也不再仅仅用于传教，还接受作为东道主和赞助人的中国皇帝委托，为其创作。意大利神父马国贤曾为康熙皇帝创作了描绘避暑山庄的多幅版画（详见本书庄岳博士的文章），耶稣会士蒋友仁也曾为乾隆皇帝创作了 104 张中国地图版画，并复制了 100 份。[2]

《乾隆得胜图》，或称《平定准部回部得胜图》[3]

乾隆皇帝的版画工程始于 1765 年，他下旨命人模仿郎世宁在 1759 年绘制的《平定准部回部得胜图》壁画，创作一套版画（图 1、图 2）。[4] 京城的传教士画师负责模仿郎世宁的壁画绘制成图纸。这些图纸随后经由法国东印度公司送至巴黎，委托欧洲绘画技艺最为高超的法国宫廷版画师根据图纸制作版画。法国版画师柯升

---

1 Gang Song and Paola Demattè, "Mapping an Acentric World: Ferdinand Verbiest's *Kunyu Quantu*," in Marcia Reed and Paola Demattè, eds., *China on Paper* (Los Angeles: Getty Research Institute, 2007), 71–87; Paola Demattè, "From Astronomy to Heaven: Jesuit Science and the Conversion of China," in Reed and Demattè, *China on Paper*, 53–69.

2 Fortunato Prandi, *Memoirs of Father Ripa* (London: John Murray, 1855), 66; Paul Pelliot, "Les *Conquêtes de l'Empereur de la Chine*," *T'oung pao* 20, nos. 3–4 (1920–1921): 220–223.

3 译者注：亦称《平定西域战图》或《平定伊犁回部战图》。

4 直到这些版画运回中国之后，画面上才添加上文字说明，因此这些版画的标题主要用法语命名（例如，《乾隆得胜图》法语名称为 *Les conquêtes de l'empereur de la Chine*），而这也是为何相关文献引述和目录标注时惯常采用法语名称。

（Charles-Nicolas Cochin II，1715—1790 年）收到定制请求后，即刻写信给法国皇帝的宅邸总管马里尼（Marigny）侯爵："将挑选 4 名技术最精湛的版画师，每名版画师负责雕刻一个铜版。"[1] 至于法国为何会接受这一定制委托，通常认为法国将其视为一次商业机遇。法国认为这些定制版画能够让中国皇帝对法国刮目相看，有助于提升法国在中国的地位，帮助双方建立贸易往来。这一重要的政治和经济机遇似乎与法国国务大臣亨利·贝尔坦对中国文化的强烈兴趣不谋而合；作为中国文化爱好者，贝尔坦收藏了大量中国物件（关于贝尔坦的相关研究，参见本书约翰·芬莱的文章）。

这项工程的设计规模甚是浩大：采用边缘精美的进口纸张印制这些大幅版画，或是采用特殊的红色油墨在丝绸上印制。据称当时还有很多其他设想，然而这些设想一项也没能落实。[2] 在一份档案中，贝尔坦还提及将这些版画的微缩版在塞弗尔花瓶（Sèvres vase）和葛布林挂毡（Gobelins tapestries）上呈现的设想。贝尔坦在往来书信中强调了这一艺术工程的"商业、政治和宗教"价值。[3] 透过这些往来书信，似乎可以看出这些法国人已经忘记他们是在给乾隆皇帝服务。耶稣会士画师和法国版画师采用系列版画帮助中国皇帝宣扬了其丰功伟绩，版画的尺寸和规格与法国皇室的定制版画别无

---

1 此处引文法语原文为 "Il sera choisi quatre des plus habiles graveurs pour être chargés chacun d'une planche"。参见 Marc Furcy-Raynaud, "Correspondance de M. de Marigny..." *Nouvelles Archives de l'Art Français*, 3rd series, 20 (1904): 100, 引自柯升 1767 年 1 月 9 日给马里尼的备忘录。

2 Furcy-Raynaud, "Correspondance de M. de Marigny," 101–103.

3 Henri Cordier, "Les conquêtes de l'empereur de la Chine," in *Mémoires concernant l'Asie Orientale* (Paris: Leroux, 1913), 7–8. 文献中引用了贝尔坦的一份版画制作档案："这……将向大清帝国展示我国艺术家和生产商的高超工艺及我们民族的优越品质，这样一来这些版画就不会被中国人混淆为欧洲其他国家的作品了。"

图 1

《黑水围解战图》（*Lifting of the siege at the Black Water River*）

勒霸（法国人，1707—1783 年），1771 年，根据郎世宁的画作制作而成

来源：《乾隆得胜图》（巴黎，1765—1775 年），16 幅铜版画套装，每幅版画 64

厘米 ×95 厘米，此图为第 7 幅

现藏：洛杉矶，盖蒂研究所

图 2

图 1 细节图

二致。

　　在总体介绍这项工程的一份最初档案中，柯升指出所印制的版画要符合法国国王的威严。他注意到中国文化更偏好小巧而精致的，而非旨在展示天赋和才华的艺术作品[1]，因此他要求法国工匠一旦发现有不合理的地方便可以自由修正，也可以进行适当调整以完善作品。[2]《乾隆得胜图》中的战争纪念场景，似乎与法国版画（如为路易十四制作的版画）中的纪念王室胜利的场景颇有关联，但二者之间实际上有明显区别。在 17 世纪的欧洲，这类战争版画往往制作"规模颇为宏大"，其赞助人通常是精英阶层，其中最有名的赞助人当属太阳王路易十四本人。当时常用纪念性的版画复制文艺复兴时期的绘画作品和古代雕刻作品，也常常借用和再现古代历史、神话或宗教故事中的画面，迎合当时统治者的需要，实现新的表达意图和适应新的政治环境。热拉尔·奥德朗（Gérard Audran，法国人，1640—1703 年）曾接受王室委托，创作了许多版画，其中就包括《格拉尼库斯河战役》（*Crossing of the Granicus*，1672 年，图 3），这些版画巧妙地将亚历山大大帝等古代英雄与法国国王的形象关联起来。[3] 这些版画通过描绘作战勇士的肌肉和几近裸露的身躯，以及威风凛凛的战马，赞颂法国战士的英勇气概。

　　对于已经习惯这些画面的法国镌版工而言，画中的中国战争场景肯定异常陌生，再加上这些中国绘画并非依序到达巴黎，也没有

---

1 Furcy-Raynaud, "Correspondance de M. de Marigny," 104.

2 Furcy-Raynaud, "Correspondance de M. de Marigny," 102–104. 译自柯升 1767 年 1 月 9 日给马里尼的备忘录。

3 热拉尔·奥德朗根据夏尔·勒·布朗的绘画制作而成。《格拉尼库斯河战役》，蚀刻版画，4 函，每函在画面内缘裁切，装订方式：胶装粘贴，75 厘米 × 52.5 厘米。现藏：洛杉矶盖蒂研究所。

附上乾隆皇帝描述这些战争的诗篇，肯定愈发难以理解。这些场景究竟想要表达什么，事实上在法国人看来是不甚明了的。贝尔坦还曾写信给他带到法国接受教育的两位中国教徒——高类思（Louis Ko）[1] 和杨德望（Étienne Yang），询问更多关于这些战争的信息。[2] 柯升允许镌版工在必要时对原绘画进行适当的修正，但是却要求不得对原绘画的总体构图或细节部分改动分毫。他还在写给马里尼侯爵的信中指出，将西方的象征符号融合到中国画面场景之中十分不妥："我们的象征符号都来自希腊神话和西方宗教。我们要意识到对于中国人而言，这些（象征式的）语言他们无法理解。同样的道理，如果中国人给我们展示他们关于七世轮回（seven incarnations）的象征符号，我们也会看不懂。"[3]

当时法国很少有人能够欣赏到这批版画的原始作品，因为这些版画连同铜版一起被运回了中国。盖蒂研究所收藏的《乾隆得胜图》版画集是当时留存在法国为数不多的几套之一。这套版画采用了 18 世纪法国的装订工艺，在第 5 幅上有镌版工勒霸（Jacques-Philippe Le Bas，1707—1783 年）的手写题词，这或许是首批观赏者留下的观赏佐证。这批版画留存的极少，除开这一套，另一套呈给了法国国王，其他的则交给了国务大臣雅克·内克尔（Jacques Necker）和贝尔坦。哈佛大学霍顿图书馆（Houghton Library at Harvard

---

1 译者注：英文全名为 Aloys Louis Ko。

2 Cordier, "Les conquêtes de l'empereur de la Chine," 8, 10.

3 此处引文法语原文为 "Tous nos emblèmes sont tirés de la mythologie grecque et de notre religion. Il y a lieu de croire que pour les Chinois ce seroit un language inintelligible; ce seroit comme s'ils nous envoyoient des emblèmes de leurs sept incarnations"。参见 Furcy Raynaud, "Correspondance de M. de Marigny," 102。

图 3

《格拉尼库斯河战役》

热拉尔·奥德朗（法国人，1640—1703 年），1672 年，根据夏尔·勒·布朗（法国人，1619—1690 年）的绘画制作而成，蚀刻版画，4 函，每函在画面内缘裁切，装订方式：胶装粘贴，52.5 厘米 ×75 厘米

现藏：洛杉矶，盖蒂研究所

onseiller du Roy en ses Conseils;
Comte de Sagonne, Sur-Intendant
Batimens, Jardins, Arts, &.

Par son tres humble et tres obeissant
Serviteur— I. Audran.

VIRTUS OMNI OBICE MAJOR

ALEXANDER superato Granico, Persas imparibus copiis
aggreditur, eorumque innumerabilem exercitum fundit.

Observatâ in Pinacothecâ Regia 10. pedes alta et 30 pedes lata.
et chez Jean Audran rue et fauxbourg St. Jacques vis à vis la rue St. Dominique.

University）收藏的一套，采用的也是 18 世纪的装订工艺。¹ 这套与盖蒂研究所收藏的一样，都是印制在大幅厚重白纸上的，图画边缘较宽。这套的不同之处在于，其上有手写的标题《中国战争图》（*Description des Batailles de la Chine*），及版画列表。这两套版画都附有一张印制的版画列表，这张列表后来也被伊斯多尔－斯坦尼斯拉斯·赫尔曼（Isidore-Stanislaus Helman）的版本采纳。然而这张列表关于《乾隆得胜图》中一系列战争的先后顺序的表述有误，这一问题直到版画到达中国之后才得到更正。中国工匠将乾隆皇帝题写的文字添加到版画之上，或是以木版印制成单页再插入铜版图册之中。这批版画后来在中国一直被反复印制。²

《乾隆得胜图》版画向中国版画师展示了铜版画的精细工艺。这一系列版画以在法国制作的工艺最为精湛，在中国制作的次之。法国最初接受清廷委托时，就计划将铜版母版一并送至中国，以便在中国继续复制。柯升在最初写给马里尼侯爵的文件里就曾指出："将随版画运送一台印刷机及所有相关印刷工具。"³ 而且如果印完第一批版画之后铜版损坏，在送往中国之前，法国也会将铜版修好，保证在中国复制的版画与第一批一样精美。⁴ 霍顿图书馆藏有一片

---

1 《中国战争图》，美国马萨诸塞州剑桥市哈佛大学霍顿图书馆，藏书目录：Houghton pf (horz) Typ 715.69.280。

2 《乾隆得胜图》第 9 幅在福华德（Walter Fuchs）的著作中得以翻印，在翻印的版画顶部有乾隆的诗文。参见 Walter Fuchs, "Die Schlachtenbilder aus Turkestan von 1765 als historischen Quelle," *Monumenta Serica* 4 (1939): 116–124, plate V。

3 Furcy-Raynaud, "Correspondance de M. de Marigny," 104.

4 Pelliot, *Conquêtes*, 185. 如今这些铜版母版分散开来，其中 3 块现藏柏林民族学博物馆（Ethnologisches Museum），1 块藏于哈佛大学霍顿图书馆。

铜版母版，由勒霸根据王致诚的绘画雕刻而成。[1]霍顿图书馆还藏有一套在中国印刷的《乾隆得胜图》，这套版画内装订有单独木版页面的配图文字说明，因而显得更为厚重。文字页面主要为乾隆的御笔序和诗文，对这套版画做辅助说明。[2]这套中国印刷的版画也揭示出铜版母版上有相当程度的磨损，仔细考察哈佛大学图书馆收藏的铜版也可以看出，铜版被重新修整过。铜版上有新增的刻痕，大部分是沿原始刻痕复刻，但是雕刻手法较为笨拙。与巴黎印制的第一批版画不同，中国版本的版画使用更为轻薄的纤维纸印制，而后裱在厚纸上进行剪裁，如此一来，原始铜版下方边缘处的镌版工姓名在版画上便大多不见踪影。

法国人很清楚自己文化的偏好和品位，但他们了解中国文化的偏好和品位吗？通过比较《乾隆得胜图》版画和同时期法国制作的中国物件版画，我们可以看出第一批《乾隆得胜图》版画究竟反映了何种文化审美。18 世纪早期，法国版画师伯纳德·皮卡（Bernard Picart）出版了论述世界各国宗教仪式的多卷本专著，其中就有一组中国物件版画。[3]皮卡的版画创作主要基于欧洲人的旅行游记和中国的木版画。皮卡在版画中对遥远异土的物件图像进行了适当调整，以适应欧洲观赏者的审美品位。皮卡的书中有一张关于中国丧葬仪式的版画折页，画面中有开阔的多云天空、密集的海岬岩石及地势复杂的群山（图 4），这种群山地貌与法国战争版画中的山貌风

---

1 Jacques-Philippe Le Bas, copper plate for the fourth plate in the *Description des batailles de la Chine*, between 1766 and 1774. Cambridge, Harvard University, Houghton Library, Houghton TypR-83.

2 Pelliot, Conquêtes, 253–267.

3 Bernard Picart et al., *Cérémonies et coutumes religieuses de tous les peuples du monde* (Amsterdam: J. F. Bernard, 1723–1743). 其中关于中国仪式的描述见于第 4 卷第 2 部分。

CONVOI FUNEBRE d'un GRAND de la CHINE.

图 4

《中国贵族的葬礼》（*Convoi funebre d'un grand de la Chine*）

伯纳德·皮卡（法国人，1673—1733 年）

来源：Bernard Picard et al., *Cérémonies et coutumes religieuses de tous les peuples du monde*, vol. 4 (Amsterdam: J. F. Bernard, 1723–1743)，264 页后插图

现藏：洛杉矶，盖蒂研究所

格迥异。从柯升的信件中,我们得知巴黎版画师们对《乾隆得胜图》原始绘图进行了调整和"改善"。柯升在信中提及:"镌版工们可以更正原图中看起来很荒谬的部分,但是对原图的总体构图尤其是细节部分不得改动分毫。"[1] 如此导致的结果便是,最终构图体现了欧洲人眼中模式化的中国景观,画中的人物也与中国人物相貌差别较大。与皮卡的中国物件版画类似,《乾隆得胜图》版画虽然是受清廷委托根据耶稣会士画师的绘画而创作的,但法国制作的第一批版画却更多地迎合了法国人的审美品位。

法国印制的中国风版画系列

乾隆皇帝要求《乾隆得胜图》版画的所有副本全部都要送往中国,这一要求并没有得到严格执行。这套版画由清廷官方委托,具有重要的中法关系纽带作用,因而对于中国文化爱好者和版画收藏者而言,有着莫大的吸引力。柯升撰写的制作档案显示,留存在法国的版画由王室内阁收藏,与先前为法国国王制作的战争系列版画归为一类。[2] 欧洲收藏者对这套版画的狂热带来 1785 年一套精装节选版《乾隆得胜图》版画的出版,这套图册亦命名为《乾隆得胜图》(Les conquêtes de l'empereur de la Chine),其中还增加了其他 8 幅中国主题版画 (图 5)。这套图册的尺寸为原始版画的一半,版画上有伊斯多尔 – 斯坦尼斯拉斯 – 亨利·赫尔曼加上的标题,用以对每一次战争进行解释说明。赫尔曼是《乾隆得胜图》第一批铜版

---

1 此处引文法语原文为 "liberté à l'artiste de corriger ce qui lui paroistra trop ridicule, sans cependant rien changer aux masses et encore moins aux details"。参见 Furcy-Raynaud, "Correspondance de M. de Marigny," 104。

2 Furcy-Raynaud, "Correspondance de M. de Marigny," 104. 另参见注释 1。

的制作者勒霸的学生。赫尔曼制作的这套版画是根据贝尔坦版画原始尺寸的一半重制的。因为尺寸缩小的缘故，这套版画又被称为"小版得胜图"（Small Conquests）。其刻画精致，画面精美，以致更像是在描绘园林景观，而非战争和屠杀场景。画面里的中国战士四周是具有浓郁中国风的景观，法国装饰元素与之交相融合。针对欧洲藏书家和版画收藏者对中国物件的狂热追捧，赫尔曼随后又于1788年接连出版了两本用于收藏的铜版图册——《帝鉴图说》（*Faits mémorables des empereurs de la Chine, tirés des annales chinoises*）和《孔子画传》（*Abrégé historique des principaux traits de la vie de Confucius*）。这两本图册都是从贝尔曼收藏的中国木版书籍中挑选的内容，并进行了文字和视觉上的翻译转换，将中国绘画转换为典雅的法式中国风画面。画面中的中国人物身着18世纪法国的时尚服饰，周围是亭台楼阁与各色景观；这些人物更像是来自凡尔赛宫，而非紫禁城。

圆明园中的西洋建筑

描绘欧洲宫廷生活的版画赋予乾隆皇帝很多灵感，于是他下令在圆明园中兴建西洋建筑。受到欧洲版画中喷泉的启发，乾隆皇帝着令宫廷中的耶稣会士艺术家为其皇家园林设计西洋建筑和花园。有一套（20幅）版画记录了耶稣会士的设计图，但却在1860年遭到劫掠和焚毁（参见本书邱志平的文章）。这些大幅版画由满族宫廷画师伊兰泰起稿，全部在中国完成制作，其尺寸与《乾隆得胜图》版画相差无几。二者之间不同之处在于，得胜图版画描绘了人物众多的战争场景和军事仪式，而圆明园版画中却没有任何人物出现，

图 5

《格登鄂拉斫营》（ *Tsereng et Yu-Pao ayant eu peu d'union entre eux, et leurs successeur, Tallanga* ）

伊斯多尔－斯坦尼斯拉斯－亨利·赫尔曼（法国人，1743—约 1809 年），1784 年

来源：《乾隆得胜图》，巴黎，1783—1788 年，整套含 24 幅蚀刻铜版画，每幅版画 31 厘米 ×43.5 厘米，此图为第 5 幅

现藏：洛杉矶，盖蒂研究所

这一点与同时期的欧洲园林景观也有较大出入。[1] 例如拜赫家族〔the Perelles，加百列（Gabriel）及其两个儿子阿达姆（Adam）和尼可拉斯（Nicholas）〕或是伊斯雷尔·西尔维斯特雷（Israël Silvestre）制作的类似的凡尔赛宫园林版画，其中就有大量游客徜徉于喷泉和建筑周围。[2] 而在中国，圆明园这一私人园林的作用并不在于社交，而在于陈列皇帝收藏的西洋物品。

这些圆明园西洋楼版画与建筑实物一样，都显得颇为怪异。其风格既不同于呈现欧洲建筑和园林的版画，也迥异于呈现中国园林景观的承德避暑山庄木版画——在承德木版画中所有的景观和建筑都是垂直视角层叠呈现（参见本书庄岳的文章）。这套圆明园版画共计 20 幅，其构图视角所在方位据说是穿过西洋楼和花园的一条人行通道，因此版画中的西洋楼既不高大，也不立体。画面中的西洋楼扁平、静止、对称，均为正面视角，其构图尤似舞台设计。[3]这些版画或许是根据建筑设计草图特别是建筑立面图创作的，版画上的建筑、喷泉和花园均从多个视角进行描绘，具有典型的杂合特征。这些景观的轮廓都稍低于视平线，拥有多个透视消失点，或许是从上方俯视观察的。这些建筑都气势恢宏，装饰甚至有些过于华丽。版画上的各种装饰和图案十分醒目，将建筑表面装点得十分精致；藤蔓装饰、卷形石雕、树叶花卉、奇兽造型、旋涡装饰、带状

---

1 这些版画中仅出现四个人物，在第一幅版画中有两人在喷泉上方的阳台吹唢呐。

2 例如，安德烈·斐利比安的《凡尔赛的洞穴》，查尔斯·佩罗的《国王的挂毯》，内含伊斯雷尔·西尔维斯特、丹尼尔·马罗特和弗朗西斯·多尔贝雕版作品的《路易十四所征服的皇宫和城市之景观》，以及含有让·勒博特尔、西尔维斯特、弗朗索瓦·肖沃和埃德林克家族雕版作品的《凡尔赛宫的绘画与图纸及雕像、文献和花瓶》。除了这些以外，北京遣使会的图书目录中还提及了许多其他书卷和版画图册。

3 Kristina Kleutghen, "Staging Europe: Theatricality and Painting at the Chinese Imperial Court," *Studies in Eighteenth-Century Culture* 42 (2013): 81–102.

装饰和战争纪念物的各种线条，也赋予花园和喷泉一种万花筒般的美感。这些造型既是独立装饰物，同时也以纹样的形式融入建筑和花园的整体画面之中。[1] 版画中对植物特征进行了艺术化的处理，主要勾勒花卉、树木和灌丛的轮廓，轮廓之内则用重复的枝干、叶片和花朵图案造型予以填充。版画中的动物雕像十分生动，其中鱼、狮、兔、鹿、龙、猴这些动物面部表情逼真且充满喜感，强化了其吉祥如意的象征功能，只是它们更多属漫画或卡通形象，而非现实主义雕像。

圆明园版画每一幅上都有标题，注明其位置、构造或视角，但是画中的景观却没有任何文字描述或背景介绍。与《乾隆得胜图》不同，圆明园版画没有附带文字说明，也没有皇帝御笔题写的长篇诗文。这些信息的缺失使图画本身显得更为怪异。版画上丰富的外形纹饰与欧洲装饰版画风格近似，都喜欢呈现精细的线状图案和造型。从这一角度来说，圆明园版画似乎更像是建筑幻想或绘图习作。这些版画与其后中国版画师创作的系列战争版画似乎隐有关联，后者采用类似的造型和图案艺术地呈现了系列战争场景。而实际上圆明园版画也展示了乾隆皇帝另一层面的成就，即通过对称设计和繁丽纹饰暗示了一方一切尽在掌控之中的世界，这里景致怡人，秩序井然，和谐安宁。这安静平和的园林建筑景象与得胜图版画中的激烈暴力相比，似乎显得不太真实。圆明园版画采用了特殊的建筑语汇和精巧的纹饰手法，让人不禁联想起乾隆皇帝庄严的静态画像，画中乾隆皇帝总是被描绘成一个有思想的统治者。圆明园 20 幅版画本是作为特殊礼品而制作的，就如同《乾隆得胜图》这类欧洲精

---

1 关于这些图案装饰的讨论，参见 Peter Fuhring, introduction, *Ornament Prints in the Rijksmuseum II: The Seventeenth Century* (Rotterdam: Rijksmuseum Amsterdam, 2004), 1:17.

装本版画和对开版图册一样。[1]

中国版画师创作的战争版画

乾隆皇帝委托欧洲制作的得胜图版画，借助送往中国的铜版和印刷机得以持续复制。在印制得胜图版画和圆明园版画的过程中，中国版画师逐渐掌握了大规模制作铜版画的技术。为了记录随后更多的战争胜利成就，中国版画师开始借鉴业已成为标准模式的版画制作流程，在大型铜版上蚀刻战争场景。战争版画上的中心人物往往是皇帝本人或其欣赏的英勇战士和战争英雄，这些版画和圆明园版画一样，都被用作赐礼送往大清帝国的附属国宫廷收藏。

如此一来，清朝历史上的战争和政治事件借助欧洲的传播媒介，采用中国观赏者更为熟悉的视觉语言，并通过铜版蚀刻辅以说明性文字，得以流传开来。在乾隆皇帝执政的最后几十年，中国版画师制作了另外 6 套战争版画。这些版画与得胜图版画、圆明园版画规模同样宏大，表明乾隆皇帝还在继续使用铜版画记录其作为军事统领的丰功伟绩。后来制作的这 6 套版画也揭示出景观和人物绘图在塑造帝国形象方面的重要作用。

这 6 套中国战争版画总体数量达到惊人的 62 幅，且都使用大幅尺寸单页印制。这 6 套版画包括《平定两金川得胜战图》（1771—1776 年）16 幅，《平定台湾战图》（1787—1788 年）12 幅，《平定安南战图》（1788—1789 年，安南即越南）6 幅，《平定廓尔喀战图》（1792—1793 年，尼泊尔境内）8 幅，《平定苗疆战图》（1795 年，湖南境内）16 幅，《平定仲苗战图》（1795 年，云南境内）

---

1 Kleutghen, *Staging Europe*, 90.

4 幅。[1]这些版画尺寸要大于之前委托欧洲印制的单页版画，因为欧洲版画师处理大幅画面均采用单独页面拼接的方式。这些战争版画画面质量参差不齐，说明当时这些版画曾被反复印刷。[2]与《乾隆得胜图》版画类似，这批版画中有部分使用了剔红漆色印制。[3]同时也使用了浅浮雕工艺，颠覆了欧洲使用平雕工艺的标准化雕刻版画复制流程。其中有些不同系列的版画相互之间极为近似。尽管如此，在皇极殿[4]中悬挂的行军战图和获胜战图仍然沿袭了法国得胜图版画的制作模式，这说明法国最初制作的战争版画依然被视作参考模板。

艺术和传播总是与版画相生相伴。尽管后来的战争版画并不符合欧洲的审美品位，如今还被认为品质不如法国得胜图版画[5]，但是它们却以中国观赏者能够理解的方式宣扬了乾隆皇帝的战争功绩。这些后期制作的版画，每一幅的画面上方都题写有乾隆皇帝的诗文。这些后期版画与得胜图版画功能相同，都是为了阐扬乾隆皇帝描述战事胜利的御制诗文，都具有政治宣传和历史叙事的功能。

作为记载帝国战功的档案，这些版画从视觉上呈现了清朝军队所征服地区的样貌。版画沿袭了地图的构图传统，根据地形特征合理分布不同战争场景，如士兵的小规模遭遇战、行军凯旋和战胜庆

---

1 比较网上的大量战争版画收藏展示、馆所收藏、藏品销售和现存铜版所得。令人惊讶的是，很多铜版母版仍存于世。参见 http://www.battle-of-qurman.com.cn/e/hist.htm。

2 哈佛大学霍顿图书馆藏有几乎整套得胜图版画和圆明园版画，这些版画是 1957 年从法国商人乔治·海布伦（Georges Heilbrun）手中一并购买所得。

3 翻印于 Herbert Butz, ed., *Bilder für die Halle des Purpurglanzes*, exh. cat. (Berlin: Staatliche Museen, Museum für Östasiatische Kunst, 2003)，以及 http://www.battle-of-qurman.com.cn/e/hist.htm。

4 译者注：英文亦作 Hall of Imperial Supremacy。

5 参见注释 2。

典。画面中的步兵挥舞剑戟，弹射弓箭，或是用枪炮袭击敌方阵地和溃逃敌军。敌军大败和归降是这些战争版画的共同主题，而这在西方人眼中却显得十分可笑。

这些版画似乎更多着墨于自然景观而非军事将领。为纪念乾隆时期的数次战役，清廷专门为战斗英雄绘制了等身画像，悬挂于紫光阁。因此，清朝纪念参与获胜战役的士兵和军功将领与纪念整体战役在绘像方式上存在差异，在展示方式上也有所不同，前者悬挂于宫殿之中，后者以版画形式广为传播。版画更为突出自然景观特征，画面中的绵延山脉、陡峭悬崖及低洼峡谷都被形态优美的树木所环绕。这些树木特色明显，描绘精细，以相同风格的叶片和松针进行勾勒、塑形和填充。[1] 版画中的植物和建筑外形都以黑色线条描绘，偶尔以影线凸显其尺寸，但很少利用线条的变化来营造立体感。画面中的天空也以简单条纹勾勒，带有中国画中典型的卷云，地面上却没有描绘任何阴影。

大部分战争场景都从多个视角进行描绘，采用远景视角、平面垂直视角和鸟瞰视角同时描绘战争的不同阶段。相比之下，人物描绘则显得十分简单，往往是寥寥几笔简单勾勒，大部分人物都是用线条整体勾画。画面中几乎不曾使用阴影或透视手法塑造立体感和纵深感。画面前景中的人物往往尺寸较大，特别是皇帝，比其随从尺寸大上一倍。而画面背景中的人物则尺寸极小，俘虏或皇帝侍从都是一组组刻画的，难以分辨。在后来制作的几套战争版画中，关于混乱暴力的战争画面的描绘开始趋近金属或丝绸制品表面的纹饰

---

1 版画中描绘的树木是很重要的特征。钱德明（又名王若瑟）指出，中国人认为王致诚描绘的树木不甚到位。参见 Henri Bernard, "Frère Attiret au service de K'ien-long (1739–1768)," *Bulletin de l'Université l'Aurore*, 1943, 64–65。

图 6

《生擒庄大田》

来源：《平定台湾战图》（北京，1789—1790 年），套装版画，51 厘米 ×87 厘米，此
图为第 10 幅

现藏：马萨诸塞州剑桥市，哈佛大学霍顿图书馆

图 7

《攻克热索桥之图》

来源：《平定廓尔喀图》（北京，约 1793 年），全套共 8 幅版画，附有诗文，

每幅 54.5 厘米 ×91 厘米，此图为第 4 幅（原文有误，应为第 2 幅《攻克玛噶尔

辖尔甲之图》——编者注）

现藏：洛杉矶，盖蒂研究所

攻克瑪噶尔
辖尔甲之圖
乘朦遂教鼓
勇前瑪噶尔
辖地相連密
林伏賊將守
險峭辟降兵
倏破堅其目
七名衆六十
生擒以半別
礙全雖云
不戰功為
上戰即成
功合詠篇

风格。

　　中国版画师制作的战争版画很明显地区分了不同地域的地形和建筑特征，也通过不同造型的头盔或武器区分不同的民族。在台湾战争系列版画中，波涛起伏的大海上，船只相互掩映，树木岩石与巨浪交相糅合，以致无法分辨出海岸线，整个画面极不自然。而人物则是成群堆积在碗形的船上（图6）。这些版画并没有采用神话式或英雄式的手法描绘战争场景，而是以精心组织的系列画面记录乾隆皇帝在大清帝国边疆地区的战争历程。[1]

平定廓尔喀

　　在中国制作的战争版画中，第4套是纪念乾隆皇帝在尼泊尔战役取得的胜利（图7）。幸运的是关于当时战争发生地的地图得以留存下来，可以作为考察历史地缘的佐证。这些地图是由乾隆和嘉庆时期的西藏高官松筠（1754—1835年）绘制的。松筠在考察尼泊尔时做了相关记录和绘图，他所绘制的地图与《平定廓尔喀战图》版画中的地形惊人相似。地图中很生动地描绘了起伏的地貌——绵延的山脉、险峻的峡谷、陡峭的绝壁、幽深的河流；根据这次战役的记载，也正是在这里，清朝军队袭击并杀戮尼泊尔士兵，没有留下任何俘虏。[2]这些地图为理解这些战争版画提供了重要帮助，也越发凸显了这些版画作为历史文件、地理图志和军事档案的重要价值。我们可以推测，欧洲战争版画的构图风格过于强调各种景观中

---

1 参见 Peter C. Perdue, *China Marches West: The Qing Conquest of Central Eurasia* (Cambridge: Harvard University Press, 2005)。

2 L. Boulnois, "Chinese Maps and Prints on the Tibet-Gorkha War of 1788-92," *Kailash Journal of Himalayan Studies* 15 (1989): 85–112.

的士兵和战马，无法表现出这些中国战争的艰苦与残酷。对于中国战争版画而言，更为重要的是展示乾隆皇帝对其帝国疆域的持续有效统治，展示其英明的决策对军事胜利的重要作用。圆明园版画描绘的是一派安宁和谐、井然有序的画面，而中国战争系列版画则描绘的是皇帝征战世界、开拓疆土、统御百姓的画面。

　　这些中国版画师制作的版画还有其独特的美学价值，可以帮助我们更好地理解乾隆皇帝的大规模装饰艺术品收藏。[1] 尽管欧洲版画收藏者通常不太欣赏中国铜版画在页面上加刻文字说明的做法，但对于中国版画师而言，这完全不影响观赏，因为中国艺术品收藏历来有拓印的传统。而且中国版画师实际上似乎更为看重铜版工艺所能起到的最终效果，特别是这些文字书法写意式的曲线，能够反映他们流畅的雕线刀工。尤其是最后几套战争版画，画面中满是造型蜿蜒的岩石、波涛翻滚的海浪及袅袅升起的硝烟，这些复杂的装饰图案与金属和丝绸艺术品上的纹饰何其相似。最后几套战争版画图案刻画如此精致，以致与其展示的主题似乎背道而驰，仿佛让人忘记了双方阵地的激烈交锋及残忍杀戮的战争场面。[2]

---

1 参见 Jonathan Hay, *Sensuous Surfaces: The Decorative Object in Early Modern China* (London: Reaktion, 2010)。

2 更多关于这些版画的来源和版本信息参见最近的相关研究：Niklas Leverenz, "Drawings, Proofs and Prints from the Qianlong Emperor's East Turkestan Copperplate Engravings," *Arts Asiatiques* 68 (2013): 39–60。

第三部分
表现手法的方式与意义

虚空中的阴影线:《御制避暑山庄诗》和马国贤《热河三十六景图》中的礼与序

庄岳
(YUE ZHUANG)

　　图 1 和图 2 这两幅版画十分相似地展现出承德(旧称"热河")行宫园亭之中的"西岭晨霞"一景。行宫名为"避暑山庄",位于北京东北部,由康熙皇帝下旨修建,始建于 1703 年,完工于其继承人治下。[1] 图 1 是清廷于 1712 年所印《御制避暑山庄三十六景诗》[2] 中的一幅木刻版画。图 2 的铜版画(1711—1713 年)取自《热

---

1 热河位于华北边缘地带,不仅是康熙躲避京城暑热之地,更是多民族的清帝国极为重要的政治连结点。身为满族帝王的康熙常常在此与部队结伴狩猎,或举办外交仪式,尤其是接见蒙古军事同盟。17 世纪 90 年代,大胜厄鲁特蒙古大汗绰罗斯·葛尔丹(1644—1697 年)后,康熙决定在热河建造一座皇家园林,作为大清帝国在其治下得到巩固的象征。

2 《御制避暑山庄三十六景诗》(北京:武英殿,1712 年)。其中的 36 幅木版画由宫廷镌版工朱圭和梅裕凤根据沈嵛(约卒于 1727 年)的避暑山庄三十六景图制成。《西岭晨霞》图取自康熙与乾隆的《御制避暑山庄三十六景诗》(北京:武英殿,1741 年新版,新增乾隆帝诗;重印版,天津:天津古籍出版社,2008 年)。

图 1

《西岭晨霞》

木版画，19.6 厘米 × 13.4 厘米（原文如此——编者注）

来源：《御制避暑山庄三十六景诗》（北京：武英殿，1712；重印版，天津：天津古籍出版社，2008 年）

图 2

《西岭晨霞》

马国贤（意大利人，1682—1745 年）摹沈嵛（1649—1728 年后），1711—1713 年，铜版画，印于极薄宣纸，31.9 厘米 × 34.8 厘米

来源：《热河三十六景图》（北京：武英殿，1711—1713 年）

现藏：伦敦，大英博物馆

河三十六景图》[1]——作者是意大利传教士马国贤[2]；这一图册中的铜版画基于木刻原作进行了自由转制。尽管两幅画十分相似，却仍存在显著差别。最明显之处在于水面和天空，木版画中以留白处理，马国贤的铜版画却添加了阴影排线、云层和太阳。对这两幅画的现有解读认为，这是马国贤力图使中国木版风景画适应欧洲品味和传统的结果。[3] 这一解释大体正确，却未触及马国贤迎合欧洲传统的原因。事实上，风景画并非是对自然的客观传达，而是在世界观和社会形态影响下形成的文化建构，这一观点在过去几十年间得到广泛探讨和普遍接受。[4]

　　本文中，笔者将探讨第一幅画中的留白及其相关的儒家哲学

1 马国贤及其中国弟子所制的避暑山庄三十六景图铜版画并无统一名称，只称为"《御制避暑山庄三十六景诗》铜版画"。见《康熙朝满文朱批奏折全译》（北京：中国社会科学出版社，1996 年），864。后期，这些铜版画流传至欧洲，其中 20 幅重印于 *The Emperor of China's Palace at Pekin; and His Principal Gardens, as Well in Tartary as at Pekin, Gehol, and the Adjacent Countries; with an Elevation of the Great Mogul's Throne* (London, 1753)。巴兹尔·格雷（Basil Gray）将彼时藏于奇斯威克宫图书馆、今由大英博物馆收藏的铜版画集称为《热河三十六景图》。见 "Lord Burlington and Father Ripa's Chinese Engravings," *British Museum Quarterly* 22, no. 1/2 (1960): 43。有关马国贤所制的避暑山庄图版画，见马国贤《清廷十三年：马国贤在华回忆录》（*Memoirs of Father Ripa: During Thirteen Years' Residence at the Court of Peking in the Service of the Emperor of China*，伦敦：默里，1844 年；重印版，北京：外语教学与研究出版社），福尔图纳托·普兰迪（Fortunato Prandi）编译，70—71，78—79，89—90，96—98。

2 有关马国贤的资料及事迹，参见 Matteo Ripa, *Giornale, 1705–1724*, ed. Michele Fatica (Naples: Istituto universitario orientale, 1992), 1:xxv-clxx。

3 莫小也，《17—18 世纪传教士与西画东渐》（杭州：中国美术学院出版社，2001 年），202：3。

4 例如：Denis E. Cosgrove and Stephen Daniels, *The Iconography of Landscape: Essays on the Symbolic Representation, Design and Use of Past Environments* (Cambridge: Cambridge University Press, 1988)；W. J. T. Mitchell, *Landscape and Power* (Chicago: University of Chicago Press, 1994)。

思想，重点讨论儒家礼仪——康熙构建大清帝国政治方略的重要基石。然后，笔者将探析康熙重视儒家礼仪和教皇克莱芒十一世〔Clement XI，原名乔瓦尼·弗朗切斯科·阿尔巴尼（Giovanni Francesco Albani），1649—1721年〕推行罗马教廷改革策略二者之间的冲突，后者同样以礼仪手段强化教廷在欧洲及海外的灵性权威。透过所谓"中国礼仪之争"这一背景检视马国贤创作的热河风景画，笔者认为，以阴影排线作为类似线性透视（linear perspective）的手法，是将基督教的理想宇宙叠加于热河风景之上。这一图景与马国贤的使命相符——维护克莱芒十一世禁止基督教徒履行中国礼仪的教谕。笔者希望通过对比两幅画作，揭示中西差异背后错综复杂的政治与宗教关系。

虚空与理：理学道德秩序

1711年，避暑山庄初步建成时，康熙选定并命名了36处重要景观，一一为其题写诗词或序文。之后，他命著名宫廷画师沈嵛（约卒于1727年）绘制三十六景图集，作为其诗作的配图。于是，《御制避暑山庄三十六景诗》于1712年出版，内含36首诗文及沈嵛画作，后由宫廷镂版工转制为木版画。

世人虽久已认定避暑山庄景观是以长江下游地区风景为原型[1]，却少有研究将重点放在这些版画和沈嵛原作的构图和思想原型上。沈嵛画作体现了清初正统画派（四王）的景观风貌，该画派继承了

---

1 石听泉，《一座清代御苑之传播：康熙避暑山庄三十六景及其在西方的传播历程》，《风景园林》，6（2009）：102，注12。

经明代画家董其昌所阐释的南宗传统。[1] 和其他宫廷画师的诸多同类绘画一样，沈嵛对"西岭晨霞"（见图 1）的设计体现了典型的董其昌画作构图风格，这一风格从董其昌 1624 年所作的《仿赵孟頫水村图》（图 3）可见一斑。[2] 两幅山水画中都有大片的空白代表天、水、云，由斜倾的山脉分割开来，给人以纵深之感。再用前景左侧和中景右部的两座突出岩石，表现河流的蜿蜒曲折。

董其昌的《仿赵孟頫水村图》是南宗画派的理想之作。瓦莱丽·马朗费·奥尔蒂斯（Valerie Malenfer Ortiz）口中的虚空（void）或空白（space）是南宗风景画的特色，名画《潇湘卧游图卷》（1170—1171 年，图 4）即是典型代表。[3] 如奥尔蒂斯所说，不应负面看待《潇湘卧游图卷》中的空白或虚空，不能把它只当作区分物体的空白间隔。相反，它所代表的是长江沿岸山谷中朦胧的空间（atmospheric space）——薄雾笼罩的山丘，远处的村庄和消逝在无限远方的湖景。[4]

强调朦胧的南宗画派风格，恰好与朱熹（1130—1200 年）主张的理学思想相符。[5] 朱熹在释"道"的基础上，发展了理气论。[6] "理"是引导宇宙不断变化的无形不变准则。"气"是自由流动、

---

1 董其昌，《容台集》（全本，华亭，1630 年；重印版，台北："中央图书馆"，1968 年），《别集》（董其昌自存），4：4。引自 Valerie Malenfer Ortiz, *Dreaming the Southern Song Landscape: The Power of Illusion in Chinese Painting* (Leiden: Brill, 1999), 172。

2 本画的详细介绍，见 James Cahill, *The Compelling Image: Nature and Style in Seventeenth-Century Chinese Painting* (Cambridge: Harvard University Press, 1982), 50。

3 Ortiz, *Dreaming the Southern Song Landscape*, 172.

4 Ortiz, *Dreaming the Southern Song Landscape*, 78.

5 有关朱熹的生涯和主要作品，见 Wing-tsit Chan, "Songshi" (Song history), 429, 1a–20a, in Herbert Franke, *Sung Biographies* (Wiesbaden: Steiner, 1976), 282–290。

6 Chan, "Songshi", 429, 1a–20a.

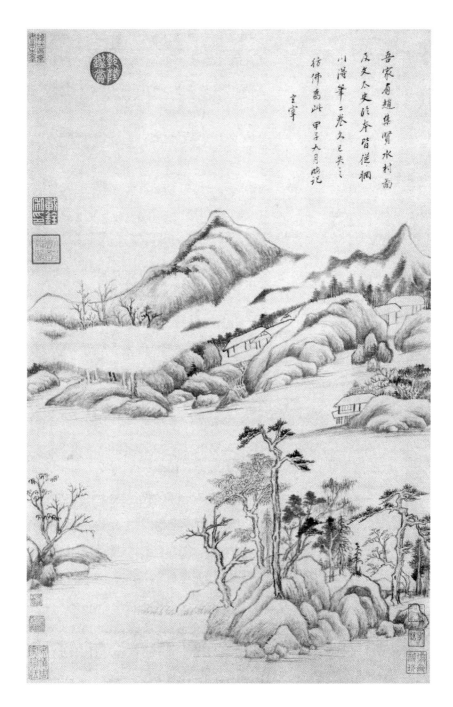

图 3.

《仿赵孟頫水村图》

董其昌，1624 年，纸本彩墨，56.2 厘米 ×36.2 厘米

来源：《仿古山水图》册，1621—1624 年，明代（1368—1644 年）

现藏：密苏里州堪萨斯城，纳尔逊－阿特金斯艺术博物馆

图 4.

《潇湘卧游图卷》局部

李氏（12 世纪），董其昌题诗，1170—1171 年，纸本水墨，30.3 厘米 ×51.5 厘米

现藏：东京，东京国立博物馆

使万物成为实体的有形力量——阴和阳。[1] 由不变准则之理，造就有形力量之气。理生阴阳辩证之气，再生万物形体。

从理学角度来看，长江沿岸山谷景观精妙地展现了理气论，即宇宙的构成模式。南宋学者葛郯（?—1181 年）认为，山河树木作为宇宙之元素，都由有形力量组成，且其各自秩序由理造就。[2] 可进一步假设，云雾与水天交融，共同构成一个阴阳体系，成为宇宙恒定过程的缩影。南宗画派十分重视宇宙的理学秩序，以自然流畅的笔法勾画树木、建筑和山川，展现作为有形力量的气是如何使万物成形的。虚空，即赋予画面连贯、特性与生命的留白，代表的则是无形的造物准则——理。

在理学家眼中，绘画是达成目的的一种手段，是辅助道德修养的工具。[3] 风景画尤其能够表现天与人之间的关系。宋代学者将注意力放在虚空〔或称诗意空间（poetic space）〕上，任想象力在山水的隐和显间激荡，感知宇宙的变化，经由一个动态过程，了解自身本性并保持思想的平衡（儒家中庸之道）。[4] 沈崙绘制《西岭晨霞》的出发点是把欣赏画作作为修身养性的方法，并通过画中设计传达康熙皇帝《西岭晨霞》诗中所蕴含的景致：

1《朱子语类》，黎靖德编（北京：中华书局，1981 年），1：1。参见 Peter Kees Bol, *Neo-Confucianism in History* (Cambridge: Harvard University Press, 2008), 163。

2 Ortiz, *Dreaming the Southern Song Landscape*, 156.

3 Ortiz, *Dreaming the Southern Song Landscape*, 153.

4 儒家思想认为人性包含两面，民心（欲）和道心（理），圣人之心在于平衡民心与道心。如《尚书正义》，卷 4，3a：（虞书）所言："人心惟危，道心惟微，惟精惟一，允执厥中。"宋代学者在艺术追求中寻求内心的平衡。章深、苏轼和葛郯都曾说过，赏画为的是探寻内心的轨迹。详细论述请见 Ortiz, *Dreaming the Southern Song Landscape*, 156。

雨歇更阑斗柄东，成霞聚散四方风。

时光岂在凌云句，寡过清谈宜守中。[1]

诗文前两句描述了康熙眼中宇宙元素——雨、风、霞——的变化景象，而后探索了这一景象的道德意涵：以寡薄清淡的生活保守中庸之道，寻求民心与道心的平衡。[2]康熙此时怀想的应是著名画家董其昌的品格。董其昌作为朱熹的信徒，不仅艺术造诣深得康熙喜爱，更因儒家学识和美德受其欣赏。因此，可将沈嵛构图中的虚空与董其昌画中的留白相比较。如果说《仿赵孟頫水村图》中水天云雾相互交融的空白是宇宙自然过程的一种意象，激励董其昌习理修德，《西岭晨霞》图中的虚空表达的则是宇宙元素的变换——康熙有意凝望虚空，寻儒家之美德、内心之平衡。

不过，康熙的诗还包含了另一层含义，通过"斗"的隐喻，表达"理"作为德治准则的意义。北斗七星（大熊星座）位于华北夜空的中部，被中国古人当作宇宙的中心，也象征着受人民尊崇的仁慈帝王。在万物生发的春季，斗柄指向东方。因而康熙诗文的第一句暗喻国家在其仁政之下兴旺繁荣。从经典古籍中可以看出，明末清初的许多儒学家认为，"理"是治理社会的最佳准则。当代学者伍安祖一针见血地指出，在这种政治思想氛围中，理要求人们从内心遵从礼节和仪式。[3]理是令"社会关系井然有序"[4]的礼仪工具。伍安祖的论述表明，这种以礼仪为基础的治国理念是康熙信臣、著名

---

1 康熙、乾隆：《御制避暑山庄三十六景诗》，卷2，版6。

2 康熙在此引用了《尚书正义》，卷4，3a之句。见上页注释4。

2 On-cho Ng, *Cheng-Zhu Confucianism in the Early Qing: Li Guangdi (1642–1718) and Qing Learning* (Albany: State University of New York Press, 2001), 184.

3 李光地，《榕村全集》，卷1，9a。引自伍安祖，《程朱理学》，186。

理学家李光地（1642—1718 年）的思想核心。李光地重视礼乐对人民心性的作用，提出，"平上治下，惟礼。修德改习，惟乐"[1]。因此，也可将康熙《西岭晨霞》的第三句"时光岂在凌云句"理解为他对非语言命令（nonverbal command）[2]——礼仪的看法，把它当作确保王朝延续的最佳工具。在社会政治领域，李光地的礼学主要有两种实践手段——祭祀祖先和敬拜孔子，两者都在康熙治下得到重视。[3] 例如，康熙于 1669 年和 1684 年在北京太学和孔子故乡举办了盛大的祭孔仪式。[4] 在文化领域，康熙建造避暑山庄追忆长江下游的景象、为景观命名并题写山水诗、由皇家出版等凡此种种，都可以看作中国文人的仪式化行为。这表明，这位满族帝王不仅接纳了理学文化的价值观，将之深深融入自身的世界观，还想把这些价值观传递给自己的中华子民。如此一来，《西岭晨霞》木版画中风化作云的朦胧空间即象征着天与地、君与民之间的万物交通，可理解为理的意象，是儒家礼教作为社会终极准则的表现。这一理学准则不仅是康熙修养自身的原则，同时渲染了道德氛围，控制着清代社会的秩序。

---

1 李光地，《榕村语录》，卷 27，16b–17a。引自伍安祖，《程朱理学》，185。

2 与西方采用法制或语言命令（verbal command）治国的趋势相反，中国以礼仪为基础的治国构想更具有研究英国和欧洲政治思想的著名史学家波考克（J. G. A. Pocock）口中的"非语言手段"特点。亦可参考：*Cheng-Zhu Confucianism*, 184–185. J. G. A. Pocock, *Politics, Language, and Time: Essays on Political Thought* (New York: Atheneum, 1971), 41, 46。

3 张佐良，《康熙朝理学与理学名臣》，《平顶山师专学报》，4（2004）：64—66。

4 《清圣祖实录》（北京：中华书局，1985 年），28：391；《光绪大清会典事例》，卷 311，礼部 22，寻信。

中国礼仪之争：康熙皇帝与教皇克莱芒十一世的分歧

儒家礼仪成为清初治国权术核心的同时，在教皇克莱芒十一世的倡导下，重建早期基督教礼仪也成为天主教改革的中心。[1] 克里斯托弗·约翰斯（Christopher Johns）说，在反宗教改革时期，人们认为早期基督教会时期是基督教的黄金时代。因此，这一时期的基督教教义对 16、17 世纪的教会政策和民众虔诚起到重要作用。[2] 克莱芒十一世的改革复原了早期基督教的长方形大教堂，美化了殉道者遗物，还建造了教会博物馆（Museo Ecclesiastico），资助人们学习早期基督教礼仪。他意在借由早期基督教礼仪的复兴，强化教会戒律，对当时的欧洲世俗社会施加早期基督教会时期的精神和文化权威。[3] 在实行这些举措的同时，克莱芒十一世还决心在欧洲以外的新兴基督教界统一传教士和皈依者的礼仪行为。

如此一来，两位最高领袖——康熙皇帝和教皇克莱芒十一世都将礼仪作为统治权术的核心。由于遵从的礼仪不同，双方就在华传教士和中国基督教徒是否应行儒家礼仪一事产生重大分歧。自利玛窦（1582—1610 年在华）起，在华耶稣会士一直学习当地语言，遵循当地生活方式，并参与儒家文人和官员举办的仪式。17、18 世纪，利玛窦的这种适应性政策成为在华天主教传教士争议的焦点，引发

---

1 见 Christopher M. S. Johns, *Papal Art and Cultural Politics: Rome in the Age of Clement XI* (Cambridge: Cambridge University Press, 1993), 24, 35–39；第 3 章探讨了早期基督教复兴的起源。另见 "Papal Patronage and Cultural Bureaucracy in Eighteenth-Century Rome: Clement XI and the Accademia di San Luca," *Eighteenth-Century Studies* 22, no. 1 (1988): 1–23。

2 Johns, *Papal Art and Cultural Politics*, 25.

3 Johns, *Papal Art and Cultural Politics*, 36.

了中国礼仪之争。[1]

　　教皇克莱芒十一世在 1704 年的教谕中禁止传教士和中国教徒遵守中国礼仪。1707 年，教皇驻华特使多罗（Charles-Thomas Maillard de Tournon，1668—1710 年）在南京宣布这一教谕，公开违抗康熙诏令——即只允许遵守利玛窦式适应政策的传教士在华传教。于是，多罗被驱逐至澳门，被葡萄牙人关押。僵持之下，监管教会所有传教活动的传信部[2]指派马国贤等传教士来华，重申教皇禁止耶稣会士和中国基督教信徒行中国礼仪的立场。[3]一行人于 1710 年抵达澳门时，清政府已禁止教皇特使进京。按照多罗的建议，马国贤无奈地以画师身份供职于朝廷。[4]在这一冲突背景下，康熙委任马国贤制作版画《热河三十六景图》。

　　尽管并不熟悉欧洲铜版镌版技术，马国贤仍然在康熙寻找相关专业人员时毛遂自荐。[5]他希望通过为朝廷效力，与康熙建立起私人关系，由此说服皇帝接受教皇对教士和教徒行中国礼仪的禁令。可惜，最终他也没有勇气对康熙提及这一问题。一方面，他被迫与朝中的耶稣会士一起，向康熙隐瞒教皇重申该禁令的事实。[6]另一方面，因责怪耶稣会传教士未能执行教皇教谕，他拒绝与他们共行圣礼。[7]马国贤的内心世界被冲突占据。如他在回忆录中所言，"我

---

1 有关中国礼仪之争的历史，见 D. E. Mungello, *The Chinese Rites Controversy: Its History and Meaning* (Nettetal: Steyler, 1994)。简要说明见 N. Standaert and R. G. Tiedemann, *Handbook of Christianity in China* (Leiden: Brill, 2001), 680–688。

2 传信部，或称"万民福音部"，依教谕设立于 1622 年。

3 完整记录见 Ripa, *Giornale*, 1:189–191；另见樊米凯（Michele Fatica）所作序，xxvi–xxviii。

4 Ripa, *Giornale*, 1:201–205.

5 Ripa, *Memoirs*, 70–71; Ripa, *Giornale*, 2:29.

6 Ripa, *Giornale*, 2:66–72.

7 Ripa, *Giornale*, 2:80.

深陷混乱的旋涡，倍感心头重压，却无人可以袒露心声，无处求教。苦痛之极，难以言说"[1]马国贤在这种思想状态下创作了《热河三十六景图》铜版画，很难相信，他能把政治环境造成的深切内心冲突完全隔绝于创作之外。如《西岭晨霞》所示，他对沈嵛画作的刻意改动可能正是调和内心冲突的写照。

阴影排线和线性透视：基督教的视学－神学秩序

马国贤用雕刻刀在中国木版画的空白之中添加了阴影排线，为这幅中国画增添了欧洲的视觉秩序（visual order）。马国贤画作的效果堪比格奥尔格·布劳恩（Georg Braun，1541—1622 年）和弗朗茨·霍根伯格（Franz Hogenberg，1540—1590 年）的《寰宇城市》（*Civitates orbis terrarum*），马国贤镌版时有可能参考了该作品。[2]仿照约瑞斯·霍芬吉尔（Joris Hoefnagel）画作的莫拉迪巴里地图（图 5）即是例证。和马国贤的《西岭晨霞》（图 2）一样，前景左侧露出一小片地面，右侧的陆地则向远景处蜿蜒伸展。正如该书编者所述，《寰宇城市》中的所有影本都将线性透视、明暗对照（chiaroscuro）、空间透视（aerial perspective）等技法结合运用于构

---

1 Ripa, *Giornale.*

2 Georg Braun and Franz Hogenberg, *Civitates orbis terrarum* (Cologne, 1572–1617). 全集由梵蒂冈图书馆所有，见梵蒂冈图书馆在线目录。有关所有图卷版本和相关数据的精确调查，参见 F. Bachmann, *Die Alten Städtebilder: Ein Verzeichnis der Graphischen Ortsansichten von Schedel bis Merian* (Leipzig: K. W. Hiersemann, 1939), 7–9. 清朝宫廷或存有一版。见 Michael Sullivan, "Some Possible Sources of European Influence on Late Ming and Early Ch'ing Painting," *Proceedings of the International Symposium on Chinese Paintings* (Taipei: National Palace Museum, 1972), 606。

图 5

普利亚地区莫拉迪巴里地图

根据约瑞斯·霍芬吉尔（佛兰德人，1542—1600 年）的作品创作，版画，41 厘米 ×29 厘米

来源：格奥尔格·布劳恩和弗朗茨·霍根伯格，《寰宇城市》（科隆，1572—1617 年），第 3 卷

现藏：伦敦，大英图书馆

图之中，令观赏者感到"身临其境"。[1] 但是，《寰宇城市》版画和马国贤铜版《西岭晨霞》仍有一处显著差异。前者主要将阴影线用于表达水面涟漪和空中云彩的浮动，马国贤则是在传达空间感，增添景观的透视深度。大片阴影排线交映于水天之间，较之莫拉迪巴里地图中纯粹的阴影线，更容易令人联想起早期意大利城市透视图中的网格状瓷砖地面，比如弗朗西斯·迪·乔治·马尔蒂尼的《建筑图（理想城）》〔*Architectural Veduta (Ideal City)*，图6〕。在该作品中，马尔蒂尼把网格当作一种绘图手段，用来标明各个物体的精确位置。马国贤的水平阴影排线似乎也有类似的排序功能。可以认为，他在转制中国木版画时使用阴影线，是以自己的方式解决他在原画中体会到的空间模糊感。通过在水、云、天的虚空处添加繁复的阴影线，他对原本的留白做出新的阐释，创造了一种类似于马尔蒂尼棋盘状地面的透视效果。在这一遵循欧洲光学、视学原理的空间，中国木版画中状似悬空的岛屿被牢牢固定在了地面。

前人研究表明，欧洲透视画的发展与基督教呈现理想有序世界的意图关系密切，因为光被视作上帝在宇宙间散播恩典的方式。[2] 线性透视在一定程度上实现了13世纪方济各会教士罗杰·培根（Roger Bacon，约1220—约1292年）的愿望：掌握几何技巧的画师将"精确传达精神意涵"：

> 当下我想提出……（掌握几何技巧的目的）……它关乎线条、角度、立体和平面图形等几何形状……如果能将《圣经》

---

1 Braun and Hogenberg, *Civitates*, 3, Av, B.

2 Samuel Y. Edgerton, *The Renaissance Rediscovery of Linear Perspective* (New York: Basic Books, 1975), 16.

图 6

《建筑图（理想城）》

被认为是弗朗西斯·迪·乔治·马尔蒂尼（Francesco di Giorgio Martini，意大利人，1439—1502 年）的作品，约 1490—1491 年，杨木板油画，131 厘米 ×233 厘米

现藏：柏林，柏林国家博物馆油画廊

中的这些几何形态实际展现在我们眼前，神圣智慧那不可名状的美丽将何等闪耀，圣灵的无限恩惠将举世流芳！届时，恩典的洪流将冲毁世上罪愆，我们将和诺亚、其诸子及他们收于自身住所与修会的所有生灵同获高举。[1]

马丁·肯普（Martin Kemp）认为，透视的神学意义对于 1500 年以后的西欧艺术家来说是一种常识。[2] 墙上的壁画和天花板上的装饰经常采用最为复杂的透视结构。[3] G. C. 阿尔甘（G. C. Argan）提出，必须把这些透视场景理解为教会反宗教改革行动的最高表现形式，目的是在尊重历史的前提下复辟教会的权威。[4] 同样，受克莱芒十一世资助的艺术项目也通过透视效果达到服务教皇的目的。例如，朱塞佩·帕瑟瑞（Giuseppe Passeri，1654—1714 年）为罗马城外圣塞巴斯蒂安圣殿（San Sebastiano fuori le Mura）阿尔巴尼教堂（the Albani chapel）雕刻的《法比安教皇油膏菲利普大帝》（*Pope Fabian Anointing Emperor Philip*）壁画中，用棋盘网格表示地面（图 7）。这种透视效果强化了画作的主旨：世俗权力臣服于教皇的

---

1 英译文引自：Robert Belle Burke, *The Opus Majus of Roger Bacon* (Philadelphia: University of Pennsylvania Press, 1928; reprint New York: Russell & Russell, 1962), 1:232–234. 拉丁语原文取自：John Henry Bridges, ed., *The Opus Majus of Roger Bacon* (London, 1897), 1:210–211, 出处同上，17–18。

2 Martin Kemp, *Science of Art: Optical Themes in Western Art from Brunelleschi to Seurat* (New Haven: Yale University Press, 1992), 53.

3 Kemp, *Science of Art*, 69.

4 G. C. Argan, *L'arte Barocca* (Rome: Skira, 1989), 10；转引自：E. Corsi, "Late Baroque Painting in China prior to the Arrival of Matteo Ripa: Giovanni Gherardini and the Perspective Painting called *xianfa*," in Michele Fatica and Francesco D'Arelli, eds., *La missione cattolica in cina trai i secoli XVIII–XIX: Matteo Ripa e il Collegio dei cinesi* (Naples: Istituto Universitario Orientale, 1999), 113。

图 7

《法比安教皇油膏菲利普大帝》

朱塞佩·帕瑟瑞（意大利人，1654—1714 年），1710—

1712 年，壁画

现藏：罗马，圣塞巴斯蒂安圣殿阿尔巴尼教堂

至高神圣管辖，这也是克莱芒十一世政治信仰的核心。[1] 既然受训于传信部，马国贤必然看得懂这幅罗马天主教堂公之于众的帕瑟瑞画作——和他本人一样，利用阴影线创造透视效果，隐喻神圣秩序。

如上文所述，马国贤坚决捍卫克莱芒十一世抵制中国礼仪的立场。尽管不敢在朝廷的礼仪纷争中公然揭示自己的真正使命，他仍竭尽所能地避免参与中国礼仪。根据他的回忆录，马国贤认为从文人尊儒拜孔到皇家殡丧仪式、从春节叩拜长者到书写中国汉字的所有中国礼仪都是迷信和盲从。[2]

由此看来，《西岭晨霞》空白处的阴影线便不只是遵循欧洲传统进行的形式上的改变。热河山水画虚空中的阴影线用类似于欧洲线性透视网格的手法，对中式留白进行了新的诠释。加上不同寓意的光影效果和象征基督的太阳，马国贤通过这种诠释展现了一幅充满天堂光辉、符合基督教理想的宇宙图景。更确切地说，可以把太阳和借阴影线制造的明暗效果看作教皇克莱芒十一世驱散来自中国的"异教阴影"（darkness of heathenism）[3] 的视觉体现，由阴影线构成的系统化空间表达则象征着教皇在宗教混乱中建立基督秩序的愿望。马国贤应当是希望，这些铜版画的观赏者能感受到他登上热河群山之巅、为"上帝最为崇高无上、宏伟壮观的造物"[4] 所倾倒时的狂喜。热河这片不为西欧所知的山水经由马国贤的想象和创作，成为一片神圣之地，一片饱含基督教义的圣土。

无论马国贤是否了解原版木版画中留白与康熙重视儒家礼仪、以此作为德治根基之间的微妙联系，他加诸原画的阴影线和视觉秩

---

1 Johns, *Papal Art and Cultural Politics*, 168.

2 Ripa, *Memoirs*, 91, 106, 136.

3 Ripa, *Memoirs*, 5.

4 Ripa, *Giornale*, 2:37.

序完全符合他作为教皇使臣的使命——终结由中国礼仪之争引发的混乱。

　　注：在此笔者感谢爱丁堡大学马克·多里安（Mark Dorrian）教授激发了本文最初的灵感，及为笔者在本领域研究提供帮助的多位学者：苏黎世大学洪瑞安（Andrea Riemenschnitter）教授、天津大学王其亨教授、苏黎世大学汉斯·B. 汤姆森（Hans B. Thomsen）教授和那不勒斯东方大学樊米凯（Michele Fatica）教授。乔凡娜·圭迪奇尼（Giovanna Guidicini）协助翻译了马国贤回忆录意大利原本中的重要章节；另感谢高居翰（James Cahill）和克里斯托弗·约翰斯与笔者分享他们对早清宫廷绘画和 18 世纪基督教视觉文化的看法。特别感谢曲培醇教授，没有她的深刻意见和勤勉编辑，本文无法最终成形。笔者受欧盟玛丽·居里基金资助，在苏黎世大学"亚洲与欧洲"大学研究重点项目下，开展"马国贤'热河景图'：18 世纪中欧山水再现中交织的历史"（Matteo Ripa's Views of Jehol: Entangled Histories of Eighteenth-Century European and Chinese Landscape Representation）子研究项目，本文为该项目部分成果。

战争与帝国：乾隆时期的战争图像

马雅贞
（YA-CHEN MA）

　　本文将重新审视一组题为《乾隆得胜图》的精美中 / 法铜版画，即《平定准部回部得胜图》。[1] 这组铜版画的水墨画底稿由供职乾隆宫廷的欧洲传教士郎世宁、艾启蒙和安德义（Giovanni Damasceno Sallusti，1781 年卒）绘制于北京，送至法国用于雕版印制后遗失，但北京故宫博物院的一套水墨图册中可能收有临摹本。[2] 按乾隆皇帝御令，所制铜版及由此印制的 200 套铜版画被送返北京，与木版印制的乾隆题诗和官员徽印一同保存。《平定准部回部得胜图》组画共 16 幅，据估镶挂于乾隆年间，现藏于北京故宫博物院。本文重点讨论的 10 幅战图（第 2 至 5 幅和第 7 至 12 幅版画）描绘了平

---

1 Pascal Torres, *Les Batailles de l'Empereur de Chine: La gloire de Qianlong célébrée par Louis XV, une commande royale d'estampes*, exh. cat. (Paris: Musée du Louvre, 2009); Niklas Leverenz, "From Painting to Print: The Battle of Qurman from 1760," *Orientations* 41, no. 4 (2010): 48–53. 所有清代铜版画的复制品，见 http://www.battle-of-qurman.com.cn。

2 李欣苇，《清宫铜版画战图创生：从〈回部得胜图〉到〈台湾战图〉》，硕士论文，台湾大学，2012，13—14。

定新疆的几场重要战役，构图和叙事结构原则也较一致。

　　鉴于《平定准部回部得胜图》中使用了透视法、立体构图（modeling）等欧洲绘画技巧，大多数学者认为该组图画，尤其是战争场景受欧洲的影响较大。[1] 若确实如此，就存在如下问题：乾隆为何要以西洋画风绘制纪念胜利平定新疆的战争组图？他想要构造怎样的战争图景？欧洲绘画技巧对这种视觉构造有何帮助？除了前人学者认定的欧洲影响之外，《平定准部回部得胜图》是否还受其他来源的影响？为回答上述问题，本文将以西方艺术和中国战图传统为背景，探讨组图中的战争图像，并论证本组版画结合了西方和清初战争再现元素，所构筑的战争全景不仅体现严明军纪，更能彰显帝国战勋。

再论《平定准部回部得胜图》中的西方元素

　　《平定准部回部得胜图》组图最显著之处在于有效运用西方透视法和立体构图，展现了激烈雄壮的战斗全景（图1）。这些欧洲绘画技巧的应用使组图看起来与中国传统战图大相径庭，后者往往从高空视角鸟瞰、忽略细节，或牺牲全局视角、详细描绘战斗细节。[2] 疑问之处在于，这些欧洲技法和由此产生的视觉效果是传教士在清

---

1 如毕梅雪认为"战争的绘画和版画在中国是新奇的"，以及法国的工坊"会进行大规模的风格重塑"，见 Evelyn S. Rawski and Jessica Rawson eds., *China: The Three Emperors (1662–1795)*, exh. cat. (London: Royal Academy of Arts, 2006), 407。

2 鸟瞰图请参见中国国家博物馆，《中国国家博物馆馆藏文物研究丛书·历史图片卷》（上海：上海古籍出版社，2006 年），28—51。有关清代之前中国战图的更多论述请见马雅贞，《战勋与官迹：明代战争相关图像与官员视觉文化》，《明代研究》，12（2011）：49—89。日文译本见《东京大学史料编辑室纪要》，23（2013）：316—347。

图 1

《和落霍澌之捷》

勒霸（法国人，1707—1783 年），基于王致诚的画作而创作，1774 年

来源：《平定准部回部得胜图》，16 幅纸本铜版组图，55.4 厘米 ×90.8 厘米，第 4 幅

现藏：北京，故宫博物院

廷作画时依乾隆御令所为，还是出自法国镌版工之手？

乾隆宫廷向由柯升领衔，勒霸、圣奥班（Augustin de Saint-Aubin，1736—1807年）、普雷弗斯特（Benoît Louis Prévost，1747—1804？年）和阿里默（Jacques Aliamet，1726—1788年）组成的欧洲工匠队伍传达了十分详细的指令。和《平定准部回部得胜图》底稿一同颁发的圣旨明确表达了乾隆的期望。水墨画"送至欧洲后，挑选最优秀的铜版镌版工，将原画所有内容精准还原于铜版之上"[1]。郎世宁的附文不仅重申了圣旨要求，更强调"镌版工应完全遵照原画……（铜版）必须用雕刀或硝酸刻制，且须精妙传达原画细致优雅之处，雕工必须精准严密"[2]。送到法国的《平定准部回部得胜图》原稿今已流失，因而无从确定法国工匠雕刻版画时对乾隆谕旨究竟遵从了几分。

然而，借由其他线索，仍可探查法国工匠对原画的修改程度。根据李欣苇所引清宫《活计档》中的一篇文献，乾隆命丁观鹏和其他4位画师根据郎世宁等人所绘的16幅组图底稿制作彩墨画。[3]乾隆既下令制作彩墨本，可推断这些画作已获其首肯，因而李欣苇认

---

1 原圣旨已遗失，法国国家档案馆藏有其法文译本（O'1924，第1卷），其中指示与法国国家图书馆（东方手稿部，新中国基金，第5321卷）收藏的中文合同相似。法文为 "envoyées en enrope ou l'on choisira Les meilleurs artistes en cuivre afin qu'ils puissent rendre parfaitement et dans toutes leurs parties chacune de ces Estampes, sur des Lames de Cuivre"。感谢玛丽·萨尔兹曼（Mary Salzman）的翻译。Torres, *Les Batailles de l'Empereur de Chine*, 20, 30–33.

2 英文由马琳·卡波斯翻译，感谢她协助笔者检查法语材料。法语原文为 "pour que l'artiste qui sera chargé de graver les Estampes se conforme exactement aux originaux"。郎世宁指令原文为拉丁语和意大利语，法语译本收于法国国家档案馆〔O'1924（2）〕。Torres, *Les Batailles de l'Empereur de Chine*, 29. Paul Pelliot, "Les *Conquêtes de l'Empereur de la Chine*," *T'oung pao* 20, nos. 3–4 (1920–1921): 200–201.

3 李欣苇，《清宫铜版画战图创生：从〈回部得胜图〉到〈台湾战图〉》，13—14。

为它们与送往法国的底稿相同。她还推测，档案中所载，丁观鹏和另外 4 位画师绘制的纸本彩墨画与现藏于北京故宫博物院的《平定准部回部得胜图》组图（同为纸本彩墨，图 2）一致。因此，李欣苇提出，彩墨画集和版画组图都是依照现已遗失的底稿所作。尽管柯升指示镌版工在必要时可以脱离原画（见本书玛西亚·里德的文章），彩墨画集和版画组图的相似程度令李欣苇认定，法国作坊并未对原画构图或视角做出大幅更改。[1]

也就是说，这 10 幅战图中的透视和立体效果并非出自法国镌版工之手，而应源于郎世宁及其同僚。版画的视觉效果在彩墨画集中也能找到，只不过前者效果由阴影线构成，后者则通过笔墨实现。两组画作的天空中都有云彩，这一特征少见于传统中国水墨画，似乎是自原画临摹而来。[2] 战争景象（包括远景）中锐利的轮廓线和细致的阴影线也可能来源于原画。《平定准部回部得胜图》在这方面不同于该时期的欧洲景观版画，包括热衷于展现模糊远景的法国版画。[3] 乾隆宫廷此后制作的两组铜版画《平定两金川得胜战图》和《平定台湾战图》中，也有相同的精细阴影线，说明乾隆希望在

---

1 李欣苇，《清宫铜版画战图创生：从〈回部得胜图〉到〈台湾战图〉》。尼可拉斯·莱弗伦兹（Niklas Leverenz）也认为法国作坊"在雕刻过程中始终贴近原画"。Niklas Leverenz, "On Three Different Sets of East Turkestan Paintings," *Orientations* 42, no. 8 (2011): 97–99.

2 尼可拉斯·莱弗伦兹对比《呼尔满大捷》彩墨画和版画后，认为法国作坊"在大部分铜版画空白的天空中添加了云朵"。尽管彩墨晕染的云朵不像版画中一般清晰，但在第 2、5、6、10 和 13 幅中仍能看到。由于空中的乾隆题诗使云彩更难看清，彩墨画集中大部分画作的天空中可能都有云朵。Leverenz, "On Three Different Sets of East Turkestan Paintings," 98.

3 李欣苇，《清宫铜版画战图创生：从〈回部得胜图〉到〈台湾战图〉》，28。

图 2

《和落霍澌之捷》

佚名宫廷画师，1774 年

来源：《平定准部回部得胜图》，16 幅组图，纸本彩墨，55.4 厘米 ×90.8 厘米，第 4
幅

现藏：北京，故宫博物院

铜版画中看到这些阴影线。[1]

　　虽然乾隆把这些底稿送到欧洲，追求最细致的雕刻线条和立体效果，却不一定希望作品全盘欧化。郎世宁及其同僚显然没有完全遵守欧洲的透视模型。《平定准部回部得胜图》的近景和远景构图比例确实对比强烈，创造出了传统中国战图无法展现的空间压缩感，但版画在透视法的其他应用上也做出了大量调整。最显著的差异在于几乎没有空间透视，只在极远处有所表现。相较于近景，并没有弱化对中景或较近距离远景的描绘，形式清晰度（clarity of form）并未递减。与当时的（巴洛克式）西方艺术的相对清晰不同，这些版画实现了海因里希·沃尔夫林（Heinrich Wölfflin）所说的"绝对"清晰。[2]

　　透过组图中较高的地平线，观赏者能够清晰地看到中景，失真的比例更强调了这种清晰程度：这些版画常常放大远处的山岳，反而缩小近处的物体。如此便能将整个画面的细节阐释清楚，近景和远景间也不存在强烈的清晰度和比例对照。也许正是这种改良型透视，令负责监督该组铜版画制作的法国皇家建筑大臣马里尼侯爵认为《平定准部回部得胜图》是"按中国品味所作"[3]。他对这种"混合"透视法太过陌生，只在异国作品中见过。

　　在乾隆看来，使用改良西方透视法为《平定准部回部得胜图》的战斗全景添加大量自然的细节，必然是极好的做法。这组作品所再现的前线宏伟战况，体现了乾隆追求的极度逼真效果

---

1 李欣苇，《清宫铜版画战图创生：从〈回部得胜图〉到〈台湾战图〉》，44—48。

2 Heinrich H. Wölffin, *Principles of Art History: The Problem of the Development of Style in Later Art*, trans. M. D. Hottinger (New York: Dover, 1950), 196–225.

3 Archives Nationales, O' 1911 (5), no. 177. 法语原文为 "étant faits dans le goût chinois"。Pelliot, "Les Conquêtes de l'Empereur de la Chine," 206.

（verisimilitude）。至少两位朝廷官员在后记中提到，"凡我将士麛垒
斫阵、霆奋席卷之势，与夫贼众披靡溃窜、麇奔鹿骇之状，靡不摹
写毕肖，鸣献显铄，震耀耳目"[1]。不过，如下文所述，这种"震耀
耳目"不仅源于西方影响，更是有选择地合并东西方绘画传统的结
果。

战争全景（展现）严明军纪

　　乾隆究竟想要构建怎样的战争图像？英廉总督对《平定准部回
部得胜图》的简评给出了最好的答案："战争全景（展现）严明军
纪。"[2] 在中国当代观赏者看来，这组细节丰富的画作必定极为真实，
尤其是与自明朝（1368—1644 年）以来绘制的战图相比更是如此。
该时期的大部分作品或受官员委命而作，或旨在颂扬他们的显赫战
勋。明朝战图中的官员一般身着官袍，《平定准部回部得胜图》中
的将领则是披挂盔甲、手持马鞭的军人。此外，组图中战争场景的
类别和再现模式都比明朝作品更为多样。对比战争图像最常见的情
境（motif）——两军对垒，即可明了。明朝时期的大部分战争景象
描绘的是步兵团之间的对抗，而《平定准部回部得胜图》中包含徒
手搏斗、骑兵近战、骑兵列阵冲锋、使用火枪和滑膛枪等武器交战
的画面。本组画作对战斗进程的描绘也比明朝战图全面得多。除了
对士兵前进、打斗、追逐的一般描绘，组图中还有士兵搜集战利品

---

1 王杰等编，台湾故宫博物院编辑再版，《石渠宝笈续编》（台北：台北故宫博物院，
1971 年），811。

2 有关英廉的纪念物现保存于北京中国国家图书馆，影印本见陈湛绮等编，《国家图书
馆藏历史档案文献丛刊·稿本乾隆机密文书暨奏稿》（北京：全国图书馆文献缩微复制
中心，2000 年），517。

和补给品、对待俘虏的画面——这些情境在明朝画作中甚少再现。另有对士兵扎营、运送粮草、后备部队的描绘——在明朝战图中同样少见。最后，明朝战图倾向于以相对随性的构图勾勒有限的战争元素，《平定准部回部得胜图》则在有序的绘画叙事结构中融合了各种复杂的战争景象。

例如，较之明代《三省备边图记》中的《平潮阳剧寇图》，《通古思鲁克之战》所含的战斗细节丰富许多，因而也更为生动。[1]《通古思鲁克之战》描绘的是从城中突围之景：主将御马立于营地中心；士兵在军营间奔走；军队在墙后发射炮弹；最后，将士涌出城门。紧贴着城墙外部的是牵着骆驼、扛着沙袋、领着俘虏的步兵。近景可以看到着火的攻城塔，与敌军的激烈交战，有人向里冲锋进攻，也有人向外逃离火海。也就是说，《通古思鲁克之战》的战斗秩序始于城池中央，逐步往外推进；越靠近画面周边的情节越发激烈。相反，明代画作《平潮阳剧寇图》中，城墙外的士兵正在搭弓射箭、搭建脚手架、囤积粮草，以对抗另一侧的匪寇。[2]由于情节有限，远景仅有一座城墙，作品在视觉叙事的丰富和生动程度上远远不及《通古思鲁克之战》。

虽然主题多样且细节丰富，《平定准部回部得胜图》的战争图像在视觉上并不杂乱。相反，秩序井然的细节分布使这组图画的清晰度更胜于含战争元素有限的明朝战图。尽管大部分明朝画作只描绘少数的几个情境，它们却常分布在画面的不同位置，令战争场景显得杂乱无章。例如，《三省备边图记》的《南岭破山寇图》（图

---

1 画作参见苏愚，《三省备边图记》，北京图书馆古籍出版编辑组编辑再版《北京图书馆古籍珍本丛刊：史部·地理类》（北京：书目文献出版社，1988 年），22：61b–62a。

2 苏愚，《三省备边图记》，22：61b–62a。

图 3

《南岭破山寇图》

来源:《三省备边图记》

现藏:北京,国家图书馆

3）中，部分步兵沿着环绕中景的一条小路下山，而在近景，一支先遣骑兵队正越过右侧的斜坡向前突进。由于先遣队和其他士兵之间并无明显分界，相比于纪律严明、整齐有序的作战行动，这幅明朝画作表现更多的是战争的动荡感。与此相对，《平定准部回部得胜图》组图中，事件进程和部队调遣都在近、中、远景中安排得井然有序。《格登鄂拉斫营》（第2幅版画）、《伊西洱库尔淖尔之战》（第12幅）和《阿尔楚尔之战》（第11幅，图4）都采用了相同的时空体系：前景由岩石包夹的狭窄小径勾勒先遣骑兵队的前进路线；画面中部为战斗场景；远景则是清军追击溃散敌军的场景；更远处是逃窜的兵马。上述战争图像都是按照时间顺序、由近及远地呈现各种情境，部队调动也以相似的时空顺序呈现。负责指挥的清朝将领一般出现在近景画面上，炮兵后备队或后勤营地位于中景，追击逃敌的兵将则出现在远景。通过战斗情境的分布体现战争的不同阶段，根据时间顺序在近、中、远景部署不同的部队，清晰展现逐渐发展的战斗进程。

在构图上，《平定准部回部得胜图》遵循简单明了的几何原则，由近及远地勾画人和物，更清晰地体现军队秩序。本文研究的 10 幅战图中，山川和天空都占据了画面的三分之一，余下三分之二则以垂直、对角或水平划分。《和落霍澌之捷》（组图第 4 幅，图 1）和《呼尔满大捷》（第 8 幅，图 5）画面中央呈左右对仗结构。《库陇癸之战》（第 5 幅）、《黑水围解》（第 7 幅）和《霍斯库鲁克之战》（第 10 幅）显然是对角型构图，《阿尔楚尔之战》（第 11 幅，图 4）、《格登鄂拉斫营》（第 2 幅）和《鄂垒扎拉图之战》（第 3 幅）则按水平划分。岩石和树木将画面分为几个不同的部分，再按时间顺序填入不同的战斗情境。通过这种有序的构图，观赏者很容易了解战争情况。即使《通古思鲁克之战》（第 9 幅）采用了罕见的环形构图，

图 4

《阿尔楚尔之战》

阿里默（法国人，1726—1788 年），基于王致诚的画作而创作

来源：《平定准部回部得胜图》，1765—1775 年，16 幅铜版组图，每幅 55.4 厘米
×90.8 厘米，第 11 幅

现藏：北京，故宫博物院

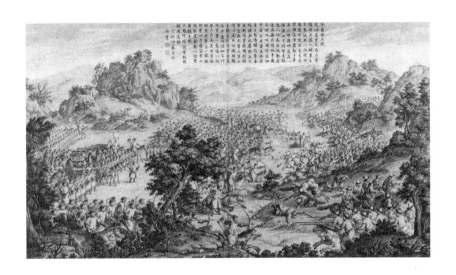

图 5

《呼尔满大捷》

圣奥班（法国人，1736—1807 年），基于安德义的画作而创作

来源：《平定准部回部得胜图》，1765—1775 年，铜版画组图，共 16 幅，每幅
55.4 厘米 ×90.8 厘米，第 8 幅

现藏：北京，故宫博物院

城池坐落于画面中央，但画面上、下部的城墙仍与地平线相对平行，以此区分近景和远景。事实上，该画和另外9幅版画一样，有效展现了战斗进程。虽然并非所有部分都能与构图完美融合，却丝毫不影响画面的秩序感。例如，《阿尔楚尔之战》中，从左侧进入近景小路的清军并未与中景的队伍相连，但版画的水平构图、明确分开的近景先头部队和中景酣战队伍还是清楚系统地展现了整场战斗的进程，总体的军队秩序没有受到几何原则的影响。

《平定准部回部得胜图》组图通过改良西方透视法、几何式构图和按时序编排的各种战争情境，实现了英廉总督所说的"战争全景（展现）严明军纪"[1]。有可能乾隆在命传教士画师和欧洲镂版工制作这些版画时，就已以此为目的：创作独一无二的皇家战勋图景。

清初缘起和帝国战勋

如果说部分借用欧洲绘画技巧有助于《平定准部回部得胜图》中逼真全景的呈现，那么对战争的全面描绘和军纪严明这一特定意象的追求又来自哪里？借鉴自欧洲战争版画还是源自他处？西方学者提出了可能衍生这一组图的多个欧洲源头，包括格奥尔格·菲利普·卢根达斯一世（Georg Philipp Rugendas I，1666—1742年）和佛兰德艺术家亚当·弗兰斯·范德尔·穆伦（Adam Frans van der Meulen，1632—1690年）的战争油画和版画。[2]基督教徒于1697年带到中国的路易十四（1638—1715年）王室内阁藏品中，可能就有

---

1 见第232页注释2。

2 Rawski and Rawson, *China*, 407; Michèle Pirazzoli-t'Serstevens, *Giuseppe Castiglione 1688-1766, peintre et architecte à la cour de Chine* (Paris: Thalia, 2007), 192.

穆伦的版画，乾隆皇帝如此痴迷于战争图画，很有可能因为他对穆伦这些画作或其追随者作品十分熟悉。[1] 据罗伯特·惠灵顿（Robert Wellington）的研究，穆伦大幅版画的特点之一就是采用"奇特的二元版式：从上方看到布满人的近景凸显于全貌式远景之上，仿佛站在近景人物所处的山上"[2]。惠灵顿认为，这种构图常见于地图绘制，需要合并"视野"（view）和"平面"（plan），以保留"世界外观要素，提供比单一视角观察更为综合的信息"。[3] 穆伦的大幅路易十四战争版画采用地图绘制的平面–视野策略（plan-view strategy），以制图学方法更精准地描绘战斗地势：远景是法国军队征服的领土，近景伫立的是指挥官——通常是身着华服的国王。[4]

尽管《平定准部回部得胜图》（第 5、7、10 幅）也采用了在近景刻画人物的技法，但并未展示被征服领土的地形，也未凸显乾隆形象，反而将重点放在穆伦版画中常常忽视的战斗细节上。换言之，《平定准部回部得胜图》虽然借鉴了穆伦的近景人物构图模式，却并未构建相同的战争图像。

相比于欧洲战争版画或早些时候的明朝战图，皇太极（1592—

---

1 "瓦雷斯神父，1684 年 8 月与瓦雷斯神父一同盘点并登记受卢瓦侯爵之命派发的版画集"（Registre des Livres de figures et Estampes qui ont été distribués suivant les ordres de Monseigneur le marquis de Louvois depuis l'Inventaire fait avec M. l'abbé Varès au mois d'août 1684），Bibliothèque Nationale de France, Estampes Réserve: pet. fol. rés. YE. 144. 感谢珍妮佛·米拉姆（Jennifer Milam）向笔者推荐罗伯特·惠灵顿的研究，同时感谢惠灵顿慷慨提供此项资料和有关范德尔·穆伦的其他文献。

2 Robert Wellington, "The Cartographic Origins of Adam Frans van der Meulen's Marly Cycle," *Print Quarterly* 28, no. 2 (2011): 148.

3 Wellington, "The Cartographic Origins of Adam Frans van der Meulen's Marly Cycle," 149.

4 Wellington, "The Cartographic Origins of Adam Frans van der Meulen's Marly Cycle," 149–151.

1643 年）为纪念其父、大清帝国的奠基者努尔哈赤（1559—1626 年）而命人绘制的《太祖实录图》，所展现的战争图像与《平定准部回部得胜图》更为相似。[1]《平定准部回部得胜图》中的各种战争情境，包括不同的战斗形式、战争进程和军队部署，在《太祖实录图》中都有清晰的体现。例如，《太祖败乌拉兵》（图 6）中三队向前冲锋的骑兵、《太祖破康应乾营》和《太祖破陈策营》中的围城及对垒都和《平定准部回部得胜图》中的情景类似，场景丰富度远胜于明朝图画中典型的执矛对战（如《南岭破山寇图》)。《四王射死囊努克》（图 7）中搜集战利品、进军敌营的具体情境也直指《平定准部回部得胜图》，在明朝战图中显然从缺。《太祖实录图》甚至包含了《平定准部回部得胜图》（第 4、7、11 幅）的特定元素，比如指挥将领手持马鞭的方式，不仅显得比其他人物高大，更策略性地占据近景角落的位置，体现将军在战斗中的领导地位。尽管这种凸显前景人物的技巧可能归功于穆伦，《太祖实录图》也同样强调了指挥官的重要性。这一点再度与明朝战图相左，明朝画作中的将领仅有象征性功能：他们的存在只是为了检阅部队，甚至身披官服而非铠甲。

　　《平定准部回部得胜图》和《太祖实录图》中兵将的排布方式也较类似，比明朝战图更为精妙细致。明代《永宁破倭寇图》中，虽然似乎可以区分步兵与骑兵，两支部队间的从属关系却不清晰。《太祖败乌拉兵》中，仅骑兵就分为三队，且展现了清楚的等级关

---

1 《太祖实录图》今已遗失，尚存的只有乾隆时期根据原画"重制"的《满洲实录》。两者之间的关系甚为复杂，笔者在专著《刻画战勋：清朝帝国武功的文化建构》（北京：社会科学文献出版社，2016 年）中，专设一章进行了详细讨论。但是，大部分学者都认同，《满洲实录》忠实描摹了《太祖实录图》。有关后者的设想均以《满洲实录》中的复刻画为依据，该书重印版为《清实录》（北京：中华书局，1986 年）。

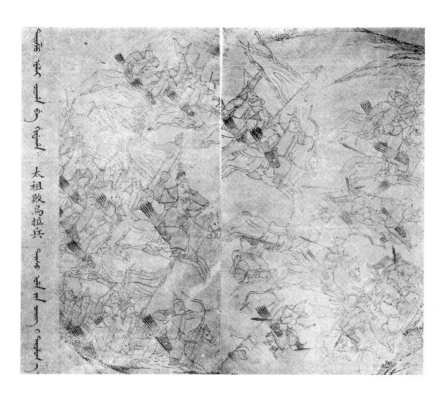

图 6

《太祖败乌拉兵》

来源：《太祖实录图》，卷 3

现藏：台北，傅斯年图书馆，历史语言研究所

图 7

《四王射死囊努克》

来源:《太祖实录图》,卷 8

现藏:台北,傅斯年图书馆,历史语言研究所

系。左、右两支队伍各由一名身后有士兵持旗的将军带领，两位将军又受太祖指挥，规模最大的太祖部队处于画面中心位置。这种再现队伍等级的画面在《平定准部回部得胜图》中也能看到，该组图用旗帜来划分不同的队伍，清楚体现各队之间的主从关系。相较于以部队为道具、凸显将领战勋的明朝画作，《太祖实录图》和《平定准部回部得胜图》更能全面展现军队这一复杂的阶级化组织。

《太祖实录图》和《平定准部回部得胜图》中都包含有助于区分我军与敌军、强调战争秩序的叙事特征。尽管《破南岭东余寇图》中对比鲜明的进攻和撤退动作能将明朝部队与敌军区分开来，兵将所着服饰（除军帽外）仍然相同。《永宁破倭寇图》中，明朝步兵与骑兵的外貌有很大差别，但日军却衣着简单划一。相比之下，《太祖实录图》中的清军兵将与敌军官兵则天差地别。步兵和骑兵都在身体右侧背着箭袋，内插 5 枝羽箭，左手持剑或拉弓。《太祖实录图》中的部队秩序也强化了清军和溃散奔逃的敌军间的对比。这种场景在《平定准部回部得胜图》中体现得更为鲜明。除了明显区别于敌人的清朝军帽，反复出现的装满箭的同款箭袋也是一个显著特征。而且，井然有序的清军队列和溃不成军的敌人形成强烈对比。这些特征同时见于《太祖实录图》和《平定准部回部得胜图》，说明画师有意刻画清军和敌军间的对比。

总而言之，《太祖实录图》和《平定准部回部得胜图》虽然风格不同，却都迥异于明朝战争实录图。明朝画作意在歌颂个人在官场生涯中的政绩，无须特意强调其在战争中的积极作用。而这两组清代画作都展现了丰富多样的战争情境，强调军队纪律，展现两军间的对比。如果说明朝战图主要强调混乱和动荡，以此彰显将领的督战成就，《太祖实录图》和《平定准部回部得胜图》所构建的则是大清帝国战功显赫的辉煌图景。也许很难判定这些受命于清朝宫廷和明朝个别官员的战图间的区别，到底来源于皇室和私人赞助的差异，还是满人和汉人对战争画面的不同理解。很有可能在两种因素的共同影响下，导致明清战图构建了个人勋绩和帝国武功这两种截然不同的景象。

结论

　　作为清帝国最初的一组战争图，《太祖实录图》虽然大体遵从了中国传统战图的绘画风格，又与之有所区别：该作中的军队组织有序，在清军和敌军之间呈现鲜明对比。但是，直到乾隆时期，这位清朝皇帝才开始以视觉再现（visual representation）手段彰显其军事成就，真正展现大清帝国的实力。《平定准部回部得胜图》首组铜版画采用改良式西方透视法，创作出符合时空秩序的真实战争全景。各种战斗情境按照时间顺序由近及远列于几何型划分的构图之中，成功构造了浩荡天军平定新疆的恢宏景象。通过起用欧洲画师和匠人，杂糅东西方艺术技巧与风格，乾隆皇帝把强调个人将帅地位和军事勋绩的明朝战争图录转化为有效全面展现帝国辉煌武略的清朝战争图像。《平定准部回部得胜图》成为战争纪念版画的新范本，其铜版组画也被反复应用于清朝后来的各种项目当中。

　　注：笔者十分感谢曲培醇教授的意见与建议。

从科学到艺术：线性透视在18世纪中国艺术中的演变

李启乐
（KRISTINA KLEUTGHEN）

18 世纪是大清王朝的鼎盛时期，也是中西方文化交往的黄金时代。此时，作为舶来品的线性透视（linear perspective）在中国艺术中的普及程度达到巅峰。尽管透视法在清朝从未像在西方艺术中那般盛行，这一新颖的外来再现技艺（representational technique）仍然在此时期对面向各种受众的艺术做出了突出贡献。前人对中国艺术中透视法的研究往往认为这类艺术及作品不过是耶稣会影响在艺术上的表现，由此将仅在京城皇宫出现的作品孤立起来。但是，如此一来，对透视法应用于大众艺术的相关研究便显不足，也忽略了透视法是如何由一门囿于宫廷的专业技术知识发展为遍布大清疆土的艺术手法。对比线性透视在 18 世纪的不同应用形式和受众，能够揭示在 20 世纪之前的这段应用高峰期，透视法在中国艺术中的使用发生了怎样翻天覆地的变化。

本文从现存的诸多该时期透视作品中选取了少量案例，以供讨论——具体而言，本文研究的是在画面中使用中心消失点的版画和绘画作品。相较于同时期的其他外来再现技艺，这些作品优先采用线性透视，并将空间退缩的透视效果发挥到了极致。不过，仅凭这几幅作品就可以看出，线性透视没有完全统一的含义或用法。通过研究该技艺的存在、用途、传播和意义的演变，不仅可以追溯线性透视在 18 世纪中国的发展，还能在这段东西方对彼此抱有浓厚兴趣、积极开展艺术交流的时期，透过中国对这一再现技艺的应用发展，反映清朝与西方关系的变化。

透视法与技术知识

明朝末年，在华耶稣会使团制作了至少两套不同程度运用线性透视法的画作，侧面证明欧洲版画曾激发 17 世纪中国画师的灵感。[1] 然而，耶稣会士正式将透视法传入清朝康熙宫廷时，它只是康熙感兴趣的文艺复兴时期四术——算术、几何、音乐、天文——的一小部分，耶稣会士希望以此转变皇帝的宗教信仰。康熙为西学的多彩多姿而着迷，甚至师从耶稣会士学习数学和音乐多年，在天文之事上也对他们多有器重。1667 年前后，意大利耶稣会士利类思（Ludovico Buglio，1606—1682 年，更广为人知的身份是数学家、天文学家、翻译家）创作并展示了三幅大型透视画，分别描绘了一座中式宫殿、一座西式宫殿及一座园林。其同僚、耶稣会士，也是日后的钦天监监副南怀仁发现，朝中人士十分赞赏这种令人迷惑的三维再现手法，起初甚至将画作误认为真实的建筑和空间，说明透

---

1 Hui-hung Chen, "Chinese Perception of European Perspective: A Jesuit Case in the Seventeenth Century," *The Seventeenth Century* 24, no. 1 (2009): 97–128; James Cahill, *The Compelling Image: Nature and Style in Seventeenth-Century Chinese Painting* (Cambridge: Harvard University Press, 1982).

视画在清代中国具有较高辨识度。[1]利类思和南怀仁都非职业艺术家，因而透视法是作为专业技术知识由数学、天文学家引入中国的。尽管耶稣会为将康熙转化成基督教徒，在使用线性透视时赋予消失点以神圣意涵，但并没有任何视觉作品或文本证据能够证明，中国艺术中的透视复刻了基督教的宗教隐喻。

作为出身满族的中国统治者，康熙亲自修习科学和数学在很大程度上偏离了中国帝王的正统轨道，因为此前的历代帝王均避习技术知识。有人认为，康熙之所以对耶稣会士传入朝廷的外来技术知识——尤其是西方数学——兴趣浓厚，是有意通过掌握这一专业学科来展现并强化皇室的控制。[2]对于年少时打倒顾命大臣方得实权、统治初期用数十年平定前朝遗患的康熙而言，这一做法有着至关重要的意义。学习、支持并精通西学成为康熙治国方略和帝王形象的重要部分。掌握了这种几乎无人通晓的知识，康熙便可自誉为中国的正统帝王，以师者的身份成为儒家传统所尊崇的圣王，也是将专业技术知识用于控制国土全境的英武之君。因此，在中国，线性透视最初是与皇权相关的技术知识。

《康熙帝读书像》（图 1）大胆刻画了上述理念，该作一般认为画者佚名，但应属乔万尼·格拉迪尼（Giovanni Gherardini，1655—约 1723 年）作品。这位意大利专业画师以世俗教徒的身份随受皇家资助的法国耶稣会使团进京，1699 至 1704 年间效力于清

---

1 Noël Golvers, *The* Astronomia Europaea *of Ferdinand Verbiest, S.J. (Dillingen, 1687)* (Nettetal: Steyler, 1993), 101, 114–117.

2 本段出自：Catherine Jami, *The Emperor's New Mathematics: Western Learning and Imperial Authority during the Kangxi Reign (1662–1722)* (Oxford: Oxford University Press, 2012)。

图 1

《康熙帝读书像》

佚名宫廷画师（应为乔万尼·格拉迪尼或其画室所作），约 1700—1722 年，立轴，绢本彩墨，137 厘米 × 106 厘米

现藏：北京，故宫博物院

廷。[1]此画堪称最引人注目的康熙肖像画，也的确是最常被复制的一幅。画中，皇帝身着绣有龙形暗纹的深蓝色夏季常服，头戴轻便红缨冠，面对一册打开的书卷盘腿而坐，身后书册满架，按透视原则向背景暗处退缩。康熙的目光穿透画面、直视观者，面部明暗变幻，表情高深莫测。这种画法并不寻常：虽然当时的中国受众能够理解透视法，却常认为利用阴影描绘身体和面部立体效果的西方技法会玷污画面——甚至画中人物。因而，一幅垢面的帝王像（人们可能这样理解）简直不堪设想，但康熙显然接受了这幅画像，才让它流传至今。

由此而来的逼真面部特征和等身人像令人感到，无论是否对照真人而作，此画都是对这位帝王当下的真实再现。尽管是体现皇权威严之作，画面整体构图却极尽虚构和人为之能事。透视法将图中的康熙和周围环境削弱成三角、圆、方形等基本几何图形，仅通过架上书册高度的些微差异和康熙双手摆放的位置打破画面的整体对称。根据建筑学知识，书架框住了康熙，将目光导向画面的消失点。但这个点并不在常人以为的康熙身上，而是落在打开的书卷之上。画像把书本这一康熙倡导西学的物化体现置于消失点，传达以西方技术知识作为治国手段的皇权思想。[2]这幅画像对于书本和康熙的描绘都是史无前例的，而透视法的显著运用更意味着康熙所掌握的知识包罗万象，不仅局限于西方技术知识。出身满族的康熙正希望

---

1 Elisabetta Corsi, "Late Baroque Painting in China prior to the Arrival of Matteo Ripa: Giovanni Gherardini and the Perspective Painting Called Xianfa," in Michele Fatica and Francesco D'Arelli, eds., *La missione cattolica in China tra i secoli XVIII–XIX, Matteo Ripa e il Collegio dei Cinesi* (Naples: Istituto Universitario Orientale, 1999), 103–122.

2 Catherine Jami, "Imperial Control and Western Learning: The Kangxi Emperor's Performance," *Late Imperial China* 23, no. 1 (2002): 28–49.

树立这种圣贤形象，成为儒家传统中兼具皇权、尊荣和智慧的帝王，即强而有力的中国正统君主。

在多年统治期间，康熙始终对科学和数学保有兴趣，但这幅画像完成之时，他对此类技术知识西方内涵的兴趣已经开始消减。1700 年前后，康熙已越发支持西学中源说，因此改称上述思想源自中国、对西方产生了影响，但数百年间逐渐在本国流失。尽管康熙编纂的《御制数理精蕴》（1722 年）大部分为西方数学知识，编制工作却没有耶稣会的参与或承认。1721 年，在中国礼仪之争[1]的背景下，康熙禁止了所有欧洲传教活动，进一步与耶稣会士划清界限。其继任者雍正皇帝不仅延续了这一政策，还命令所有中国基督徒断绝这一异国信仰。雍正甚至只允许在朝中担任技术职务的传教士留华，并限制他们的行动。这位新帝显然对西方科学和数学毫无兴趣，但却十分欣赏欧洲视觉和物质文化，尤其是眼镜这一物件。[2]北京故宫博物院至今仍存有两幅雍正身着全套法国服饰、头戴红色假发的画像，表明他对西方物质文化的青睐。鉴于雍正对待耶稣会士的政策，世人一般视他为反西化者，但越来越多的研究者也开始探究他对西方物品的兴趣远胜于西方传教士这一现象。[3]

清廷对西方的兴趣重点从技术知识转到物质和视觉文化，自然也对透视法产生了影响。透视法由数学转变为艺术的证据可见于图版论著《视学》（1735 年），该书作者年希尧（1671—1738 年）

---

1 D. E. Mungello, ed., *The Chinese Rites Controversy: Its History and Meaning* (Nettetal: Steyler, 1994).

2 侯皓之，《佩察秋毫细：从档案记载谈雍正皇帝与眼镜》，《故宫文物月刊》，12（2007）：52—60。

3 Kristina Kleutghen, "Chinese Occidenterie: the Diversity of 'Western' Objects in Eighteenth-Century China," *Eighteenth-Century Studies* 47, no. 2 (2014), 119–122.

既是当朝高官，也是一位业余数学家。[1] 出自对各种西方物品和思想（但不包含宗教）的个人兴趣，年希尧向耶稣会庶务修士（lay brother）、专业画师、在清廷供职 50 余年的郎世宁学习了透视法的数学基础，又拜读了北京耶稣会图书馆所藏的文艺复兴和巴洛克时期有关线性透视的著作。《视学》有 2 篇弁言，141 页插图，大部分为原创且多具中国特色，部分附有简短说明和评论，告知如何临摹相关图画。由于约有四分之一的插图借鉴自耶稣会士安德烈・波佐的《绘画和建筑艺术透视法》（*Perspectiva Pictorum et Architectorum*），《视学》常被误认为透视法专著或波佐著作的译本。[2] 然而并非如此，这本图册的目的是教会读者使用线性透视、体积再现（volumetric representation）、前缩透视（foreshortening）、明暗和投影等技巧，在二维平面上画出看似三维的物体和空间，在画作中描绘出视觉上可渗透（visually permeable）又易于辨认的空间和物品。因此，该书展现的是如何运用西方错觉绘画技法（illusionistic painting technique）来描绘中式主题，从而造就一种新型中国艺术。

年希尧在弁言中提出了首个有关线性透视的中文术语——线

1 Elisabetta Corsi, "Envisioning Perspective: Nian Xiyao（1671—1738）'s Rendering of Western Perspective in the Prologues to 'The Science of Vision,' " in Antonino Forte and Federico Masini, eds., *A Life Journey to the East: Sinological Studies in Memory of Giuliano Betuccioli (1923–2001)* (Kyoto: Scuola Italian di Studi sull'Asia Orientale, 2002), 201–244; Kristina Kleutghen, *Imperial Illusions: Crossing Pictorial Boundaries in the Qing Palaces* (Seattle: University of Washington Press, 2015), chap. 2.

2 Rodney Palmer, "'All Is Very Plain, upon Inspection of the Figure': The Visual Method of Andrea Pozzo's *Perspectiva Pictorum et Architectorum*," in Rodney Palmer and Thomas Frangenberg, eds., *The Rise of the Image: Essays on the History of the Illustrated Art Book* (Burlington, Vt.: Ashgate, 2003), 157–213.

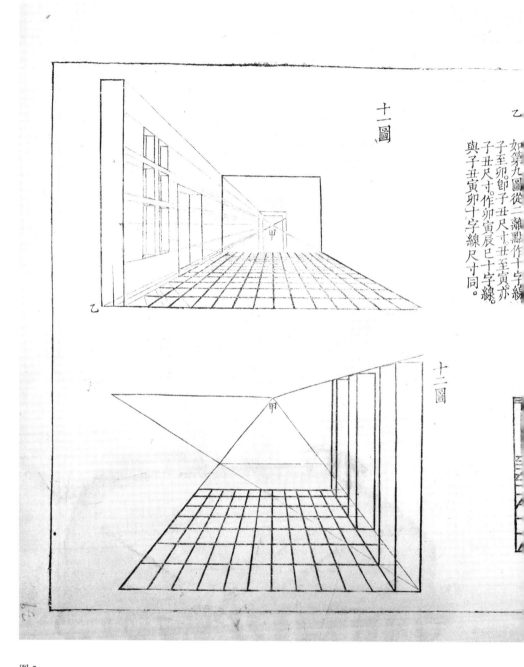

图 2

《房间退缩绘制法四图》

年希尧

来源：年希尧，《视学》，1735 年，第 20 页（右翻）

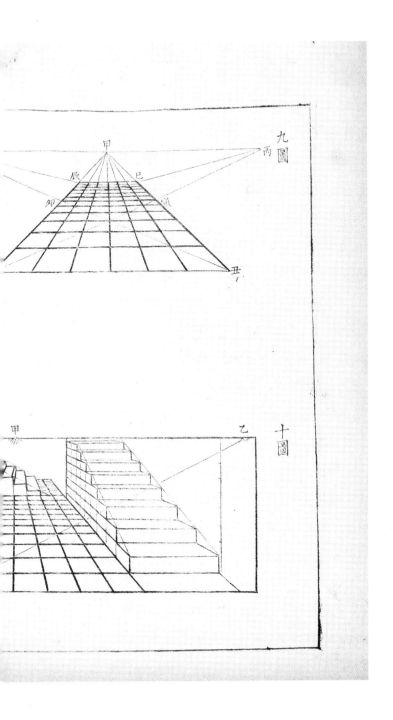

法，把交汇于消失点的正交直线（orthogonal）作为这种技法的典型元素。为了将自己的思考融入已有的中国绘画理念——也可能是展现该西学之中源，年希尧修改了鉴赏家郭若虚（活跃于1070—1075年）有关绘画中空间退缩的名言。郭若虚的原句为"深远透空，一去百斜"，年希尧在解释线性透视的过程和效果时却暗改为"透空一望，百斜都见"。[1]他还称消失点为东西方所共有："迨细究一点之理，又非泰西所有而中土所无者。凡目之视物，近者大，远者小。"年希尧借用由来已久的中国理论，用传统术语包装这一舶来技法，再提出国人与洋人在视觉生理上的共通之处，由此消减线性透视的外来属性。甚至弁言末了，仍在极尽夸赞透视法和相关明暗、投影技法所致画作错觉效果之神奇。

　　书中一幅极有特点的插图直观展现并以文字简要描述了按透视法构造房间的方法（图2）。年希尧用4幅渐次复杂的房间图，展现了利用铺地砖石的线条构造退至消失点的正交直线的欧洲地板画（pavimento）技法。首先，右上角的画中只用透视距点法（distance point method）勾画了地板，下一个房间包含两座向不同方向上升的楼梯；再下一个房间的一面墙上有一扇门和几扇窗户，都缩向消失点处的另一扇门；最后是一个一侧为方柱的建筑空间。附文只介绍了最基本的绘制方法。在全书中，年希尧罗列了一组又一组的图画，试图让读者更多地研究这些图画而非文字，从而了解如何绘制更加复杂的形体。图2中4幅图展现的都是观者进入这类空间后可能看到的画面。只不过，年希尧把这些景象压缩简化成了线条画，用来传授线性透视的技巧，也展现自己透过这一技巧看到的

---

1 郭若虚认为"深远透空，一去百斜"，而年希尧改为"透空一望，百斜都见"。Corsi, "Envisioning Perspective," 228.

画面。

　　作为数学家的年希尧在对数和微积分领域著述颇多[1]，数学知识也暗暗贯穿《视学》全书。他要求读者使用制图工具绘制书中插图，尤其是几何用到的圆规和直尺，有时甚至列出个别角的精确度数。这些要求加上复杂的插图使该书成为技术含量极高的专著，要求读者熟习外来的欧几里得几何学。但是，年希尧从未提及"数学"这一名词，反而称此为绘画知识。而且，书名《视学》强调的是线性透视技法带给观者的极似真实视觉景象，乃至以假乱真的错觉效果。此名已类似现代中文术语"线性透视法"，接近透视一词的拉丁语perspicere 的本意，指的是观看者深入透视画中呈现的可渗透空间时的感受。

　　年希尧任职于南方城市江苏淮安，与朝廷政治联系紧密却身处江湖之远。由于尚无证据表明年希尧论著在中国曾被使用，该书的具体用途和读者均不甚明了，他的透视法术语似乎仅出现于该书之中和朝廷之上。无论如何，年希尧的论述表明，他出版《视学》的目的是向初学者传播这一知识。由该书可知，到 1735 年，雍正末年，即使是数学家都将透视法视为艺术而非技术知识，数学家年希尧更希望向整个帝国传播这一技艺。

透视法与西洋化艺术

　　虽然线性透视在宫廷艺术中保存最为完整，但18世纪中期苏州独有的木版年画却让我们看到了透视法在大众艺术中的发展。这种

---

1 阮元，《畴人传》，卷40，《国学基本丛书》（台北：台湾商务印书馆，1968 年），353。

竖向版画采用高超的雕刻手法，常以手工着色，作为室内装饰画出售；同时多以竖轴装裱，这种装裱形式并不常用于木刻画，因为通常认为木刻画明显次于绘画作品。这些苏州透视版画定位独特，既经济实惠又不乏奢华之感，符合苏州中产阶级商人的品味、兴趣和购买能力。这些苏州商人在本地投资甚重，对城中商业文化和自身地位引以为豪，又对艺术有所追求，不再满足于针对农民且粗制滥造的版画，能够负担品质更高的版画。而且，他们的追求似乎与曾在明朝主导苏州和苏州文化的富庶文人有所不同。[1]

　　苏州透视版画将欧洲绘画技巧用以描绘市民生活、城市景观、知名地方景点，以及对历史事件或文献作品的想象画面，这些描绘传统绘画题材的吉祥画意在表达祝福，以及对丰收和成功的良好祈愿。《百子图》（图3）对作为吉祥画门类之一、用以庆贺家族男丁兴旺的婴戏图做出了改变和创新。灯影摇曳，月色皎柔，各色建筑、堂皇大宅和宽敞庭院之中，众多孩童（大多数为男童，也有部分女童）或摆弄玩具、攀爬山石，或华服列队、喧闹行进。宅院主人成群的妻妾看上去应是这些孩童的母亲，或在一旁观看，或吹奏乐器伴其玩耍。画面十分欢乐，部分着以橘红色和赭色，和普通画作一样镶于织锦缎轴之上（图中未含）。画面顶端的题字也是绘画中常有的元素，进一步表明这幅版画被当作绘画作品的替代品。除了惯有的吉祥话（和罕见的版画师署名），题识中特别提到该画所用的外国技法：

　　　麟趾祯祥瑞气和，乃生男子祝三多，

---

1 Ma Ya-chen, "Picturing Suzhou: Visual Politics in the Making of Cityscapes in Eighteenth-Century China" (PhD diss., Stanford University, 2006), 50–51.

图 3

《百子图》

张星聚（约活跃于 18 世纪 40 年代初），基于吴筠谷（约活跃于 18 世纪 40 年代初）画作而创作，1743 年，设色木版画，立轴，98.2 厘米 ×53.5 厘米

现藏：伦敦，大英博物馆

衍庆螽斯载弄璋，世称百子颂欢呼。

癸亥（1743 年）新秋，临泰西笔意于兰桂堂中。

——古吴筠谷

虽然没有逐一指明所用的各种欧洲技法——即泰西笔意，但题识中提及这一点，已经说明苏州人看重西洋技法，画师工匠也有意迎合。事实上，现存的多幅苏州透视版画题字中都曾提及西洋笔法，表明其受到欢迎和认可，可运用于各种题材的版画作品。

版画上半部，压低水平线的异国元素展示了云层之间更为广阔的夜空，以圆柱支撑的二层游廊屋檐按照透视原则回缩，与左侧假山上的六角小亭共同构成正交直线，将观者的目光引向同一个消失点。所有建筑结构的圆柱都以明暗法突显形状，人物服饰也用同样的手法营造立体感。阴影线和剖面线（cross-hatching）在明暗中的大量使用无疑令人想到欧洲铜版画的处理方式，这种处理在中国早期木刻画中并不存在，反而常见于17、18世纪流传中国的欧洲版画。这幅苏州版画并未完全采用西方绘画元素，而是与传统再现模式相互结合。近景中敞开的屋宅采用中国传统的等角（鸟瞰）透视，地板没有在空间中水平退缩，而是对角向上移动。服饰、玩具和建筑使用了一定的明暗立体技法，但人物全都没有影子，身体缺乏重量或体积感；按照中国画避免在人物脸部画阴影的常见做法，画中人脸部扁平、略微扭曲，没有任何立体明暗。就连西式的天空画法也让位于中文题字，在字后刻画大片云朵，用空白纸面取代原有的阴影排线，更加突显深色的书法文字。

此处，为了迎合苏州中产阶级商人，匠师们特意更新了吉祥画的传统题材和祝福语言。住满妇女和孩童的奢华宅院成了苏州作坊间流行的版画题材，正中本城客户——男性富庶商贾的下怀，符合他们的世俗追求。[1] 对内部空间总体上的透视处理创造出一种视觉通透性（visual permeability），让人从近景一路看向远景"内部"，从视觉上把观者带入庭院楼阁之中。如此一来，观者便成为《百子图》的一部分，切身享受版画世界中繁荣祥和的社会文化理想，仿佛真的拥有深宅大院、妻妾成群，又有众多子嗣为家族开枝散叶、传承财富。《百子图》反映了苏州透视版画利用西洋技法创新中国传统的趋势，以此创作的新潮画作中多种表现体系和谐共存，既富新意又物美价廉，且仍然强调传统文化价值观。

　　至于西洋技法是如何来到苏州又为何为受众所喜爱，这些问题仍有争议。部分学者认为，欧洲透视法和其他技法是在 17 世纪初由耶稣会士传入苏州[2]，尽管特征显著的透视木版画直到 18 世纪才真正出现。也有观点认为，是卸任后回归南方故里的宫廷画师从北京带回了这种技法[3]，因此，虽然社会、文化和地理位置上相去甚远，苏州版画却映照了宫廷文化，受到清朝宫廷的影响。[4] 上述观点都未曾考虑苏州作为远离朝廷和耶稣会影响范围的商业城市地位，尤其是商人阶级在购买版画时的特殊兴趣，以及毗邻欧洲物品

---

1 Ma, "Picturing Suzhou," 49–50.

2 古原宏伸，《栈道积雪图之二三问——苏州版画的构图法》，《大和文华》第 58 号（1973 年）：9—23。

3 小林宏光，"Suzhou Prints and Western Perspective: The Painting Techniques of Jesuit Artists at the Qing Court, and Dissemination of the Contemporary Court Style of Painting to Mid-Eighteenth-Century Chinese Society through Woodblock Prints," in John W. O'Malley, ed., *The Jesuits II: Cultures, Sciences, and the Arts, 1540–1773* (Toronto: Toronto University Press, 2006), 262–286.

4 Clarissa Von Spee, ed., *The Printed Image in China: From the 8th to the 21st Centuries*, exh. cat. (London: British Museum Press, 2010)；王正华，《乾隆朝苏州城市图像：政治权力、文化消费与地景塑造》，王正华编，《艺术、权力与消费：中国艺术史研究的一个面向》（杭州：中国美术学院出版社，2011 年）：112—195。

入口——南方贸易港口的地理位置。另一项立足苏州的观点认为，中产阶级商人与鄙视现实主义透视再现的更高阶级文人之间存在社会文化鸿沟，又对自己的城市保有自豪感，为描绘商人理想世界的新型透视版画提供了窗口。[1]

此外，创作外销艺术品的中国艺术家、欧洲版画和从广东、宁波等其他南方港口传入的光学器件（optical device）对这些画作的影响也尚待探讨：欧洲的观像器（optique，也称 zograscope，有译"光学盒子"）和西洋镜（peepbox）随同深度透视的光学景观（vues d'optique）画一起来到中国。[2] 从 17 世纪开始，苏州眼镜颇负盛名，甚至远销至日本。[3] 中国和日本间的透视画贸易也值得深入研究；如今，大部分现存的中国透视版画都藏于日本，日本最早的一批透视版画出现在 18 世纪 30 年代末、40 年代初，与苏州透视版画同期出现。而且，圆山应举（1733—1795 年）所作、使用了光学器件的首批日本版画，描绘的恰巧是苏州桥梁等中国题材，表明原画出自中国，更确切地说是出自苏州。[4] 研究证明，木刻画中的透视法在 18 世纪日本文化和社会中扮演着重要角色。[5] 尽管有待进一步研究，考虑到苏州透视版画的具体社会背景，很有可能中国也是如此。

---

1 Ma, "Picturing Suzhou," 24.

2 Kristina Kleutghen, "Peepshows, Society, and Visuality in Early Modern China," forthcoming in *Art History* 38, no. 4 (2015).

3 Joseph Peter McDermott, "Chinese Lenses and Chinese Art," *Kaikodo Journal* 19 (2001): 11–14.

4 Julian Jinn Lee, "The Origin and Development of Japanese Landscape Prints: A Study in the Synthesis of Eastern and Western Art" (PhD diss., University of Washington, Seattle, 1977), 246–315.

5 Timon Screech, "The Meaning of Western Perspective in Edo Popular Culture," *Archives of Asian Art* 47 (1994): 58–69.

乾隆皇帝同时着迷于西方异国文化和中国城市苏州，以至于在北京西北部的皇家园林复刻了两地的景观。乾隆常常在其园林中重现源自历史、文学、艺术作品和中国边疆的场所和景象，比如，圆明园中的"苏州"买卖街上，宦官们扮演着从商人到扒手等各色人物，以还原那座南方城市的"原汁原味"。众所周知，乾隆热衷于使用和资助西方物品和仿西式物品，以至在长春园的西洋楼里，建造起他想象中的欧洲。由在宫廷供职的欧洲耶稣会士设计的这座园子占地75英亩（约30.4公顷），建筑、装饰、园林设计、装潢饰品、绘画、水景甚至植物修剪都结合了中欧风格特征，极为壮观地反映了18世纪中国人想象中的西方世界。线性透视被直接应用到园林设计当中，从单纯的绘画技法跃升为更大规模的建筑和景观：乾隆进入园子时，近旁就是线法桥，走到园林中间还要攀越线法山。离开时，他看到的"欧洲"并不是其他景点常见的石头建筑，而是由一组大幅线法画所描绘的欧式乡村。

尽管这座园林如今已沦为废墟，但是在一本由满族官员、画师伊兰泰设计的铜版画集《西洋楼水法图》（1783—1786 年，共 20幅）中，仍可看到对西洋楼和画中村落的描绘（参见本书邱志平和玛西亚·里德的文章）。[1] 画集使用铜版画而非木刻画，此举意义重大：17 世纪以来，无论是铜版镌版技术还是它独有的再现风格，统统意味着西方在视觉和观念上与中国木刻画之间的鸿沟。1713 年左右，康熙命传教士马国贤制作了中国首批铜版画，描绘避暑山庄风景。[2] 18 世纪 60 年代，乾隆开始命人创作有关他十全武功的铜版画，以此纪念成就其"十全老人"称号的战争功绩。苏州透视画是木版

---

1 Kleutghen, *Imperial Illusions*, chap. 5.

2 见本辑庄岳的文章。

画,但主要模仿铜版画的排线效果,因为只有朝廷拥有制作真正铜版画的资源,但无论如何,这种独特的再现风格都与西方世界有关。

基于这种关联,选择铜版画(而非传统中国木刻画甚至绘画)来表现西洋楼,再合适不过。伊兰泰在这些铜版画中的透视法运用不仅模仿了实景中的透视法,还声称能够复制园林景观,有身临其境之效。而画集中的最后一幅版画(图4)并未止步于此。该画描绘的是从水体中央俯瞰空无一人的欧式街道所看到的景观,两旁伫立着各式石头建筑,包括一座小小的尖顶教堂。尽管在中国找到一个欧式村庄,最初看似荒唐,图中北京的这些西式多层石头建筑里装满了外国进呈给乾隆或其命人专门制作的充满异国情调的物件,更加让观者以为,身处中国仍可真实地穿行于欧洲景致之中。对于这样一组刻画立体建筑和各处"真实"透视景观的铜版画,乾隆只需冠上相应的标题,便可继续假装此画描绘的是实际建造出的欧洲村落。但是,左侧文字"湖东线法画"却揭示了画面的实质,提醒观者这一"欧洲村落"不过是虚构纪念画的事实。这幅版画不仅是上述图中视觉存在的唯一图像证据,更重要的是,画中题字成为作画者对观赏效果期望的关键佐证。这些题字表明,乾隆相信这种再现技艺的表现力,认为有必要让观赏者意识到画中的欧洲景观不过是透视画作,并不是实际场所的拟像,甚或建筑模型。以这种方式为该景点和图册画上句号,再一次强调了整座西洋楼的虚幻性。因此,西洋楼的意义在于,令观者意识到眼前看似真实的景象只是由舶来绘画技法创作出的宏伟异国幻象。

线性透视从未被单独应用于18世纪的中国艺术:它始终和其他舶来元素同时出现,比如使用不多的明暗法、阴影线和剖面线、欧几里得几何学,甚至是西洋物件。所有这些以假乱真的元素结合起来,在为作品带来创新的同时,更令人以为画作中的场景真实存在。本文中的 4 幅画作都让观者以为画中题材是感官世界真实的一部分，由此表明，透视法和其相关技法提供了一种描绘 18 世纪中国图景的新途径。这样一来，世界各地的艺术家都有办法近乎真实地还原自己看到的景象，在保留部分传统再现技艺的同时仍然展现画作的真实性，这些改变也为许多受众所接受。

不过，线性透视只是一个开端。欧洲再现技艺在中国艺术中的呈现，离不开当时宫廷之外的人们对西方和西化艺术、装饰品和物质文化的广泛关注。苏州透视版画确实提供了罕见的现存物质证据，证明平民百姓也曾为这些物品而着迷，而文献记录中也有清朝各地的老百姓与这些物品相遇的大量文字证据。贡品名录、地方志、个人回忆录和朝鲜人游记均有记载，城中市场和私人店铺中都能找到这类物件。诗歌抒发相关情感体验，小说中关于室内装潢包含玻璃窗、镜子、透视画、时钟等各色物品的描写。[1]

线性透视相对迅速地脱离了原有的技术性质和宫廷的垄断属性，成为普及至京城千里之外的艺术技法。18 世纪之初，线性透视还与支撑政治权力的专门科学知识有关。虽然康熙皇帝重视科学和数学知识，但 1725 年前后，大部分中国人的兴趣从西方思想迁移到了西方物品之上，18 世纪 30 年代末，这种迁移转而走向纯艺术运用。18 世纪中期直至末期，线性透视完全成为一种艺术技法，与它的西方源头密不可分，却能在创新画作中与传统中国再现手法轻松结合。随着清朝宫廷对西方的兴趣从科学、数学知识的好处转向西方视觉和物质文化的更广泛应用，透视法的作用也随之转变。透视和它在中国艺术中的出现仅仅是中国人对西方兴趣的一个方面，却也最能体现这种兴趣不断变化的本质。透视法在 18 世纪从科学

---

1 Kleutghen, "Chinese Occidenterie."

图 4

《湖东线法画》

伊兰泰

来源：《西洋楼水法图》，1783—1786 年，铜版组图，共 20 幅，重磅纸本，每幅 50 厘米 × 87.5 厘米，第 20 幅

现藏：洛杉矶，盖蒂研究所

到艺术的演变映照了当时中西方交往的变化，让我们得以从艺术史的视角，观察近代早期全球舞台上两大主要势力间的政治和经济互动。

中国艺术中的阴影：跨文化视角

刘礼红
（LIHONG LIU）

　　1582 年至 1775 年间，欧洲耶稣会传教士将欧洲图像和绘画技法传入中国，同时发现中西方绘画最显著的差异之一，在于中国绘画似乎并无阴影一说。另一方面，中国观赏者也惊叹于欧洲绘画艺术中新颖的错觉再现（illusionistic representation），尤其是明暗对照和透视空间的视觉效果。这种相遇促使中国评论家和艺术家重新审视中国绘画中与之对应的创作程序，并在此过程中形成了中国绘画自成一派的自觉性理解。耶稣会士和中国艺术家、评论家一面交流，一面熟悉对方的艺术传统。18 世纪，经过相互理解和协商，清朝宫廷画师与耶稣会士共同创作了许多融合中西方传统技法的画作。这些合作作品的一大特色——或者更概括地说，是清朝宫廷艺术品的一大特色便是阴影的运用。本文将从更广泛的视角考察 18 世纪中国对阴影技巧的关注，同时探讨欧洲和中国长久以来关于阴影问题的相关思想，正是这些相关思想为 18 世纪的这场中西艺术相遇创造了条件。

术语

　　何为阴影（shadow）？恩斯特·贡布里希（Ernst Gombrich）曾为以西方艺术中投影（cast shadow）的描绘为主题的展览（1995年）撰写手册，在册子中陈述了阴影特别是投影在艺术中的应用历史，维克多·斯托伊奇塔的论著《影子简史》（*A Short History of the Shadow*，1997年）中也有相关论述。[1]鉴于投影与有关艺术起源的希腊神话关系密切，两位学者对它的关注无可厚非。古罗马作家老普林尼在《自然史》（*Natural History*）中，讲述了一位科林斯少女的故事。少女心爱的男子被迫远走他乡，于是，少女在墙壁上刻下他的脸庞在灯光下的投影。她的陶匠父亲将黏土填入剪影，制成了浮雕。在这个故事中，投影所隐含的是对画面中人物隐现的一种辩证认知；事实上，这种隐（absence）与现（presence）的辩证几乎贯穿了艺术史的再现话语（discourse on representation）。1975年，托马斯·考夫曼（Thomas DaCosta Kaufmann）用透视原则审视阴影的投射。他指出，达·芬奇（Leonardo da Vinci，1452—1519年）是首位系统化探讨投影和绘画关系的文艺复兴艺术家。达·芬奇主要讨论的是阴影的边界问题，他认为由于点状光源周围光晕的存在，阴影的边界并不清晰。于是，自文艺复兴时期以来，投影——或者更确切地说，投射下的阴影——衍生出了一个困扰艺术家和理论家的难题：投影帮助我们认识物体的形状和空间状态；但同时，一个物体投射到另一个物体上的粗糙阴影可能破坏构图的

---

1 Ernst H. Gombrich, *Shadows: The Depiction of Cast Shadows in Western Art*, exh. cat. (London: National Gallery Publications, 1995); Victor I. Stoichita, *A Short History of the Shadow* (London: Reaktion, 1997). 感谢乔迅帮助笔者整理术语和论述结构，也感谢曲培醇细致的编辑意见和建议。

和谐与统一。[1]

　　不过，并非所有人都把投影看作阴影的本质。部分遵从欧洲传统的作者对投影和暗部（shade）进行了区分，认为二者都是阴影的子范畴。菲利波·巴尔迪努奇（Filippo Baldinucci，1625—1697 年）在 1681 年提出了阴影的一般定义："不透光物体在受光照部分的背面留下的暗区。"[2] 关于广义上的阴影，他明确区分了交叠在投影物体上的暗部（ombra）和物体在地面、墙壁或其他物体上的投影（sbattimento），认为物体的亮部和暗部之间存在各种中间调子，并称之为半影（mezz' ombra）。[3] 暗部、半影和亮部共同塑造了物体的立体形状或起伏姿态。这种广义上的阴影概念与马萨乔（Masaccio，1401—1428 年）结合运用透视和阴影的历史性创举不谋而合，马萨乔由此创造了一种能够有效运用于物体、空间、影和光的新的表现体系。本文中，笔者将按照巴尔迪努奇的划分，用阴影（shadow）表示光的削减或缺失，暗部（shade）表示交叠在投影物体上不同程度的暗区，投影（projected shadow）则指狭义的阴影。

　　在中国语境中，与广义上的阴影最接近的概念是"影"。影的本意——不透光物体挡住光线所产生的明暗和投影——融合了巴尔迪努奇的两种分类。但是，影还有一种同样重要的基本含义，即

---

1 Thomas DaCosta Kaufmann, "The Perspective of Shadows: The History of the Theory of Shadow Projection," *Journal of the Warburg and Courtauld Institutes* 38 (1975): 267–273.

2 Filippo Baldinucci, *Vocabulario Toscano dell'Arte del Disegno* (Florence, 1681), as trans. in Gombrich, *Shadows*, 6.

3 Gombrich, *Shadows*, 6. 迈克尔·巴山德尔（Michael Baxandall）根据后世仿制的乔瓦尼·巴蒂斯塔·皮亚泽塔（Giovanni Battista Piazzetta，1683—1754 年）的人体版画，将影划分为三种：斜影（slant/tilt shading）、自影（self-shadow）和投影（projected shadow）。见 Baxandall, *Shadows and Enlightenment* (New Haven: Yale University Press, 1995), 14。

"光线反射的虚像"（specular image），而这一含义并不存在于欧洲阴影理论话语。[1] 在本文中，笔者认为，影的双重含义影响了中国人对于欧洲阴影理论话语和实践的理解，使之更为复杂。

作为绘画意象的阴影

在不同的艺术史背景下，我们观察到的是影的不同维度。投影这一维度在色彩单一的墨竹图和墨梅图中尤为显著。14 世纪艺术史家夏文彦（约 1312—1360 年代末）这样评价 11 世纪画家僧仲仁（？—1123 年）："以墨晕作梅，如花影然，别成一家，所谓写意者也。"[2] 仲仁的画法体现了当时人们对影的一种普遍看法，即以写意或绘画的形式，将艺术家脑海中的图像转化为鲜活的光影。这与描绘投影和投影物体的做法恰恰相反。

一般认为，仲仁的墨梅图描绘的是墙壁或纸 / 纱窗上的梅影。后人称仲仁为墨梅始祖，因而"影"的阴影含义常被用来形容墨梅图。12 世纪，在意象诗歌（imagistic poetry）的启发下，以平面上的投影类比绘画创作开始流行，特别是墨梅、墨竹这类题材。[3]

---

1 原文为"因挡光产生的阴影，或光线反射的虚像"。参见《辞源（修订本）》（北京：商务印书馆，2009 年），1166。本文所有中文语句均由作者本人译为英文，除非另有说明。除了这些含义，"影"还有画像或雕像、隐藏、隐现、临摹等义。《辞源（修订本）》，1166—1177。在此感谢爱丁堡大学史蒂芬·麦克多沃尔（Stephen McDowall）博士对译文的审校，任何错漏应归于笔者。

2 夏文彦，《图绘宝鉴》（1366 年），卢辅圣编，《中国书画全书》（上海：上海书画出版社，2009 年），第 2 册，869a。有关仲仁为墨梅图鼻祖的论述，见 Maggie Bickford, *Ink Plum: The Making of a Chinese Scholar-Painting Genre* (Cambridge: Cambridge University Press, 1996), 115–130。

3 墨梅图在这一时期十分常见，尤其是月光下和雪景中的梅图。寒冬中绽放的梅花被当作高洁、淡泊和隽永的象征。

相应地，许多咏物诗（以自然事物为题的诗歌）也在强调这种类比。例如，杨万里（1127—1206 年）的名作描绘了阳光照射窗前的景象：

梅花寒雀不需摹，日影描窗作画图。

寒雀解飞花解舞，君看此画古今无。[1]

如诗中所述，画作的创新之处在于描绘了一个独特的瞬间：阳光照射物体的投影落在镶框的半透明面上。在杨万里的诗中，窗面（即画面）并不透明，无法看到远处，而是半隐半现地阻隔观赏者的视野。也就是说，画面的构成元素不仅有图画空间中被描绘的物体，还包括窗框和画师用的绢布或画纸。以这种方式作画的不只是文人和僧侣，南宋著名宫廷画师马远（活跃于约 1190—1235 年）也时常勾画形似投影的梅树枝。图 1 这两幅画中，树枝都以剪影的形式出现，很少刻画细节。月下梅图中，月亮在画面中央、梅树背后，与梅树间的距离看似很近，凸显了墨色树枝的轮廓感，仿佛光源就在背后。除墨梅图外，宋朝其他画派也将投影用于视觉意象（visual conceit）的表达之中；影在竹兰图中同样重要。[2] 到 12 世纪末，这一手法已发展成熟，为各派画师所用，其意象也成为中国绘画传统的一部分。

---

1 杨万里，"东窗梅影，上有寒雀往来"，王琦珍编，《杨万里诗文集》（南昌：江西人民出版社，2006 年），1：213。

2 夏文彦也记载了五代时期（907—960 年）蜀国李夫人在纸窗上摹写竹影的故事。见夏文彦，《图绘宝鉴》，860。11 世纪画家郭熙说："画竹者，取一株竹，因月夜照其影于素壁之上，则竹之真形出矣。"见郭熙（约 1919—约 1090 年）、郭思（约活跃于1080—1125 年），《林泉高致》，《中国书画全书》第 1 册，498a。

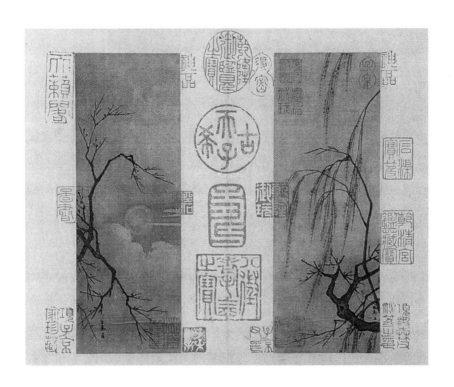

图 1

《观梅图：月下》（图左）、《观梅图：暮霭》（图右）

马远（约活跃于 1190—1235 年）

来源：图册（共 10 幅），绢本水墨，每幅 20 厘米 ×7.3 厘米

现藏：Collection of Yvonne, Mary, and Julia Chen

　　如果说投影之影的应用对象是花卉题材，那么明暗之影则更多应用于山水题材，用于图像和"象"的描绘甚或创作。随着山水画派在北宋时期成为主流画派，画家、鉴赏家愈发在绘画理论话语和实践中强调表现手法中的自然主义（representational naturalism）和绘画中的自然性（naturalness）。学者、官员沈括（1031—1095 年）十分重视以山水画创作中的明暗表达为基础的自然性话语。他在书中提到，宋迪（约 1015—约 1080 年）曾指导画师陈用之（？—1093 年）如何在山水画中保留自然性 [1]：

　　　　迪曰："此不难耳，汝先当求一败墙，张绢素讫，倚之败墙之上，朝夕观之，观之既久，隔素见败墙之上，高平曲折，皆成山水之象。心存目想，高者为山，下者为水，坎者为谷，缺者为涧，显者为近，晦者为远。神领意造，恍然见其有人禽草木飞动往来之象，了然在目，则随意命笔，默以神会，自然境皆天就，不类人为，是谓'活笔'。" [2]

　　沈括提出了一种对于画面中明暗自然表现的理解方法：画家凝视素绢之下的各种隐约形状，看到起伏的破败墙面上交错的光影与丝绢遮掩的半透明墙壁，构成一幅山水画。这种由观察者积极寻找视觉 – 光学刺激（visual-optical stimuli）的画面呈现过程便是包华石（Martin J. Powers）所谓的"过程本体论"〔processual ontology，与"物质本体论"（substance-based ontology）相对〕；换言之，即

---

1 有关陈用之的论述，见 Alfreda Murck, *Poetry and Painting in Song China: The Subtle Art of Dissent* (Cambridge: Harvard University Press, 2000), 66, 310 note 60。

2 沈括，《梦溪笔谈》，俞剑华编，《中国画论类编》（北京：中国古典艺术出版社，1957 年），626。

以自然性（与自然主义相对）概念为先决条件。[1]

在绢本水墨画创作中，地形起伏和山水曲线通过描影（shading）实现，即画家利用墨色浓淡变化（ink gradation）、晕染（wash）和肌理（texture）使山水中的物体具有体积感。12 世纪画论家邓椿（约 1109—约 1183 年）在《画继》中描述了一幅山水雕刻画，称之为"影壁"。[2] 具体来说，画家直接在"经过雕刻"起伏不平的墙壁上作画，用墨强调各种形态，把墙壁转变成山水图景。邓椿提到，唐代雕刻家杨惠之（活跃于约 713—741 年）在中原雕刻了许多山水影壁。北宋画家郭熙见后受到启发，萌生了新的创意。他请泥水匠人把泥浆随意泼到墙上，令墙面凹凸不平。泥浆干后，郭熙再施墨于起伏之处，绘成一幅包含山丘、森林、沟谷、建筑、亭阁和人物的山水画。邓椿指出，郭熙绘制影壁的想法类似于悬绢于败壁之上的做法，并在画师之间流传开来。[3]

由上述记载可知，宋迪和郭熙采用不同方式创作了山水雕刻画；但是，两者都在山水表现中以相似的手段建立绘画性和立体性，以及图像与形体间的相互关系。所创作的山水画均为虚构，却又都令人错以为山水由起伏的墙面自然造就，只因塑形手法而既写实又形象。

---

1 Martin J. Powers, "Discourses of Representation in Tenth- and Eleventh-Century China," in Susan C. Scott, ed., *The Art of Interpreting: Papers in Art History from Pennsylvania State University IX* (University Park: Pennsylvania State University, 1995), 92.

2 阮璞对此处"影"字的含义有不同见解，认为其用法同动词"影写"。见阮璞，《壬申札记（续）》，《新美术》，1（1998）：44—45。但是，笔者坚持认为动词"影"在此处指"描影"，表示艺术家描绘轮廓、变化墨色，在墙壁原有的起伏之上进一步刻画山水的具体形态；郭熙的观点与后辈宋迪类似，但并不相同。

3 邓椿，《画继》，于安澜编，《画史丛书》（上海：上海人民美术出版社，1963 年），1：72。

文艺复兴时期的绘画理论话语中，也有阐述这种在平面上感受虚拟空间的艺术创作形式。达·芬奇曾提出与沈括相似的绘画理念，他在《论绘画》（*Treatise on Painting*）中有这样一段名言：

> 看看布满污点的墙壁，或是色彩混杂的石块。你若想创造风景，就会看出它们像极了景观画，布满各色山川、河流、岩石、树木、旷野、谷底和丘陵……任你简化为协调优美的形态……别小看我的想法，我可提醒你，不时停下脚步看看墙壁上的污点、火堆的灰烬、云朵、泥土等等并非难事，如果思考够深，就能找到绝妙的灵感。[1]

同样，郭熙绘制影壁的想法也与意大利文艺复兴时期画家皮耶罗·迪·科西莫（Piero di Cosimo，1462—1522 年）的做法遥相呼应；科西莫凝视墙壁上的痰，受其形态的启发，画出了梦幻般的城市和风景。[2]

以上对比分析和 18 世纪的中西方交往绝非毫无联系。西方错觉表现手法传入清朝宫廷之后，激发了宋代绘画传统的复兴，这也似乎不足为奇。于是，18 世纪中国评论家便在对比讨论中将影和明暗对照（描影和立体法）联系起来；更重要的是，他们将明暗的造就重点归功于艺术技巧，而不再是表象世界衍生过程中，表达自然性时使用的墨彩浓淡变化。下文将会提到，18 世纪的中国评论家论述了中式立体绘画技巧：画家利用水墨和墨彩浓淡变化造就色调对

---

1 Leonardo da Vinci, *Treatise on Painting*, trans. Philip McMahon (Princeton: Princeton University Press, 1956), 1:50–51.

2 Richard Turner, *The Vision of Landscape in Renaissance Italy* (Princeton: Princeton University Press, 1966), 41.

比，以此创造物体立体感和空间深度。

虚像：揭露与衍生

与此同时，影作为"虚像"的含义最初与肖像画有关。在视觉层面上，指的是兼具剪影和"倒影"（shadowy reflection）特征的画作;[1] "影"指的是部分关键身体或面部特征在铜镜中的模糊影像。因此，形、影、神成为肖像画拟真传神的三大要素，三者的相对重要性随时间发展而改变。3 世纪作家陆机（261—303 年）写过："图形于影，未尽纤丽之容。"[2] 17 世纪文豪苏轼（1037—1101 年）在提到顾恺之（348—409 年）绘制肖像画的秘诀时，曾说："传神写影，都在阿堵中。"[3] 顾恺之也说，第二条重要原则便是捕捉颧骨的轮廓特征。他用灯烛将自己的轮廓映照到墙上，并命人画下颧骨的剪影。即使对面部其他特征不加描绘，人们仍然能从剪影画中认出是他。

到了 10 世纪，道家哲人谭峭（约 860—976 年）解决了有关形影之间关系的争论。他在《化书》中写道："以一镜照形，以余镜照影，镜镜相照，影影相传。"[4] 后又提到，两者相称证明形影无殊。谭峭认为，以镜相照的做法符合道家观点，因为形非实体，影非虚物。尽管道家思想深奥晦涩，谭峭的理论却有助于人们把影（虚像之影）理解为表现身体表象和本质特征（即可辨认的剪影）的中介；该理论无疑强化了肖像画的再现意象（representational conceit）。

---

1 Richard Vinograd, *Boundaries of the Self: Chinese Portraits, 1600–1900* (Cambridge: Cambridge University Press, 1992), 18.

2 陆机，《陆士衡文集》（上海：商务印书馆，1928 年），第 2 辑，第 8 卷，6a。

3 俞剑华，《〈传神记〉注译》，《南京艺术学院学报》，1（1979）：28。

4 谭峭，《化书》（北京：中华书局，1996 年），5。

对于虚像之影的理解延续到了中西交往时期。17 世纪作家姜绍书（活跃于约 1630—约 1680 年）回忆人们惊叹于利玛窦带到中国的画作《圣母和圣子》（*Madonna and Child*），说它看起来"如明镜涵影"[1]。把画作形容为镜中像，表达了观者看到这幅栩栩如生、仿似幻境的画作时，所感受到的直观与生动。

但是，在中国文化的其他语境下，由光亮表面反射的镜像并不一定代表真实的样貌。在古代中国，"鉴"意味着带着道德期许去看自己的形象。[2] 到了汉魏三国时代，铜镜多采用道教八卦纹或宇宙纹，用以驱避邪灵。[3] 另有"风鉴"一说，实指相面术。[4] 在更极端的情形下，镜子被用作驱魔法器，使化身凡人的妖魔现出原形。[5] 也就是说，镜子和镜面反射曾关系到揭露事实和宇宙规律的秘技，而后又成为此类揭露的普遍隐喻。

鉴于镜子背后复杂的道德内涵，明清艺术家有时会利用镜子这一元素，为画面增添复杂的含义。元代剧作家王实甫（约 1250—1300 年）的《西厢记》套色插图中，就有两个用虚像揭露事实的有

---

1 姜绍书，《无声诗史》卷 7，《画史丛书》，3：133。

2 Eugene Yuejin Wang, "Mirror, Death, and Rhetoric: Reading Later Han Chinese Bronze Artifacts," *Art Bulletin* 76, no. 3 (1994): 511; Michael Nylan, "Beliefs about Seeing: Optics and Moral Technologies in Early China," *Asia Major* 21, no. 1 (2008): 89–132.

3 Lilian Lan-ying Tseng, "Representation and Appropriation: Rethinking the TLV Mirror in Han China," *Early China* 29 (2004): 163–215.

4 Wang, "Mirror," 530. Livia Kohn, "'Mirror of Auras': Chen Tuan on Physiognomy," *Asian Folklore Studies* 47, no. 2 (1988): 216–217.

5 高居翰有一画作名为《照妖镜》，收于 *A Monster-Revealing Mirror, in Pictures for Use and Pleasure: Vernacular Painting in High Qing China* (Berkeley: University of California Press, 2010), 133, plate 4.31。

趣案例。[1]1640 年，该剧爱好者、出版商闵齐伋（1580—1661 年后）出版了一套无字版对开本彩画，每幅画对应原剧中的一折。[2] 在描述高潮情节的两幅画作中，虚像作为图画元素和构图意象得到明显运用。[3] 第一幅画中，镜中映出的是女主人公崔莺莺，她正坐在桌前偷偷地看丫鬟红娘捎来的男主人公张生的情书（图 2）。除了裙摆之外，莺莺的身体大半蔽于屏风之后，屏风上是朴素的湖面孤钓图。镜子也只映出她的动作，没有屏风等其他物体。如此一来，镜中像仿佛是她的半身肖像。从屏风面向观者的一侧可以看到，红娘正在偷窥读信的莺莺——正是她机智地把信放在了小姐的梳妆台上。红娘的样子令观赏者也有窥视之感，但同时映入眼帘的镜中像不禁让人联想，莺莺的虚像和红娘的小动作之间存在某种联系。

　　下一折插图描绘的是两人的月夜密会（图 3）。张生正翻越围墙，半个身体隐在山石背后，但影这一意象的复杂运用，将他的身影投射在地上，人像则映于水面。与此同时，崔莺莺正凝望着明月，等待爱人的到来，明月和周围云彩的倒影却已先她一步，在水中与张生的虚像相会。由此，布满倒影的水面松散地牵系着两位有情人，即使二人尚未相见。而我们再次顺着红娘的目光，看到她已然发现水中倒影，促使观者去想象本折所讲述、画中所呈现的浪漫故

---

1 有关本作及其插图历史演变的研究，请见 Ma Meng-ching, "Fragmentation and Framing of the Text: Visuality and Narrativity in Late-Ming Illustrations to *The Story of the Western Wing*" (PhD diss., Stanford University, 2006), 23–68。

2 Ma, "Fragmentation and Framing," 181.

3 裴珍妮（Jennifer Purtle）认为，其所有的插图都在强调对运动的视觉认识（ocular epistemology），及投影在当下的变幻与无常，见其论述："Scopic Frames: Devices for Seeing China c. 1640," *Art History* 33, no. 1 (2010): 55–73; esp. 63–64。

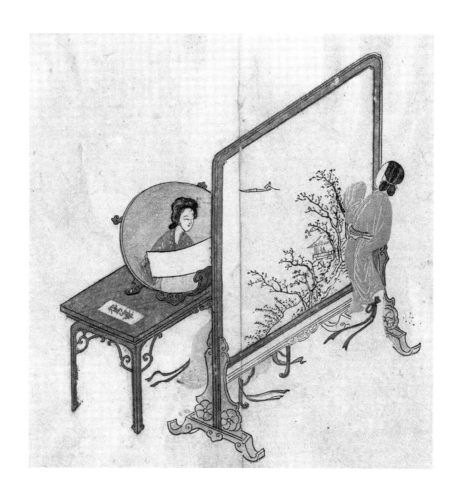

图 2

《妆台窥简》

来源：王实甫《西厢记》第 10 折插图，木刻画（浙江乌程：闵齐伋，1640 年）

现藏：科隆，东亚艺术博物馆，馆藏编号 R6，1（no. 10）

图 3

《乘夜逾墙》

来源：王实甫《西厢记》第 11 折插图，木刻画（浙江乌程：闵齐伋，1640 年）

现藏：科隆，东亚艺术博物馆，馆藏编号 R6，1（no.11）

事——纵然二者皆是虚构空间。[1] 作为重要的知情者，红娘了解一切来龙去脉。因此，她注视倒影的目光，令人把镜面反射和揭示真相联系在一起。

遇见阴影

康熙、雍正和乾隆都对错觉再现（illusionistic representation）很感兴趣，乾隆皇帝尤甚。[2] 对于这几位想要详细记录自己帝王生涯的国君而言，错觉艺术和逼真手法的视觉效果深具魅力，包含壮观景象几何投影的透视空间画进一步强化了帝王图景的修辞力量。[3] 在宫廷画风融入欧洲绘画技巧并不断发展的同时，阴影的问题便凸显出来，且必然要与已有的中国画中"影"的概念相磨合。这一过程贯穿了影的所有维度：投影、明暗和虚像。

投影

年希尧在解释透视原则的论著《视学》中，把投射下的阴影解

---

1 闵齐伋无字版插图中的偷窥动作似乎有极重要的意义，因为它能将剧本转化为合理的视觉叙事，也是观赏时的视觉向导。马孟晶指出，即使是在原剧中，也没有提到偷窥的具体细节。比如第二折，张生向崔莺莺和红娘自荐，闵齐伋的画中是躲在假山后的两位僧侣见到这一情形。参见 Ma, "Fragmentation and Framing," 221–222。

2 有关对乾隆朝错觉再现的研究，参见 Kristina Kleutghen, *Imperial Illusions: Crossing Pictorial Boundaries in the Qing Palaces* (Seattle University of Washington Press, 2015), 52–57。

3 高居翰提出，明末清初的中国画家采用了多点透视法（不一定是单点透视），与耶稣会传教士传入中国的荷兰和佛兰德绘画、版画中的手法一样。见 Cahill, *The Compelling Image: Nature and Style in Seventeenth-Century Chinese Painting* (Cambridge: Harvard University Press, 1982), 71–75。

释为被不透明物体截断的定向光线。[1] 年希尧通过书中图例说明了绘画中投影的几条重要原则：点状光源从特定角度投射出来；阴影的形状和大小随光源距离和位置的变化而改变；直线光线受不透明物体阻挡。显然，年希尧试图把欧洲错觉再现手法理解为一整套的技术原则——包括线性透视、体积的立体表现、投影。关于利用投影和明暗令画作惟妙惟肖的方法，他在 1735 年的弁言中提到 3 条规则："借光临物，随形成影，拱凹显然。"[2]

　　然而事实上，对于投影的再现描绘，清朝宫廷艺术家大体上是拒绝的。在他们眼中，投影并不属于所描绘物体的实际特征，还容易被看作破坏构图和物体画面的瑕疵污点。另一方面，他们也不愿意表现出光线从点状光源向外传播、照亮物体的一面、在其他面留下不同程度的明暗，并在地面或背后的其他物体上投下阴影的过程。恰恰相反，中国绘画传统中对光的处理是构建一个光线四处扩

---

1 1729 年，年希尧在翻译安德烈·波佐《绘画和建筑艺术透视法》（1693 年前后出版于罗马）一书的基础上，在北京出版了第一版《视学》。1735 年，年希尧出版该书第二版并撰写新的弁言，增加了 50 页插图，其中大部分强调投影法。本文中，笔者使用的是牛津大学博德利图书馆收藏的 1735 年版本（Douce. Chin.b.2）。蒂莫西·K. 北岛（Timothy K. Kitao）在研究贾科莫·巴罗齐·达·维尼奥拉（Giacomo Barozzi da Vignola，1507—1573 年）的《实用透视的两项原则》（Due regole della prospettiva pratica，维尼奥拉在书中举了一个单点透视的例子）时，探讨了波佐对维尼奥拉原则的"最后守护"，尽管巴洛克时期的意大利已经开始青睐两点透视，波佐仍坚称穹顶绘画应当采用单点透视。见 "Prejudice in Perspective: A Study of Vignola's Perspective Treatise," *Art Bulletin* 44, no. 3 (1962): 189–190。

2 年希尧，《视学》第 2 版，2（见上文，本页注释 1）。

散或无处不在的明亮空间。[1] 根据记载，乾隆皇帝尤其不喜欢在肖像画中使用阴影，因为看起来像脸上的污迹，容易隐藏皱纹、瑕疵、眉毛上的杂毛等特征。[2] 抱着开放视野的想法，他鼓励画师重点表现自己袍服的质地，而非布料的褶皱。[3] 我们并不清楚，乾隆的态度是源自他对中国肖像画传统的理解，还是已得到前人充分论证的清人对于精密技术的兴趣。

　　在实践中，清朝宫廷画师对中西方传统的调和主要体现在透视空间和体积的立体呈现上，包括适度地将明暗技法融入中国工笔画——相比于表现主义的写意画，此画派更遵循严格的写实主义描绘原则。一般来说，画师会有意避免投影的明显使用，官员、宫廷画师邹一桂（1686—1772 年）的《盎春生意》（图 4）便是一例。该图以微妙的明暗对照塑造了青铜（或仿青铜）盆、岩石、鹅卵石和盆栽棕榈树干的立体感。为了区分树叶的正反面，邹一桂用水墨晕染实现色调的对比。邹一桂本人作为新宫廷绘画理论家则是一个很有趣的考察点，因为新宫廷绘画糅合了欧洲绘画技法和中国工笔绘画技法。活跃于清朝宫廷的邹一桂，开始和其他鉴赏家一起，有意识地以中文术语表达用明暗和立体等技法创造空间与起伏感的技巧。例如，在有关绘画的论著《小山画谱》中，邹一桂谈到树木和

1 投影也偶见于部分画作，乔仲常（活跃于 11 世纪末至 12 世纪初）为苏轼《后赤壁赋》所作的插图（堪萨斯城，纳尔逊 - 阿特金斯艺术博物馆）便是一例。描绘"人影在地，仰见明月"的画面时，乔仲常按照字面在地上再现了三人的身影。有关本画的信息，参见高居翰所列条目，*Chinese Calligraphy and Painting in the Collection of John M. Crawford, Jr.* (New York: Pierpont Morgan Library, 1962), 73–74 (no. 13)，以及 Gombrich, *Shadows*, 11, 60 note 3。

2 Cécile Beurdeley and Michel Beurdeley, *Giuseppe Castiglione: A Jesuit Painter at the Court of the Chinese Emperors* (London: Lund Humphries, 1972), 102.

3 Beurdeley and Beurdeley, *Giuseppe Castiglione*, 106.

图 4

《盎春生意》

邹一桂（1686—1772 年），约 1726—1750 年，挂轴，纸本彩墨，42.2 厘米 × 74.5 厘米

现藏：台北，台北故宫博物院

岩石的绘画技巧时强调："黑白尽阴阳之理，虚实显凹凸之形。"[1] 虽然利用了古代哲学思想和辩证原则（阴阳、虚实），语义上也来源于明暗之影的传统话语，邹一桂所提出的做法和视觉效果实际所指的却是明暗法和立体法。根据这些原则，邹一桂认定，一名优秀的画家必须掌握使绘画逼真所需的所有再现技法，才能真正表达自己的绘画理念。实际上，这也是其论著的核心思想。邹一桂对绘画工艺的经验主义看法，源自欧洲错觉再现和中国工笔绘画之间不同的现实主义和专业描绘实践的博弈与妥协。

讨论线性透视和阴影的结合使用时，他明确表达了自己对欧洲绘画的看法：

> 西洋人善勾股法[2]，故其绘画，于阴阳远近不差锱黍。所画人物屋树，皆有日影。其所用颜色与笔，与中华绝异。布影由阔而狭，以三角量之，画宫屋于墙壁，令人几欲走进。学者能参用一二，亦具醒法。但笔法全无，虽工亦匠，故不入画品。[3]

邹一桂以勾股法来理解投影和线性透视的结合。中国古代天文学家在阳光下竖立一直杆（股），直杆及其影子（勾）构成一个直角，以此测量时间。邹一桂也许并不知道，无独有偶，他在理

---

1 邹一桂，《小山画谱》，《美术丛刊》（台北：中华丛书委员会，1956 年），357。关于维度和阴影的早期论述之一出自顾恺之，《画云台山记》，顾曰："山有面则背向有影。"收于俞剑华编，《中国绘画史》（上海：商务印书馆，1954 年），1：42。

2 "勾股"和"三角"均指古代天文学中的三角法。据戴震（1724—1777 年）所述，"中土测天用句股，今西人易名三角八钱，其三角即句股"（注："句"通"勾"）。见张岱年编，《戴震全书》（合肥：黄山书社，1997 年），6：370—371。

3 邹一桂，《小山画谱》，396—397。原论文中的英文为包华石所译，经笔者修改。见 Powers, "The Cultural Politics of the Brushstroke," *Art Bulletin* 95, no. 2 (2013): 317。

解投影时联想到日晷，古希腊天文学家对投影的观测也和几何学相关。[1] 显然，邹一桂想利用中国思想中最为接近的理念，来解释投影和线性透视的再现技法与原则。不过，最后他还是沿用有关影和其他要素的中国文人画规范（文人画的典型特征是将绘画和题字结合起来），批评了欧洲绘画牺牲笔法、强调错觉空间的做法。[2]

明暗

人们对阴影和无影效果的批判同时存在。1675 年，德国画家、艺术史家约阿希姆·冯·桑德拉特（Joachim von Sandrart，1606—1688 年）在《德意志学院》（*Teutsche Academie*）中表达了对中国人的认可，认为他们"在亚洲野蛮人里"，在绘画和雕刻上较有技巧。[3] 不过，桑德拉也曾批评中国人忽视油画和透视艺术（Perspectivkunst）：

> 一切都被过度简化，只画出了没有阴影的轮廓。他们只会叠加色彩，不会塑造体积或刻画物体。他们不懂得怎样再现物体的起伏感，不会表达空间深度，也不知道应当遵循自然

---

1 Kaufmann, "The Perspective of Shadows," 263–266.

2 在文化碰撞和现代艺术史中的"我方 / 他方"争论问题上，包华石把笔法作为跨文化话语所揭示的文化政治领域之一。见 Powers, "The Cultural Politics of the Brushstroke," 312–327. 苏立文在作品中讨论了中国文人对西方绘画技巧和效果的看法，见 "The Chinese Response to Western Art," *Art International* 24, nos. 3–4 (1980): 8–31。

3 Joachim von Sandrart, *Teutsche Academie der Bau-, Bild- und Mahlerey-Künste* von 1675, ed. A. P. Peltzer (Munich: G. Hirth, 1925), 297. Michael Sullivan discusses Sandrart's comments and related materials；另参见 Sullivan, "Sandrart on Chinese Painting," *Oriental Art* 1, no. 4, (1949): 159–161。

性。也就是说，他们忽略了欧洲画家为之献身的所有东西。他们对此一无所知，画作重现的只是侧面。正面再现（frontal representation）对于他们完全是陌生的概念。[1]

桑德拉特声称自己从中国人手中得到过许多这样新奇的画作，里面的"人物古板可笑"，仿佛出自所谓的 15 世纪第一批印刷的图书和古代挂毯。[2] 维克多·斯托伊奇塔指出，虽然桑德拉特认为中国绘画值得一提，话中的隐义却是中国绘画保留了在欧洲规范看来十分古板的再现准则（轮廓 – 平面 – 侧面），因此无法描绘阴影或表达空间感。在桑德拉特的后文艺复兴视角看来，中国画还处在科林斯少女绘画的"阴影阶段"。他有可能把这个有关绘画起源的神话故事投射到了这些亚洲画作上。[3] 这种看法也广泛留传于 18 世纪。在一封 1769 年的书信中，耶稣会传教士汪达洪（Jean Mathieu de Ventavon，1733—1787 年）写道："这里的人希望画中没有，或者几乎没有阴影；近乎所有绘画都用水彩，极少作油画……最后，色彩必须完整，线条必须像袖珍画中那般精细。"[4]

---

1 Sandrart, *Teutsche Academie*, 297. 英译文引自斯托伊奇塔，Stoichita, *A Short History of the Shadow*, 123。

2 原文为 "mit uralten albernen Figuren"。Sandrart, *Teutsche Academie*, 298。桑德拉特试图区分中国画和印度画，还特别提到了印度"黑人"希根诺多（Higenondo）的画作。但是，至于他究竟有没有看过中国画、怎样或何时看到，似乎无法确证。对此问题的探讨请见 Sullivan, "Sandrart on Chinese Painting," 161。

3 Stoichita, *A Short History of the Shadow*, 123.

4 Charles Le Gobien and Jean-Baptiste Du Halde, *Lettres édifiantes et curieuses: écrites des missions étrangères, Mémoires de la Chine. Nouvelle édition* (Toulouse: Noël-Étienne Sens et Auguste Gaude, 1811), 23:457. 我使用的译文来自：Beurdeley and Beurdeley, *Giuseppe Castiglione*, 101。

图 5

《笔研精良人生一乐》

边寿民（1684—1752 年），《物具杂册》第 1 幅，纸本水墨

现藏：天津，天津艺术博物馆

筆研精良人
生一樂 壽民

然而，早在汪达洪这封书信之前，就有人用中国绘画术语重新阐释了西方人对中国艺术的看法。活跃在宫廷之外的山水画家张庚（1685—1760年）引用（或演绎）了利玛窦的话："尝曰：'中国只能画阳面，故无凹凸。吾国兼画阴阳,故四面皆圆满也。凡人正面则明，而侧处即暗。染其暗处稍黑，斯正面明者，显而凸矣。'"[1] 此话是否出自利玛窦之口，我们并不清楚；张庚也是道听途说。但无论如何，这段话用中国画术语表达了明暗对照法，将明暗的描绘转化为中国美术中创造体积感的传统技巧——墨染。如张庚所述，中国艺术家和评论家直接接触欧洲绘画艺术之后，在中国评论家的中西比较评述话语中，"影"又增添了一层"明暗对比"的含义。

还有许多宫廷之外的艺术家曾参与18世纪中国与欧洲传统间的这场艺术切磋，罗聘（1733—1799年）便是其中一员，他改进了木版插画中的骨骼图，这一元素最早起源于安德雷亚斯·维萨里（Andreas Vesalius）的版画。[2] 原画中骨骼的立体感来自光线射入绘画空间形成的错觉，并由脚后的投影强化。而在罗聘的纸本画中，骨骼形体的明亮度则得益于背景中深色岩石造成的色调反差。另一例具有这种特征的单色画是边寿民《物具杂册》中的一幅静物图（图5）。画中虽明显使用了明暗和立体法，画家却没有设置一个固定的外部光源来协调光亮和明暗，也没有创造光线照进绘画空间的错觉。

前文提到，影的一项基本含义同时包含了投影和明暗。熟谙18世纪宫廷绘画的艺术史家、朝廷官员胡敬（1769—1845年）以

---

1 张庚，《国朝画征录》，《画史丛书》，3：32。

2 复制品，见 Kim Karlsson, Alfreda Murck, and Michele Matteini, eds., *Eccentric Visions: Worlds of Luo Ping*, exh. cat. (Zürich: Museum Rietberg, 2009), 197。

"影"来描述包括线性透视和明暗对比在内的所有透视手段，便不足为奇了。他把这一术语划分到从构图到绘图的各个步骤当中："海西法善于绘影，剖析分刌，以量度阴阳向背，斜正长短。就其影之所著，而设色分浓淡明暗焉。故视远则人畜、花木、屋宇皆植立而形圆。"[1]胡敬用影来描述欧洲绘画的步骤，说明影能够在视觉和概念上赋予整体画面以特性，远看即是画面的焦点。此处的影既指明暗又指投影，用来形容欧洲错觉图像产生过程的特点。

虚像

裴珍妮有理有据地提出，面对明朝末年（1640年前后）越发普及的欧洲单眼视觉（monocular vision）趋势，闵齐伋的图版《西厢记》（见图2、3）有意识地展现了双眼视觉体验（binocular visual experience）。她认为，面对着这种外部挑战，闵齐伋在现有中国传统的基础上，绘制了多点透视画。[2]18世纪，中欧交往显然对艺术创作产生了更大的影响，随之而来的是再现媒介和技艺更具活力的互动。17世纪末，玻璃板和玻璃镜从欧洲传入中国后[3]，看见自己的反射影像成为宫廷中人和富贵人家的寻常视觉体验。而到了18世纪，从法国传来的玻璃反绘（verre églomisé）技术更让许多艺术家着迷于以玻璃为画布。[4]经过对此技术不同程度的改进，包括耶

---

1 胡敬，《国朝院画录》，《中国书画全书》第16册，621。

2 Purtle, "Scopic Frames," 55.

3 Emily Byrne Curtis, *Glass Exchange between Europe and China, 1550–1800* (London: Ashgate, 2009), 1, 42.

4 Nancy Berliner et al., eds., *The Emperor's Private Paradise: Treasures from the Forbidden City*, exh. cat. (New Haven: Yale University Press, 2010), 175.

稣会士在内的清朝宫廷画师创作出了大量的反绘玻璃画。这些画被制成向内的玻璃窗板、墙板或独立式屏风，安装展示于建筑空间内部，素面玻璃板和立镜也运用于贵族和宫廷的室内装潢当中。生活空间中交映的画像和反射像催生了一种新的视觉潮流，玻璃媒介的使用更推进了这一潮流的发展。有时，观赏者的虚像（或者叫"影"）投射在玻璃画中，如影随形的反射像会刺激观赏者把自己和画中情境联系起来。观赏者关注自己虚像的有意识行为令镜中画作变得不那么重要，因为观者一边想象自己身处画中，一边会把画中情境看作临时布景。紫禁城玉翠轩中的一幅错视画（图 6）很好地展现了这种有意识行为。图中右侧的仕女正看着绘有菊花蝶舞的反光板中自己的虚像（图 7）。无论把这块板看成玻璃画还是别的反光面（如亮面黑漆），画中描绘的显然是站在玻璃板前的体验。根据仕女的表情和手部动作，她似乎正略感惊奇地把自己和板上图画联系在一起。更让我们了解这一点的是，虚像并没有完全反映她的外貌和实际动作。画板中的她目光向下，画家以此巧妙地结合虚像与板中画，把原有图画变成了美女欣赏花蝶的肖像画。同时，仕女衣衫上的蝴蝶图案与板中蝴蝶交相呼应，仿佛已振翅飞入画中。[1] 随着玻璃板和镜子在室内装潢中流行起来，这种镜像的交汇为 18 世纪绘画再现中"影"的概念又增添了一重视觉解读。

---

1 蝴蝶在中国文化中有许多联想。道家思想家庄子（约公元前 369—前 286 年）著名的"蝴蝶梦"引发了有关现实与梦境（或幻想）间变幻的一系列问题。本画中的蝴蝶也可能暗指对爱情的向往。见 Wilt L. Idema, ed., *The Butterfly Lovers: The Legend of Liang Shanbo and Zhu Yingtai* (Indianapolis: Hackett, 2010), xv–xvi。

图 6

《玉翠轩室内图》

姚文瀚（活跃于 1743—1760 年及之后）等，纸本彩墨，317

厘米 ×366.5 厘米

现藏：北京

图 7
图 6 细节图

结论

欧文·潘诺夫斯基（Erwin Panofsky）在解释欧洲艺术史中透视研究的视觉基础时说过："'把古代是否有透视'的问题与'古代是否有我们的透视'等同起来，在方法上即是错的。"[1]如果提问对象是阴影，潘诺夫斯基的问题应该改为"什么阴影？"或"谁的阴影？"如果在物体体积和空间深度的错觉再现中，阴影只是可简化的视觉效果，那么这一原则显然来源于精炼化表达文艺复兴时期艺术传统的观念。但是，如斯托伊奇塔的研究所示，欧洲艺术中的阴影有着复杂的历史，在不同形式、不同阶段中作为桥梁，沟通着各具视觉效果的创造性概念。笔者认为，阴影不仅是一种艺术技法，也是一个关键的文化术语。认识清楚这一点能帮助我们摆脱过去的辩白式探讨思路——仅仅为了证明中国绘画传统中阴影（确切地说是明暗对比）的切实存在，实际上遵从的却是公认的欧洲标准。相反，把阴影作为实现不同艺术技法和创作过程的概念媒介来研究，才能获得更为稳固的认识论基础，从而探讨在中国背景下，作为最初的创作灵感，体积的立体化技法或者虚像的阴影如何令诸多艺术家、思想家为之倾倒。这种方法论上的转变，恰好与清朝艺术家和鉴赏家对待国际性的视觉体验的态度相吻合。他们重新审视并再度复兴了中国绘画术语的系统化意义和技法，在源自不同传统的创作过程和原则之间寻求大同（commensurability）。正是以这一追求过程中获得的认识和理解为基础，后来者才得以对清朝和欧洲相遇时期的各种媒介、形式、风格和图像展开重新思考。

---

1 Erwin Panofsky, *Perspective as Symbolic Form*, trans. Christopher S. Wood (New York: Zone Books, 1991), 43.

第三部分
中国风、西洋风、混合风

城市故事：蒲呱和广东街头生活画

官绮云
（YEEWAN KOON）

　　19 世纪早期，欧洲最流行的中国题材作品之一是乔治·亨利·梅森（George Henry Mason）的《中国服饰与习俗图鉴》（*The Costumes of China*，1800 年），书中共有 60 幅手工着色版画，描绘不同职业者，其中大部分是手工匠人和街头摊贩，附有英文和法文注释（图 1）。另有丁韪良（William Alexander）的同名画集，出版于 1805 年。与这两本书中类似的图画也出现在此后的中国题材出版物中，包括让－巴蒂斯特·约瑟夫·布雷东的《中国服饰、艺术及手工业：主要辑自已故 M. 贝尔坦的原版收藏》（*China: Its Costume, Arts, Manufactures, Edited Principally from the Originals in the Cabinet of the Late M. Bertin*，1812 年），和玛尔皮尔·D. 巴赞（D. Bazin de Malpière）1825—1827 年出版的《中国服饰风俗、艺术与工艺、民事与军事刑罚、宗教仪式、碑像与景观》（*La Chine: Moeurs, usages, costumes, arts et métiers, peines civiles et militaires,*

图 1

《制鞋匠》

乔治·亨利·梅森（英国人，约活跃于 1800 年），基于蒲呱（活跃于 18 世纪晚期）的画作而创作，1799 年，彩色雕版

来源：乔治·亨利·梅森，《中国服饰与习俗图鉴》（伦敦：威廉·米勒，1800 年），第 18 幅

cérémonies religieuses, monuments et paysages)。[1] 梅森在画集中说明，这些画出自中国外销画名家蒲呱（活跃于 18 世纪晚期）之手。[2] 曾是职业军人的梅森，可能是 1790 年左右驻扎在广东时购买了蒲呱的画作。[3] 通过点明作画者，梅森一方面表明了自己的赞助人身份和远赴异乡的经历，同时也让读者相信，这些出自中国人之手的画作是对中国的可靠描绘。

　　维多利亚和阿尔伯特博物馆藏有一套 100 页的活页水彩和素描画集，其中多幅画作与梅森画集中的类似。这些画虽未署名，却有中文标签，有可能是蒲呱的原画。[4] 这些欧洲纸品上的水印可追溯到 1780—1790 年左右，与梅森在华的时间相符。这些画作和其他类似作品，结合了中国绘画技巧和西式自然主义画风。作为中国与西方相遇的产物，这些绘画常被称作在中国水墨画中融入西方自然

---

1 Lee Sai Chong Jack, "China Trade Paintings: 1750 to 1880s," PhD diss., University of Hong Kong, 2005, 86.

2 梅森还注明了画作镌版工（J. 戴利，伦敦）和出版商（威廉·米勒，伦敦老庞德街）。

3 译者注：在英文原作中，作者称广东为 "Canton"，并添加注释："尽管 Canton 是广东的洋泾浜英语名，笔者有意使用这一词语，表达广东在多元贸易参与者心中的跨文化意义。他们所涉足的区域大部分是城墙以外的外国工业区，大多数西方贸易者和船队对中国的了解仅限于此。此处广东本地贸易者的身份也很好区分，他们在从事对外贸易时使用蹩脚的英文名字，其他事情上则用回中文本名。为了承认这部分的广东和更大范围的广东之间的一致性，笔者仅在表达官衔时使用其正式英文名称 Guangdong。"

4 Craig Clunas, *Chinese Export Watercolors* (London: Victoria and Albert Museum, 1984), 41–42. 该博物馆的蒲呱画集中兼有水彩和素描画，后者可能为勾画轮廓所用。

主义的混合画作（hybrid combination）。[1] 这一表述背后隐含的假设在于，这是一成不变的中国与进步现代的西方之间的一场相遇——这种因果推断有着明显的瑕疵。

本文中，笔者将详细分析蒲呱画集，拓宽研究思路。首先，通过研究画中人物所处的背景，本文发现这部画集标志着向记录式写实画风的转变，反映出人们愈发希望获得有关中国的"真实"一手记录。其次，本文探讨了蒲呱画集的艺术史源头，研究它如何融入欧洲和中国城市社会题材绘画传统。最后，笔者认为，蒲呱画集象征着两种截然不同的绘画体系之间的罕见交汇——正如同二者通过本文建立某种联系一样，却又保留了各自的特色。

蒲呱画集：记录和报道

蒲呱采用水粉和较大幅的进口纸悉心绘制了这组画作，表现出每个人物的衣着、仪态和形体细节。画中有些人物（比如造桶工人）正在做工，画面展现了其制作过程；还有一些画面描绘了正在叫卖的场景（如图 2 的蔬菜贩子和图 3 的屠夫）。总体而言，对人物的自然主义处理——包括使用明暗法表达人物的立体感，被看作外销艺术混合风格的一大特点。

---

1 尽管这是人们对外销艺术的普遍看法，也有研究提出了其他解读。比如 Eric Hayot, *The Hypothetical Mandarin: Sympathy, Modernity, and Chinese Pain* (New York: Oxford University Press, 2009)。他同时研究了蒲呱的画集和梅森的另一本书《中国酷刑》（*The Punishments of China*，伦敦：威廉·米勒，1801 年），把它们看作国际同情经济（international economy of sympathy）的一部分，不仅将《中国酷刑》的出版合理化，更把同情包装成一种可以向远东输出的文化顺差（cultural surplus）。笔者与韩瑞（Eric Hayot）持不同观点，但也认为不应该把中国停滞不前、西方发达现代的简单模式套用于此画集，且应当更多考虑蒲呱的作用。

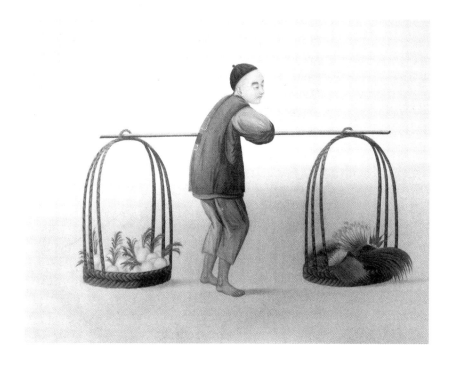

图 2

《蔬菜贩》

蒲呱作坊（中国，活跃于 18 世纪晚期）

来源：画集（共 100 幅），约 1790 年，纸本水彩，每幅 34.1 厘米 × 41.5 厘米

现藏：伦敦，维多利亚和阿尔伯特博物馆

图 3

《屠夫》

蒲呱作坊（中国，活跃于 18 世纪晚期）

来源：画集（共 100 幅），约 1790 年，纸本水彩，每幅 34.1 厘米 ×41.5 厘米

现藏：伦敦，维多利亚和阿尔伯特博物馆

笔者对这些画作的兴趣始于构图。画中人物被隔离在空白纸面中间，观赏者期望看到的作坊或街道只通过画中人物的活动加以暗示。单独表现人物的好处之一是拒绝由背景提供叙事，把人物从原本的生活体验中抽离出来。这种隔离还能创造一种客观性的错觉；画面以信息的方式呈现，削弱画家的存在，提高观赏者地位，使其能够与画中人互动。并且，中心式构图在人物周围留下空白，把画中人与观赏者的距离拉开，突出两者的社会和文化差异。整套画作把这些不同类别的人物放入同一系列，观赏者透过这套图鉴就能看到广州街头出现的各种劳动阶层人物。

对比皮博迪·艾塞克斯博物馆（Peabody Essex Museum）收藏的一套更早期广东外销服饰画集（共32幅），蒲呱画集的策划更显突出。后者这套出自18世纪40年代的画集编辑方式颇为奇特，同时收录了历史人物肖像画和虚构人物肖像画，以及匿名人物服饰画（图4）。[1] 画集被装订成册，以烫金压印花纹的皮革封面装帧，根据整体制作手法和材料质地可知，该画集与蒲呱画集一样，在同类画作市场中属于高端产品。画集中有一部分1730年左右的人物画可以归为同一主题，但总体上不拘一格的题材取向却令全书毫无叙事连贯性可言。例如，一幅明朝皇帝的画像可以和另一幅清朝皇帝像对比，展现不同时期帝王服饰的变化，但两幅画的类型毫不相关，就如同学者和尼姑之间存在天壤之别，实在无法直接对比。相反，蒲呱画集中的大部分人物都是摊贩、街头艺人和手工匠人——主题

---

1 画集最早由一位姓马丁斯（Martins）的货物管理员所有，1747年P. 约克（P. Yorke）在拍卖中以16基尼的价格购得。后删去了其中4幅原画（第5、8、12和22幅），增添了2幅新作。感谢皮博迪·艾塞克斯博物馆卡琳娜·科里根（Karina Corrigan）女士为笔者提供画集相关信息。

图 4

尼姑着宽沿草帽及长袍立于室内

约 1740 年代，纸本水彩，39.9 厘米 ×30.3 厘米

来源：一套含各色人物画的画集（共 32 幅），人物立于山水或室内

现藏：马萨诸塞州萨勒姆，皮博迪·艾塞克斯博物馆，购入品

显然是街头生活。[1] 另外一点不同之处在于，皮博迪·艾塞克斯博物馆的这套画集中，人物以风景和室内为背景。这在理论上可辅助判别人物身份，但是画作对背景，以及人物与背景关系的中性化处理却似乎产生了另一种功能。有些画中的人物看起来比背景要大许多；有些则在人物和背景描绘上采用了对比色。画中人物往往并未融入其所处的环境，有些甚至直接望向观赏者。这样一来，这些背景俨然变成某种舞台，画中人物在台上进行着他者风情的表演。这种虚构感在蒲呱画集中并不明显，原因不仅在于画中视觉背景的缺失，还在于画中人物看起来正专注于手头事务：有些人物垂着眼全心工作，有些人物则望向远处，仿佛正在等待客人上门，完全无视观赏者的存在。

从 18 世纪初期画集中的剧场性（theatricality）构图到 60 年后蒲呱画集中专注的人物描绘[2]，这种转变可能和外销艺术市场中另一画派——地方植物画的盛行有关。18 世纪末到 19 世纪初，外销艺术家绘制了数千幅此类画作，以满足西方世界对于自然历史画的需求。[3] 他们的绘画策略同样是把细致刻画的形体置于中性背景当中，突出真实感。

不过，这种朝着记录写实模式的总体转变也可能和中英之间的政治关系变化有关。1792 年，英国首次派马继业率使团访华，就通商权展开谈判。尽管（或者由于）马继业未能完成使命，之后出

---

1 也有一些画再现了精英阶层，但总体上是街头类型的画作。乔治·亨利·梅森的《中国服饰与习俗图鉴》与此类似，只有 3 幅精英画像。

2 此处所用术语源自：Michael Fried, *Absorption and Theatricality: Painting and Beholder in the Age of Diderot* (Berkeley: University of California Press, 1980)。

3 Fa-ti Fan, *British Naturalists in Qing China: Science, Empire, and Cultural Encounter* (Cambridge: Harvard University Press, 2004), 47–57.

现了大量有关马继业返英的旅途记录。从公开出版的日记到绘画和版画，这些记录所定位的读者群正渴望了解英国使臣与清朝帝王的首次相遇，也渴望看到关于这个国度广东以外地域的报道。[1] 梅森点明画作作者为蒲呱，说明他明白大众对于见证者一手记录的兴趣；也说明他想强调画中使用的注重观察视角的再现策略。在人们渴望纪实报道的同时，英国以知识传播为控制手段开展帝国主义扩张，使得异国的陌生特性在许多作品中得到表达。从后殖民视角看来，这些画作正是 19 世纪强调分类和序列化的人种志学实践的体现。并且，通过不断制作和复制这些可调换的图像（比如蒲呱的画作就流传于不同书籍之间），这些看似真实的作品不再因再现真人真事受到珍藏，而是被不断地囤积、占有和交换。近期研究表明，19 世纪帝国主义的欧洲，视觉和再现艺术都被当作社会和物质经济的一部分，由种族政治鸠据中心。[2]

叫卖画

作为以了解为手段控制他国的英国殖民政策的一部分，蒲呱的画作和此后类似作品却也使当时已出现在欧洲和中国的早期街头画派得以延续。早在 16 世纪，巴黎人就已开始绘制和复制以街头叫卖为特点的摊贩题材画作，该画派随后在伦敦、维也纳等大城市流

---

1 1792 年是中英关系的转折点。这一时期的旅行文学作品，可以参见 Elizabeth Hope Chang, *British Travel Writings of China, 1798–1901: Century's End, 1792–1901* (London: Pickering and Chatto, 2009)。

2 有关这一问题的详细讨论，参见 Deborah Poole, *Vision, Race and Modernity: A Visual Economy of the Andean Image World* (Princeton: Princeton University Press, 1997)。

行起来。[1] 在那个社会流动和空间移动都受限制的时代，街头小贩因其流动性，被归为和街头艺人与乞丐一样的流动阶层。[2] 他们的社会地位在不同历史时期各不相同，甚至在流动阶层内部也差异显著——有些小贩不受社会待见，有些却被视为辛勤工作的劳动者。这一阶层虽然社会地位具有多样性和流动性，但是他们通过市井街巷这一纽带形成一个群体，共享着城市劳动阶层的身份。这些画被称为叫卖画（Cries 或 Calls），以版画的方式制作，面向大众售卖，画中信息包括街头商贩的衣着、配饰和做生意时独有的叫卖方式。在 18 世纪，城市商业化的一面常常在大众文学和绘画作品中出现；同时在政治领域，对自由贸易的诉求和欧洲启蒙运动也肯定了商业对于保障社会秩序和稳定的重要性。[3] 远距离贸易网络的枢纽城市被看作经济进步的场所，能够确保资本、知识、潮流和思想的流通。与此同时，叫卖画这类图像和文字作品也开始代表每一座枢纽城市的形象，尽管城市生活的各种类型——比如市井摊贩——形象变得越发固化。[4] 简而言之，这些画作在两种功能间不断转换，一是描绘劳动阶层（乃至城市）形象的普遍特征，二是描绘这一阶层具体所在城市的独特特征。

在这一框架下，这些对街头的叙事刻画分为了两类：乌托邦

---

1 画作示例请见 Marcellus Laroon, *Cryes* (London: Pierce Tempest, 1687)；Sean Shesgreen, *Images of the Outcast: The Urban Poor in the Cries of London* (New Brunswick, N.J.: Rutgers University Press, 2002), 50–77。

2 Shesgreen, *Images of the Outcast*, 7–12.

3 经济进步思想认为，可以将其原则的普适性拓展到外贸领域。见 David Porter, "A Peculiar but Uninteresting Nation: China and the Discourse of Commerce in Eighteenth-Century England," *Eighteenth-Century Studies* 33, no. 2 (2000), 181–199。

4 Porter, "A Peculiar but Uninteresting Nation," 2.

式和反乌托邦式。前者的示例可以从英国艺术家弗朗西斯·惠特利（Francis Wheatley）的作品中找到。1792 至 1795 年间，他在英国皇家学院展出了一组动人的油画《伦敦小贩叫卖图》（*Cries of London*）。惠特利的画作以工业化的伦敦为背景，刻画了脸色绯红的摊贩和乡村劳动者。[1] 保罗·桑德比（Paul Sandby）和他的系列讽刺画《伦敦叫卖图》（*London Cries*，图 5）则代表了另一种动人的艺术作品，以富有阶层和新兴中产阶级为受众，促使他们从道德的角度反思城市消费。[2]

街头类型画作所含范围之广泛，与文学作品的描述恰好相符，尤其是在 19 世纪，伦敦的导游甚至按照各个地区最常见的街头人物类型来划分城区。詹姆士·格兰特（James Grant）在 1839 年出版的两卷本导览《城镇旅行》（*Travels in Town*）中，以有关街头的章节作为对伦敦的开篇。他写道："提起街道，人们肯定不会以为我所说的是主干道的路面或铺道。如果用词尚且恰当，我要表达的是充满生活气息的街道，以此体现这个紧凑的都会世界居民的性格、习惯和追求；因为，伦敦必然要被看作一个小世界。"[3] 格兰特这种把伦敦作为世界缩影的看法，在维多利亚时期并不罕见。街头被人

---

1 这些画作现已散轶，部分存于英国国民托管组织位于沃里克郡的阿伯顿宅邸。乔凡尼·文德拉米尼（Giovanni Vendramini，1769—1839 年）、尼古拉斯·斯齐亚冯内蒂（Nicholas Schiavonetti，1768—1813 年）、安东尼·卡登（Anthony Cardon，1772—1813 年）和托马斯·高更（Thomas Gaugain，1756—1812 年）曾制作这些画作的版画，目前还可以在许多机构找到，包括大英博物馆、主教门学院档案馆、维多利亚和阿尔伯特博物馆。

2 Shesgreen, *Images of the Outcast*, 132, plates 1–10.

3 James Grant, *Travels in Town, by the Author of "Random Recollections of the Lords and Commons": "The Great Metropolis," etc, etc. in Two Volumes* (London: Saunders and Otley, 1839), 1:1–2.

图 5

《伦敦叫卖图：持瓶者》

保罗·桑德比（英国人，1731—1809 年），约 1759 年，棕色水彩、黑炭笔、微皱直纹纸，

19.7 厘米 × 14.3 厘米

现藏：康涅狄格州纽黑文，耶鲁大学英国艺术中心

们视作最能体现大同主义（cosmopolitanism）特点的公共空间。[1]

　　比较这一类型的西方城市画和蒲呱画集中的街头画，不难发现阶级修辞和帝国主义野心相互交织的痕迹。由此引发的对伦敦等城市的好奇也蔓延到了广东。两处都是消费和贸易汇聚之地，都展现了城市大同主义。尽管西方叫卖画与蒲呱作品及相似画作之间存在明显的文化、种族差异，这些画作在城市空间再现和同种叙事空间上还是展现出了全球化的重叠。格兰特将伦敦街道描述为"充满生活气息"的体现，放到广东也并非不合时宜。

风俗画

　　我们也可以在更大的中国艺术传统背景下探讨蒲呱画集，由此能够放大画集制作者的能动作用，确认这位艺术家究竟承袭了怎样的绘画实践。在中国，下层阶级工作或玩耍的图画属于风俗画派，从宋代开始便有帝王和官员委托画师创作此类作品。[2] 这些官员乐于看到描绘下层阶级在地方官员乃至仁慈帝王的善政之下安居乐业的场面。除了下文讨论的城市风景画卷外，许多早期画作都以乡村为背景。到 18 世纪，劳动阶层在城市街头的画面才变得普遍，但相比于欧洲的同类作品，清朝时期描绘城市社会的画作流通范围要

---

1 19 世纪都会城市的主题常常与维多利亚时代联系在一起，前维多利亚时代也能找到这些思想的先驱。笔者才疏学浅，无法详细论述文人学者就维多利亚时期大同主义展开的丰富研究，此处特别参考 Tanya Agathocleous, *Urban Realism and the Cosmopolitan Imagination in the Nineteenth Century* (Cambridge: Cambridge University Press, 2011)。

2 Martin J. Powers, "'Humanity' and 'Universals' in Sung Dynasty Painting," in Maxwell K. Hearn and Judith G. Smith, eds., *Arts of the Sung and Yuan* (New York: Metropolitan Museum of Art, 1996), 135–145, 以及 Roslyn Hammers, *Pictures of Tilling and Weaving: Art, Labor and Technology in Song and Yuan China* (Hong Kong: Hong Kong University Press, 2011)。

小得多，由于大部分为手绘，有些还与文学词句紧密相连，进一步限制了受众范围。[1]

　　蒲呱画集和 18 世纪的一本画集《太平欢乐图》之间有许多有趣的相似之处。该画集传为方薰（1736—1799 年）所作，乾隆皇帝于 1779 年第五次南巡时，浙江官员金德舆（1750—1800 年）将之敬献给他。[2] 着人绘制这样的画集符合金德舆的官员身份，证明他恪尽职守，心系本省下层百姓的福祉。而且，以一市喻全国，这些表现浙江都市繁华的画作无疑是给皇帝最合适的礼物。有人认为，金德舆制作该画集的目的是加官晋爵，即便并非如此，向皇帝敬献这样的艺术作品也必然为他博得声名与威望。毫无疑问，这也正是他将这件作品大量复制留作己用和作为赠礼的原因。

　　方薰的原画现已失传，不过根据现存版本来看，他的弟子董棨（1772—1844 年）曾受命于 1828 和 1831 年临摹了至少两套该画集。1888 年，后人又依据董棨在 1831 年的作品制作了平版印刷版本。[3] 和蒲呱画集一样，董棨画集中也有街头摊贩和艺人独立于画中的作品，对页印有文字。而且，画集中的部分人物和蒲呱作品中的很像，

---

1 当时已有关于城市的版画，例如明朝的苏州版画。康熙皇帝也下令制作了一批有关历史人物或虚构人物的插图书，以及描绘丝绸制作和农业耕作的高质量耕织图。但是，以画集的形式集合多幅社会题材画作在 18 世纪之前都属罕见。

2 笔者多有借鉴马雅贞的研究："Customs, Provinces and the Empire: The Making of *Taiping huanle tu* (The Album of Happiness in a peaceful age)," 中央大学人文学报，45 (2011): 141–194。

3 Ma, "Customs, Provinces and the Empire," 150.

图 6

《蔬菜贩》

董棨，平版画重印本，1831 年

来源：董棨《太平欢乐图》，许志浩配文（1888 年，重印版，上海：学林出版社，2003 年），第 108 页

图 7

《屠夫》

董棨，平版画重印本，1831 年

来源：董棨《太平欢乐图》，许志浩配文（1888 年，重印版，上海：学林出版社，2003 年），第 108 页

例如制桶匠人、蔬菜贩子（图6）和屠夫（图7）。[1]董棨和蒲呱的作品间也有显著的差异。蒲呱的画注重描绘待售的物品，董棨的画中还有孩童和其他人物，为画面增添了集体感，使观者对街道的好奇超过了画作本身的商业氛围——这一点恰是金德舆的目的。不过，两本画集各含100幅作品，关注的都是劳动和生产；讲述的也都是充斥着消费行为的都市故事。当然，我们也该看到，金德舆画集中的题字弱化了消费行为，在赞美街头贸易多样性的同时，消减了商业化的意味。

但是，两组画集的相似之处足以说明，不同版本的方薰画集曾于广东流传。至少，我们已知，这些描绘各行各业单独人物的单幅画作曾流传于清代中国。作为这一观点的佐证，曾在1798年资助方薰的浙江扬州官员阮元（1764—1849年），后来出任了两广总督，且利用垄断外贸的广东商人提供的资金，创办了重要的学海堂书院。

金德舆委托制作的这本画集符合风俗画的要求，但作品形式却标志着与此前传统的背离。当时，传统绘画的最佳代表是张择端（1085—1145年）的著名画卷《清明上河图》[2]，这幅12世纪绘画作品是后来其他城市图画的重要原型。乾隆皇帝1741年首次南巡之

---

1 更多例子请见 Ma, "Customs, Provinces and the Empire," 164-170，以及 Yeewan Koon, *A Defiant Brush: Su Renshan and the Politics of Paintings in Guangdong* (Honolulu and Hong Kong: University of Hawai'i and University of Hong Kong Press, 2014)。马雅贞以示例展现了其他画集中的相似画作，表明这些画作曾作为清朝皇室项目的一部分广为流传。本人的论述重点为描述绘画体系，将研究范围拓展至皇室以外的受众。

2 本画有多种英译名，此处为芮乐伟·韩森（Valarie Hansen）所译，她认为常用的 "Along the River during the Qingming Festival""Going up the River during Spring Festival" 并不妥当。见 Valarie Hansen, "The Mystery of the Qingming Scroll and Its Subject: The Case Against Kaifeng," *The Journal of Sung-Yuan Studies* 26 (1996): 183-200。城市风俗画还有一个类别，以乞丐和街头艺人为刻画对象。由于篇幅有限，笔者并未将此亚类纳入讨论。许多这类画作也以合集的形式出现，反映其他种类的城市网络。

后，命人制作了苏州版的《清明上河图》，此举也证实了该画卷作为城市绘画样板的重要历史地位。[1] 但是，尽管精品水墨画的绘制一向效仿名师风范，且《清明上河图》恰是城市生活全景图的典范，方薰却弃张氏名画于不顾转而另辟蹊径，这一做法值得在本文以外进行更深入的探讨。此处，与本文相关的有两点。第一，铺开《清明上河图》画卷，逐渐展现在人们眼前的是一座井然有序的城市绵延不断的全景，一幅把城市的冲突和混乱全然抹消的虚构画面。这种一览无遗的全景视角最契合画作的真正恩主——皇帝的身份。相反，虽然方薰原作已然遗失，他很可能采用了传统的画集装帧，把文字和图画编排在同一页，制成蝴蝶装。[2] 这种装帧方式虽然割裂了全景画的形式，却仍保留了全景视角，只是把观者从鸟瞰的位置挪到与街道同高，从同一平面视角，强调观赏的直接性。[3] 第二个显著的差异在于方薰／董棨画集中语境背景的缺失。《清明上河图》详细描绘了城墙、客栈、戏院、货摊、船只、骆驼等背景，利用各种景象创造对时空的体验感。丰富的细节增添了画中城市的感官愉悦度，令观赏者惊叹于画家笔下生动的吠犬和风中飘扬的帘幕。相反，董棨复刻的方薰画作仿佛一部生产图录，只刻画了埋首工作的不同人物。没有城市景观作为背景，方薰笔下人物表现的是劳动的永恒和劳动阶层社会流动性的缺失。尽管劳动本身令人敬佩，但这种缺失始终是社会阶级制度中不变的一部分。

《太平欢乐图》所配文字宣扬了本地生产和商贩技艺的重要性，

---

1 由宫廷画师徐扬（1712—1798 年）绘制的画卷《姑苏繁华图》（1759 年）现存于辽宁省博物馆。

2 也有可能是经折装，但画作数量较多，蝴蝶装的可能性最大。

3 皇帝在南巡途中收到这种与街道齐平视角的作品也并无不妥，因为他正策马或乘轿穿行街市，浏览城中各处景象。

以文字为引介绍了浙江各个季节的生活风貌。例如，竹笋小贩图侧的配文提到，春天浙江有各式竹笋。粥档配文则引用宋代学者周密（1232—1298年）《武林旧事》中的词句，说起12世纪晚期的城市生活。按照周密的记载，当时粥的种类多种多样，包括七宝粥和五味粥。而根据该画集配文，由于制粥手法几乎与过去无异，如今还能在浙江吃到令众人垂涎的甜粥。按季节和历史记录浙江物产，这种文字框架的确适用于受命于社会上层学者／官员、为皇帝制作的精品。然而，历史叙述性文字和不受时间影响的通用图画相结合，反而创造了一种时序错乱的空间，令画中人物无法向前迈进。[1]

这种将城市繁荣分门别类纳入图文记录的方式在中国绘画中开创了一种新的模式，一定程度上可能与18世纪盛行的一种实证研究方式——考证研究有关。[2] 作为精英阶层的一门学问，考证学者强调细致研究、严密分析，并根据古代制品和前人文献展开调查。许多考证学者都曾领衔弘扬当地历史的项目。《太平欢乐图》也可以看作这股文化界潮流的一种体现，毕竟金德舆及其友人都是考证研究的拥趸。

这些地理类书画项目的核心是向读者／观者确保作品的真实

---

1 "时序错乱的空间"（anachronistic space）概念借鉴自安妮·麦克林托克（Anne McClintock）和她的著作：*Imperial Leather: Race, Gender, and Sexuality in the Colonial Contest* (London: Routledge, 1995)。在这部开创性的作品中，麦克林托克提出，出于收集和复制历史的冲动，维多利亚时期对进步的叙事抹灭了劳动的改变和时间感，代之以一种新的修辞：一个时序错乱的空间，其中的女性、被殖民者和产业工人阶级被弃置于现代性的历史时代之外。

2 也有可能源自以图片搭配解释性文字的"类书"和"日用类书"。这些更普遍的知识生产方式体现的是在元典之外、以词典和词源学方法拓展知识的古典主义形式。这类书籍包括工具、植物和风水图鉴，通过分类和命名各种类型的物品，提供大量知识。见 Benjamin Elman, "Collecting and Classifying: Ming Dynasty Compendia and Encyclopedias," *Extreme-Orient, Extreme-Occident* 1 (2007): 131–157。

性，舍弃华丽的辞藻和额外注释，强调见证式记录的可靠性。到18世纪下半叶，视觉再现作品作为证明／支持材料，在旅行文学、区域历史和异国札记等地理研究中的地位日益提升。同时，随着远距离贸易的拓展和领土的扩张，人种志学知识也变得越发重要，成为对殖民地宣誓主权、强化朝贡关系的手段。越来越多的地域再现作品开始抛弃自然地理特征，转而按照种族和社会类型分类来组织构图。

邓津华发现，在清朝远征边疆的过程中，附有清晰文字描述的多种族图画不仅是朝廷记载的重要内容，还成为构建跨文化战略的一部分。[1] 即使处在不同的创作环境且功能各异，这些皇家项目中的种族分类和金德舆所献画集中的阶级体验使用的，却是根植于实证研究的同一种绘画语言。

结论

人们习惯把蒲呱画集等外销作品理解为中国艺术家为迎合欧洲受众对中国的兴趣而创作的混合风格画作。但稍作深入研究，便会看到这些作品的多样化源头和叙事，从而发现这种理解的不足。从欧洲视角来看，蒲呱画集属于叫卖画——由大众对城市和街头人物的兴趣所催生的画派。和欧洲叫卖画一样，蒲呱的画作兼有特性与共性：既画出了代表中国的大同主义的广东，又展现了可与伦敦等

---

1 邓津华追溯了明朝末期的旅游和视觉艺术发展，发现当时长途旅行已经成为上层社会活动的一部分，根据亲眼所见的事物做出的记录比道听途说更有价值，后者仅被当作风闻谣传。见 Emma Jinhua Teng, *Taiwan's Imagined Geography: Chinese Colonial Travel Writing and Pictures, 1683–1895* (Cambridge: Harvard University Asia Center, 2004), 22–24。

大都市相提并论的城市图景。尽管蒲呱画集与欧洲叫卖画之间可能存在联系，描绘街头各形各色的图鉴式作品在流入外销艺术市场之前，早已存在于中国。18世纪中期，在受上层社会赞助人委托的地区性项目中，中国画家逐渐跳脱已有的全景式城市景观绘画，创作涵盖各种社会类型的画集。从鸟瞰到与街道齐平的视角转换，令人更为关注劳作本身，构建出各种劳动阶层人物的永恒图像。所有图像合为一体，就像标题《太平欢乐图》所说的那样，表达出这座城市的欢乐图景。

《太平欢乐图》等受托制作的画集一般由符合考证研究方法的文字串联，为城中街道和市集构成的消费世界图像添加同样出彩的文学叙述。蒲呱有可能继承了这一原汁原味的中国绘画传统，但是没有了文字佐证，图画便丧失了原本的政治和道德语境，徒留刻画街市重商主义的场景。

一方面，蒲呱画集见证了英国对中国日渐澎湃的帝国主义野心和欧洲对于异国一手资料的普遍兴趣。另一方面，画作中交织着中西方对都会城市下层阶级和消费文化的再现。将蒲呱画集放在两个截然不同的艺术历史语境之下，不仅展现了这些传统的差异，更让我们看到两者共有的绘画语言的交汇。

布莱顿英皇阁的中国风与跨文化对话

格瑞格·M. 托马斯
（GREG M. THOMAS）

布莱顿英皇阁（Royal Pavilion at Brighton）是中国风艺术最为奢华的代表之一，也有人认为它风格古怪（图1）。这座1786至1823年为英国国王乔治四世（生于1762年，1811—1820年为摄政王，1820—1830年为国王）建造的皇阁如今仍伫立在英国南海岸边的布莱顿镇，这里曾是风光一时的度假胜地。相比乔治在伦敦宏伟的新古典式家宅卡尔顿府邸（Carlton House），这座乡野行宫为他的豪华宴会添了些趣味，减了些拘束。英皇阁原为一间农舍，1786年由时年24岁的乔治王子租下。1787年，曾翻修卡尔顿府邸的建筑师亨利·霍兰德（Henry Holland，1745—1806年）把农舍扩建成海边行馆——一座建有帕拉第奥式穹顶的新古典主义二层别墅。[1]1801到1802年，设计师弗雷德里克·克雷斯（Frederick

---

1 有关英皇阁最完备的研究有：Clifford Musgrave, *Royal Pavilion: A Study in the Romantic* (Brighton: Bredon & Heginbothom, 1951); John Dinkel, *The Royal Pavilion, Brighton* (New York: Vendome Press, 1983), 以及 John Morley, *The Making of the Royal Pavilion, Brighton: Designs and Drawings* (1984, reprint London: Philip Wilson, 2003)。

图 1
英国布莱顿英皇阁西立面，1786—1823 年

Crace，1779—1859 年）绘制了大量皇阁内部中式装潢的平面图，其中许多设计成为现实，远远超出 1790—1792 年卡尔顿府邸内修建的中式会客厅。[1] 再次扩建之后，海边行馆规模进一步扩大，在 1815 至 1823 年间最终成型。皇阁的印度风格外观由建筑师约翰·纳什（John Nash，1752—1835 年）设计，内部装潢则由克雷斯和罗伯特·琼斯（Robert Jones，活跃于 1815—1823 年）负责，大部分灵感源自中国。

这座宫殿至今仍遭到双方面的排挤而边缘化。它在欧洲建筑史上鲜少被提及，即使有，也被视为浮夸王子突发奇想的产物、偏离新古典主义的怪胎。中国风研究者的看法也不乐观，认为它老调重弹，过分荒诞，尤其还不够正宗。关于前一点笔者打算另行撰文探讨，论证中国风和新古典主义，以及英皇阁和卡尔顿府邸之间的显著联系。[2] 本文则把关注点放在中国风本身，讨论布莱顿英皇阁内中式灵感装饰和陈列的具体策略。虽然建筑装潢于 19 世纪，笔者认为，英皇阁仍属中国风建筑代表示例——且是尤为精致的一例。我认为，这一示例表明，中国风艺术能够与中国和中国文化产生严肃而有意义的文化对话。这并非痴人说梦，英皇阁的确是一处充满国际主义智慧和创意的盛景。

以上论点要想成立，必须先推翻有关中国风的几点误解。[3] 首

---

1 *Carlton House: The Past Glories of George IV's Palace*, exh. cat. (London: The Queen's Gallery, 1991); Geoffrey de Bellaigue, "The Furnishings of the Chinese Drawing Room, Carlton House," *Burlington Magazine* 109, no. 774 (1967): 518–528。

2 此文正在撰写中。

3 重新审视英式中国风的深入研究包括：David Beevers, ed., *Chinese Whispers: Chinoiserie in Britain, 1650–1930*, exh. cat. (Brighton: Royal Pavilion and Museums, 2008)，以及 David Porter, *The Chinese Taste in Eighteenth-Century England* (Cambridge: Cambridge University Press, 2010)。

先，它不是无谓地歪曲其他艺术；和新古典主义或新哥特风格一样，中国风是合乎逻辑、自成一格的审美体系，能在各种语境下传达不同的思想含义。第二，皇室或东方学家非但没有通过这一审美体系来贬低次等的他者（inferior other），反而是与一个仍被视为可同欧洲平起平坐的文明进行了一场根本性的对话。最后，这种跨文化交流的基础绝不是鉴赏中国真品，而是创造新的审美效果；要想解读中国风，就要把它看作借助极富想象力的装饰和陈列技巧展现的行为艺术或装置艺术。本文探讨了三种此类技法：在欧洲制作参考中国文化但未使用正宗中国部件的物品；制作同时包含中国和欧洲部件的混合风物品；为中国真品加装铜鎏金附件。这些技法的结合适用于英皇阁的整体视觉环境，产生出了新鲜而充满想象力的审美感知形式，即使没有复制正宗的中国艺术，仍然营造出了与中国艺术和文化的亲近感（affinity）。

笔者希望通过分析这三方面的审美交流，证明乔治四世作为这座建筑主要的创意主体，在其中投射了丰富的信息，包括他本人的艺术声望和本国的文化认同，以及贵族精英文化在英国、法国、印度和中国的全球性流传。这个案例一方面印证了大卫·波特（David Porter）详细记录的英国人对中国风的矛盾看法——证实了大型中国风家居陈列如何通过其"骇人的美"（monstrous beauty）为未来的英国国王造就一种不同的现代主体性或认同性。[1] 另一方面则消弭了差异，表明中国风能把新古典主义和中国文化作为审美上的搭档联系在一起，在彼此相容甚至一定程度上相互对等的文化传统之

---

1 Porter, *The Chinese Taste*, 主要出自引文和第一章。大卫·波特用"骇人的美"来表达他对中国物质文化的复杂看法，既批评它的怪诞野蛮，又赞美它的优美精致。之后波特认为，中国风品味所传递的思想和价值与主流的新古典主义思想和价值间存在着角力。

间建立和谐对话。[1]

阿拉丁式伪装

　　中国风的赞助人、设计师和手艺人有意模糊了许多边界——建筑和装饰的边界、中西式风格与纹饰（motif）的边界、中西式隐喻属性的边界、现实和梦境的边界等等。中国风观赏效果的核心是某种程度上的审美沉醉（aesthetic inebriation），把思想从古典设计的刻板规则中释放出来，避开社会行为规范，实现波特口中"与想象中放纵的中式感官享受相关"的自在审美感受。在这种审美语境下，是否正宗成为一种阻碍，妨碍想象力的发挥。中国风工匠和赞助人将中国真品和欧洲物品、仿中国物品随意组合，又把它们和制作于中国却在各种程度上文化"不纯"（按高雅艺术和通俗艺术、外销市场和内销市场、外国技法和本土技法等区分层级）的半真品结合。从根本上讲，中国风家居不是用玻璃整齐隔开的博物馆式陈列，而是混合风格、横跨边界的艺术创作。无论生动性还是复杂性，英皇阁都是个中翘楚。

　　为了描述英皇阁震撼的异域视觉效果，不少观赏者把它比作《一千零一夜》中阿拉丁的神殿。[2] 作为当时最受欢迎的异国风情象征，阿拉丁神殿物质之富足与技艺之精良已超过人们的理解范围。

---

1 本人在另一篇文章中探讨了欧洲和中国的皇室和贵族陈列艺术背后相似的权力和文化体系：Greg M. Thomas,"Yuanming Yuan/Versailles: Intercultural Interactions between Chinese and European Palace Cultures," *Art History* 32, no. 1 (2009): 115–143。

2 如 Henry Martin, *The History of Brighton and Environs* (Brighton: John Beal, 1871)，第49页引用迈克尔·凯利（Michael Kelly，1822年）的观点。1706年《一千零一夜》被译为英文，至1800年已有多个版本。

它的虚构性也十分明显，俨然是魔幻故事中属于神灵的一座海市蜃楼。因此，阿拉丁不仅意味着异国风采和物质丰足，也代表幻想和伪装，幻化出新古典主义审美理想之外的不可能之体验。英皇阁中这种戏剧性的实现，来源于各种特殊效果——背光式玻璃吊顶、物体的拟像和会点头的雕塑，以及大量缺乏正宗中国材料、技法或含义却伪装出中式特征的物品。例如，修复后的舞厅（名为 Music Room，音乐厅）中，彩色玻璃吊灯被仿制成阳伞和莲花的形态，穹顶仿佛竹制挂帘般向内弯曲，镶着蛇形边框的画作反映的是欧洲人眼中的中国（图 2、3）。蛇纹在中国装饰艺术中十分少见，莲花、竹子虽然常见，运用方式也与此不同。

　　约翰·纳什的凹版腐蚀画精确刻画了英皇阁的景观，画中，近旁的音乐廊（Music Gallery）也有这种在新古典式设计中应用伪中式装饰的例子（图 4）。[1] 包括按法国样式制作却镶有木质格状饰边、椅腿包裹着蛇纹、椅背刻着中国人物的一组黄色缎面座椅；右侧以中式女像柱支撑的两台路易十六风格的边几；以及画面远端面向观赏者的一台相似的边几。这些都是 18 世纪 80 年代末为卡尔顿府邸的中式会客厅专门定制的，采用了最优秀的法国工匠和最时新的法国新古典风格，只不过用中国主题的装饰取代了欧洲装饰。[2] 例如，靠着房间远端墙壁的桌子（图 5）由声名显赫的亚当·威斯威勒（Adam Weisweiler，1744—1820 年）制于巴黎，形状、比例和材料均为法式，包括橡木边框和乌木饰面（近似于漆面）、大理石桌面和铜鎏金镶嵌（ormolu，一种法国式的为青铜镀金的特殊技法）装

---

1 John Nash, *Views of the Royal Pavilion, Brighton* (London, 1827). 有人比对了纳什画作所绘与实际物品的目录，证实了画作的准确性。

2 *Carlton House*, 15–16, 102–104; Mark Evans, ed., *Princes as Patrons: The Art Collections of the Princes of Wales ...*, exh. cat. (London: Merrell Holberton, 1998), 102 (chairs).

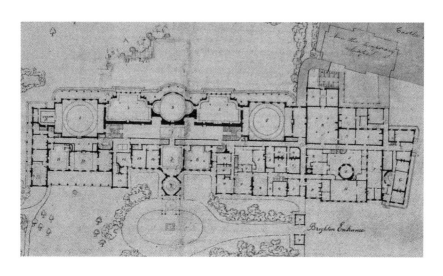

图 2

终版英皇阁一楼平面图（局部图）

奥古斯塔斯·普金（Augustus Pugin，英国人，1812—1852 年），纸本墨水和铅笔画，
24.6 厘米 ×30.3 厘米

现藏：英国布莱顿 - 霍夫，英皇阁及博物馆

图 3

修复后的布莱顿英皇阁音乐厅东北角

图 4

北画室（也称"音乐廊"）

来源：约翰·纳什，《布莱顿英皇阁景观》（伦敦，1827 年），凹版腐蚀版画，20.2 厘米 ×29.4 厘米

现藏：英国布莱顿 – 霍夫，英皇阁及博物馆，第 17 幅

图 5

矮几

亚当・威斯威勒（法国人，1744—1820 年），约 1787—1790 年，橡木、乌木、大理石及铜鎏金，94.5 厘米 ×175.8 厘米 ×53.5 厘米

现藏：伦敦，皇家收藏信托

饰。法式框架外叠加了一层中国风华盖，桌腿的竹纹立柱间雕着花纹；饰面边缘铜鎏金仿造的是木格细工效果，辅以花朵、铃铛和孔雀纹饰，增添生气；中间弯曲的仿竹质挂杆两侧布帘上，各盘踞着一条青铜龙。[1] 类似的铃铛和细格花纹在邱园的孔夫子堂和威廉·钱伯斯建造的中国宝塔中也有出现，包括许多中国风设计书籍，例如托马斯·齐本德尔（Thomas Chippendale）颇具影响力的家居目录。[2] 这些英文资料都参照了很早以前的真实中国建筑，但威斯威勒所参考的中国风并不局限于中国。这些装饰元素虽不正宗，却和谐衔接了西洋形态和材料，以及想象中的中国文化元素，令中欧艺术携手合作，展现出两种传统相辅相成且同样值得精雕细琢的一面。

图 5 中这张桌子的龙形装饰有意凸显了中欧艺术的相容性。这些龙显然采用了西方，甚至哥特式的形态——有翅膀、两条强壮的大腿和一只弯曲的倒钩尾——同样的龙形还被用在同一时期法国塞夫勒制作的两个中国风花瓶上[3]，雕刻在邱园 1749 年孔夫子堂的尖顶处，甚至绘制在 1753 年温莎公园下水的一艘名为"中华艇"

---

1 Royal Collection no. 13; *Carlton House*, 103–104; Evans, *Princes as Patrons*, 100–101.

2 见邱园官网：http://www.kew.org/heritage/timeline/1700to1772_whitehouse.html，以及 William Chambers, *Plans, Elevations, Sections and Perspective Views of the Gardens and Buildings at Kew, in Surry* (London: J. Haberkorn, 1763), 4，以及 Thomas Chippendale, *Gentleman and Cabinet-Maker's Director* (London: by the author, 1754)。

3 1815 年，乔治购买了这对约制作于 1789—1792 年的花瓶，放置在这张桌上。参见 *Carlton House*, 64, 74；Geoffrey de Bellaigue, *French Porcelain in the Collection of Her Majesty the Queen* (London: Royal Collection, 2009), no. 117, 2:504–509。德·贝莱格（Geoffrey de Bellaigue）指出，花瓶的装裱工弗朗索瓦·雷蒙（François Rémond）可能为威斯威勒的桌子做了铜鎏金镶嵌，我很感激大卫·比弗斯（David Beevers）提出这一设计具有哥特式特征。

（Mandarin Yacht）的中式风格皇家游艇的船身上。[1]乔治后来还把同样的龙形用在音乐厅（图3）、下文讨论的宝塔和布莱顿的其他装饰上。但是，乔治显然也熟悉没有翅膀、有四条腿、身体弯曲的正宗中国龙形象，并将之大量用于克雷斯设计的室内装饰当中。[2]乔治和他的设计师们非但没有忽视中国龙，反而有意识地中西并用，在象征中国实际皇权的龙元素和英国未来国王想象的龙形之间，建立了一种跨文化的亲近感。作为十足的亲法派，乔治同时也在打造一种国际性的皇室和贵族物质文化，以此把英国和中法两国的优良传统衔接起来。

混合风结合体

我们在布莱顿发现的第二种跨界装饰物结合中欧元素进行了创新。这类混合体采用了源自中欧文化传统的各种材料、元素和含义，也包括两者皆感陌生的新潮物件。音乐廊版画中就有两个实例（图4）。壁炉架和远端的桌子（上文已有论述）上有四个枝形烛台，在中式青花瓷瓶上添加铜鎏金底座和枝架制作而成。这些烛台无疑是混合风作品，一个中国制造元素搭配一个英国制造元素，将特定的中国材料（瓷器）和特定的欧式材料（铜鎏金）并用，把中式瓷瓶修改成欧洲烛台的形状，将中欧风格结合成一个新鲜而统一的整体。窗边那排高高的枝形烛台更为复杂，中间的六角形瓷柱来自中国，

---

1 这艘游艇名为中华艇，由乔治二世国王之子坎伯兰公爵命人制造，于18世纪80年代失踪。参见 Jane Roberts, *Royal Landscape: The Gardens and Parks of Windsor* (New Haven: Yale University Press, 1997), 424–425, 413–423 respectively.

2 见 Morley, *The Making of the Royal Pavilion* 中的各种设计。

但是底座、铜鎏金装饰和烛台固定装置都是英国制造。[1] 和中国传说中的龙与麒麟一样，两种烛台都是源自想象的结合体，是创造性地组合已知部件得来的前所未有的整体。

透过音乐廊远端的门，可以看到这种结合最壮观的例子，那是为舞厅所做的四座宝塔之一（画中还能看到较小的两座）。不同于英皇阁中用于夜间照明的许多枝形烛台，这些大型宝塔（图 6）只是单纯的装饰，但却造价昂贵，混合了来源不一的各种元素和材料。最初，它们只是伫立在青花瓷底座上的六角形瓷塔，是在中国制作的工艺精良的外销品；有人以 105 英镑的单价购入两座并于 1804 年交货，1817 年又购入与之匹配的另外一对。[2] 英国本土的一家斯波德陶瓷制造商以每座 76 英镑的价格为宝塔制作了骨瓷底座，并仿绘中国山水画作为装饰。最下部的人造大理石基座由雕刻师亨利·韦斯特马科特（Henry Westmacott，1784—1861 年）以石膏制成，单价约 40 英镑。著名钟表师本杰明·路易斯·乌利亚米（Benjamin Lewis Vulliamy，1780—1854 年）配合克雷斯的设计，为骨瓷底座镶上了铜鎏金装饰，包括雕有微型中式宝塔的围栏，并制作了特别的铜鎏金尖顶：底部为垂铃华盖，立杆有蛇环绕，顶端

---

1 *The Royal Pavilion Brighton: The Palace of King George IV*, guidebook (Brighton: Royal Pavilion, Libraries & Museums, n.d. [ca. 2008]), 34.

2 此处信息引自皇家收藏官网：http://www.royalcollection.org.uk/collection/1，以及 Beevers, *Chinese Whispers*, 106。其他收藏品中也有同样的宝塔，但尖顶处不同，或没有底座。如维多利亚和阿尔伯特博物馆所藏的一座，和佳士得 2013 年 5 月 14 日拍卖的两座（批次 217，拍卖编号 1119；由小崔基日〔Kee Il Choi, Jr.〕告知笔者）。

图 6

宝塔

约 1800—1803 年，约 1817 年开始在英国加
装附件；瓷、骨瓷、人造大理石及铜鎏金；
581 厘米 ×104 厘米 ×87 厘米

现藏：伦敦，皇家收藏信托

张开双翼的龙体被箭头刺穿，这部分造价为每座 350 英镑。[1] 整件作品的协调人、伦敦商人罗伯特·福格（Robert Fogg）亲自提供了安装在每层屋顶和围栏六面的铜鎏金海豚、麒麟和铃铛，每座塔为此耗费了 35 或 40 英镑。

仅从金钱上考量，花费近 500 英镑装点一座 100 英镑的宝塔，这些物品已堪比最为精美的欧洲绘画和装饰艺术品。[2] 更值得一提的是在技巧和创作上的投资，这些中国原作的装点工作集结了五位顶级供应商，采用了最精良的欧洲工艺和多种材料。这种跨媒介创作的精心结合不仅肯定了中国原品的价值，更将其作为创造性审美表现的灵感，把中国和欧洲装饰艺术视为对等且能够相互理解的精英文化创作形式。

这种对话再一次造就了混合式含义，融合了正宗中国图像的意涵与中国风衍生的异想。塔顶的龙模仿威斯威勒的设计，与塔身围栏上绘制的中国龙两相对照。蛇与原汁原味的中国图像并无明显关联，华盖反而是中国风艺术的常见元素，与园林和休憩亭有关。底座上的山水仿拟的是中国外销画，而这些画作本身便是材料、风格和不同赞助者间多层次、跨文化对话的产物。围栏上的麒麟是象征着仁慈或德治的中国神兽；虽然并不清楚乔治是否了解这一象征意义，这些麒麟仍然和宝塔上遍布的龙（象征皇帝）和凤（象征皇后）

---

1 乌利亚米的父亲，瑞典人贾斯丁（Justin），曾是英国顶级钟表师；William Bell Robertson and Frederick Walker, *The Royal Clocks in Windsor Castle ...* (London: John Walker, n.d. [1904]), 40。有关克雷斯的公司，见 Megan Aldrich, ed., *The Craces: Royal Decorators 1768–1899*, exh. cat. (Brighton: The Royal Pavilion Art Gallery and Museums, 1990)。

2 作为对比，1818 和 1813 年，乔治四世分别花费 840 英镑和 735 英镑购买了鲁本斯（Rubens）的《妇女肖像》（*Portrait of a Woman*）和他手中最昂贵的一座法国时钟，用来装点卡尔顿府邸的正殿（*Carlton House*, 93–95）。

一样，成为皇权的重要象征。[1] 海豚似乎是误"译"了宝塔上另一常见的装饰元素——鱼，它在中国是物质丰足的象征；不过也令人想起中华艇和 18 世纪法国建筑及喷泉上的海豚装饰。这些真实性不一的装饰元素尽管看似杂乱无章，却共同构成了中欧文化和统治者之间交集与亲近的象征。

同样，这些塔本身也造就了英皇阁与中国之间的对话性共鸣。塔作为中国的主要象征物，常常出现于有关中国实际景点的欧洲画作，以及用来装饰墙纸、漆器、瓷器和其他装饰艺术的杜撰之景。仿佛在欧洲人眼中，宝塔成为中国建筑最为精致、最具异国风情的例子，其依据来源于亲眼看过约翰·尼霍夫（Johannes Nieuhof）1665 年图版游记[2]者的口述。1800 年前后，欧洲人仍然在很大程度上忽视宝塔的宗教作用和意义，使它成为通常意义上中国性的世俗象征，与贵族休闲娱乐的中国风主题越发紧密结合。这显然是乔治把这些宝塔放在音乐厅中的原因，在这里，它们成为音乐的建筑类比物，显眼的铃铛巧妙地展现出乔治对听觉享受的重视并不亚于视觉和美食。[3] 同时，这些铃铛还与著名的南京宝塔间构筑起了考古上的联系，那座宝塔建于 15 世纪，同样以铃铛装点，在尼霍夫游记及后世多幅版画中都有描绘。塔身和塔顶布满五彩琉璃，在阳光或塔上灯光照耀下如瓷片般闪烁，因而被欧洲人称为"大瓷塔"

---

1 根据皇家收藏的条目记录，这些麒麟"大致上仿造"了在中国制作时已绘制在宝塔外墙上的麒麟。

2 荷兰语原版为：*Het gezantschap der Neêrlandtsche Oost-Indische Compagnie, aan den grooten Tartarischen Cham, den tegenwoordigen keizer van China*，意为《荷兰共和国东印度公司使团，敬献中国皇帝》（阿姆斯特丹：雅各布·凡·米尔斯，1665 年）。

3 可以说，整座英皇阁是延展于（位于南面宴会厅的）美食之极和（位于北面舞厅的）舞蹈之极间的空间和视觉环境。

（Porcelain Pagoda）。乔治的宝塔可能意在用真正的陶瓷制作南京宝塔的微型复制版，烛光照耀下的多彩瓷片，加上英皇阁中极度绚丽的光照效果，必定曾为他带来十足的享受。

我们可以批评说，有意的忽视使乔治和他的工匠弱化了宝塔原本的宗教作用。但是，正因为清空了这些瓷片的外来思想意识，才可能向它们注入新的、更普遍的功能，成就乔治想象之中、可与中国文化精英共享的抽象审美享受。换言之，把具有象征意义的大瓷塔重新置入皇室中国风的新语境中，乔治再次构想了皇室和贵族所共有的一种有关精致审美体验的文化，并以艺术、建筑和音乐的形式表达出来。在这种想象的跨文化交流当中，中国原品不再是用于陈列的异国收藏品，反而更多作为反馈式艺术表现的催化剂，为欧洲工匠的多次艺术加工提供核心元素。

铜鎏金附加件

1815 年，时任摄政王的乔治开始对海边行馆进行最终的印度 - 中国风改造，此时他已经收藏了大量完全来自中国的物品。其中有许多是在广东制作的针对外销市场的"半真品"，最著名的是一座巨大的中国舢板象牙雕塑，和几件由赤陶或石膏制成、外层涂漆且会点头的中国人物雕像。[1] 不过，乔治的藏品中也不乏最为正宗的

---

1 例如，RCIN4302 号藏品是一条 1 米长的船，参见 http://www.royalcollection.org.uk/collection/4302。与布莱顿藏品相似的点头人像，参考：http://www.royalcollection.org.uk/collection/26082。

中国装饰艺术：在中国制作、面向国内消费的精美清朝瓷瓶。[1]乔治通过奢侈品市场买到的这些作品，都由多方搜罗而来，包括克雷斯家族企业、福格、乔治最钟爱的法国供应商多米尼克·达谷里（Dominique Daguerre）、巴黎的其他代理，甚至他的几位法国厨师。[2]有些瓷器到达乔治手中时，已经镶装了18世纪中后期制作的铜鎏金附件。部分没有附件的也立刻在伦敦按法国手法安装，通常由乌利亚米完成。纳什的画集记录了散置于英皇阁各处的此类作品。

在现代中西方人看来，铜鎏金附件会破坏物品的原汁原味。审美上，金色的金属附加件常常显得笨重繁复，与中国容器的简洁外型和光洁瓷面相冲突。材料上，正如克里斯泰尔·史曼太克在本书及他处所述，加装铜鎏金会破坏物品的完整性，因为需要钻孔甚或去掉作品的头部或底部，加装后的容器过分沉重难以抱持，更无法轻易操控。[3]图7展示的是布莱顿英皇阁中的典型示例，这是一对1760年花瓶中的一个，除去加装物约有40厘米高，表面深红色，有蓝紫色条纹。根据记录，福格在1814年以80英镑的价格购入这对花瓶，并于1819年送到英皇阁，具体摆放位置尚不清楚。法式镶装件包括芦苇和珍珠纹饰的瓶底镶边（下部底座后加装于英国），顶上雕有浆果和莨苕叶的瓶盖，以及瓶颈处的饰带、帷幔、浆果和

---

1 相关信息仍较稀缺，但皇家收藏机构的一部中国艺术作品目录已近完成。感谢史黛丝·皮尔森（Stacey Pierson）和鲁弗斯·伯德（Rufus Bird）与笔者分享有关这些作品的看法。

2 De Bellaigue, *French Porcelain*, 1:7–33; Musgrave, *Royal Pavilion*, 36–37.

3 Kristel Smentek, *Rococo Exotic: French Mounted Porcelains and the Allure of the East*, exh. cat. (New York: Frick Collection, 2007).

图 7

中式花瓶

1760 年，附 18 世纪末或 19 世纪初制法国加装件，约 1814—1819 年制英国加装件；瓷、铜鎏金，62 厘米 ×22 厘米

现藏：伦敦，皇家收藏信托

莨苕叶。[1] 所有这些装饰都颠覆了花瓶原本的形态和显而易见的功能，用厚重的金属掩盖了流光溢彩的部分瓶面，将原本精妙混杂的色彩淹没在亮金色外框当中，花瓶的抽象形体被西式仿物图形所破坏，使人几乎无法碰触花瓶本身——而它恰恰是中国陶瓷美学的核心要素。[2] 如此一来，铜鎏金镶装显然篡改了原品，遮蔽了作品原本的审美语境。

然而，这些篡改并非傲慢无礼的产物，而是一种积极欣赏的姿态。在当时的语境下，铜鎏金镶装能够为物品增添荣光。正如安娜·葛拉斯康在本书中的论述，镶装附件的做法整体上根源自珍奇柜（cabinets of curiosities）的传统，意在把天然和人造的异国样本转制为具有知识或审美意义的手工艺品。直至文艺复兴时期，欧洲人仍然在往伊斯兰陶瓷上镶装昂贵的银质附件，到 16 世纪，转而装到中国陶瓷器件上。[3] 而在 18 世纪，他们也开始为珍贵的欧洲物品加装附件。当时，法国重要的皇家制造商塞夫勒为本厂的许多陶瓷奢侈品安装了铜鎏金件。这种作品极其昂贵，需要掌握各种工艺的专家，对每组定制化家居物品进行雕刻、铸型、镀金和漆涂加工。身为一位慷慨的金主和十足的亲法派，乔治收藏了全世界最多的塞夫勒工艺品，并把它们和中国瓷器一同陈列于卡尔顿府邸，以实际行动证明两者在价值上的对等——且都优于英国野心勃勃的本土陶

---

1 皇家收藏机构的鲁弗斯·伯德慷慨分享了这些信息。也可以参见 http://www.royalcollection.org.uk/collection/2316。

2 见 Jonathan Hay, *Sensuous Surfaces: The Decorative Object in Early Modern China* (Honolulu: University of Hawai'i Press, 2010)。

3 16 世纪在英国用银质附件镶装的一个中国瓷碗便是一例，该作品为纽约大都会艺术博物馆藏品，编号 68.141.125a,b。伊丽莎白女王拥有的另一件此类物品，请见 Beevers, *Chinese Whispers*, 39。

瓷业产品。[1]为已经镶装过的赤色花瓶再度加装底座，是要赋予它装饰艺术品最高的技术、经济和文化地位，也是为了强调中欧装饰艺术陈列体系间的结构对称性。笔者已在其他文章中提出，尽管物品的具体风格和陈列技巧互不相同，中、法、英三国的皇室和贵族阶级都曾利用这些艺术陈列强化自身的政治和文化威望。[2]通过与法国瓷器同样的方式框装中国瓷器，乔治同时把中法两国纳入了一场跨文化对话，利用两者的文化威望，表明自己是能同时洞悉全球最优秀审美传统的行家，彰显自身的文雅气质。

　　通过强化这些铜鎏金外框的视觉影响，并以英皇阁内部装潢的精致美学设计作为更宏大的框架，乔治更加突出了自己在这场审美对话中的创造性地位。在西方艺术和建筑中，装饰品通常被定义为对某个物品或建筑的不重要的补充。[3]而这些加装件似乎也符合康德对"附属物"的定义，即不显眼的外框装置使观赏者把注意力放在被框住的图像或物体上。[4]但是，英皇阁的加装件却十分明显，甚至过分夺目，盖过了花瓶的七彩光泽，以多样化、具象派的形态——比如，这座赤色花瓶上层叠的帷幔、生动的植物和可口的水果——掩盖了原品的静态抽象意涵。并且，成组的花瓶散布在英皇阁中，每只花瓶单一的审美效果都被包罗在鲜活壮观的金色之中，仿佛有铜鎏金缎带在房间之中流动穿梭，把花瓶、烛台、镜面、嵌线、家

---

1 Evans, *Princes as Patrons*, 15; de Bellaigue, *French Porcelain*, especially 7–11.

2 Thomas, "Yuanming Yuan / Versailles."

3 近期可参见 James Trilling, *Ornament: A Modern Perspective* (Seattle: University of Washington Press, 2003), 21。与之相对的是奥列格·格雷巴（Oleg Grabar）在 *The Mediation of Ornament* (Princeton: Princeton University Press, 1992) 中论述了装饰在所有文化中的核心转化作用。

4 见本书安娜·葛拉斯康的文章。

具等各色物品串联起来。布莱顿英皇阁的墙壁、吊顶、地毯甚至窗户都被精心装点，装饰品更显丰富；本来毫不重要的附属物变成了视觉效果的主角。

此处有两层重要含义。第一，这些镶装虽然采用欧式形态和元素，其摆放布置体现的装饰丰富感却符合人们所想象的中式审美，恰好达成了英国观赏者心目中有关中国装饰艺术的骇人的感官放纵效果。过度装饰即是中国风味。第二，这些珍贵花瓶的镶装和布景在视觉上已与花瓶本身同等重要，乔治以此强调自己作为布莱顿家居陈列的策划者和指挥者的地位，把中式作品当作创造性地表现精英国际文化的工具。这些加装件不仅是被动的框架和基座，更是表达亲近的积极姿态，仿佛爵士乐般的对唱表演，展现国王对中国审美的赏识和相应的欧洲审美的把握。

结论：想象中的亲近

英皇阁的内部装潢作为一个整体，对中国和法国元素进行了改编，通过框饰、并置，并与新的形态混合，将它们与英国元素重新结合，创作出与欧洲和中国本源相去甚远的新鲜审美感受。在印度式外壳的包裹之下，这些元素更被置于一种富于想象的国际性审美空间，以跨越国界的形式表现各种脱离了本源的审美感受，不属于任何文化却又统一且产生共鸣。这种别出心裁的设计、陈列与装饰共同构成了精致迷人且不断迭代的中国风系统，中国物品、元素、审美效果和文化理念成为创造性想象的源头，参与到充满活力的装饰家居的创作当中，在英、法、中元素间展开卓有成效的对话，彼此互补又相互成就。

这些表达亲近感的姿态能否引发真正的跨文化交流？布莱顿宫

殿装饰的创作和接收过程并没有中国代理人的直接参与,难以断言乔治四世与中国皇帝或其子民展开了互惠交流。但是,通过构想这样的对话,乔治展现了中国艺术的尊严,找到了文化上对等的伙伴,创造出了可以相互交流的审美框架,最终推动了不同文化间的理解。当然,英皇阁显然是乔治巩固他在英国个人威望的政治工具,而建立威望的基础则是展现他对中、法、英不同审美的把握。同样,作为国家威望的载体,中法两国在这座宫殿面前具有同样的地位,都是完整的文化范本和旗鼓相当的政治竞争对手。因此,尽管面对的是英国受众,缺乏来自中国的反馈,英皇阁仍然创造了一种对世界的愿景,乔治和他的国家在这里成为践行精英国际文化的上层人士,该文化在世界各大民族间流传,由大国君主和贵族所共享。这一愿景绝没有轻视或诋毁中国,反而把中国置于和其他大国同样的精英地位。

表面接触：中国味装饰

斯泰西·斯洛博达
（STACEY SLOBODA）

　　1807 年，英国桂冠诗人罗伯特·骚塞（Robert Southey）回顾中英在此前一百多年的积极贸易往来时，写下了这样的句子："盘子、茶碟使我们对中国人的了解远胜对其他远方异族的了解。"[1] 确实，清代中国和 18 世纪欧洲的相遇属于物质层面，主要通过商业贸易和外交贸易中的各类器物相互接触。由 17、18 世纪耶稣会传教士及其中国恩主创作和交流的文字与图像作品，提供了两者之间文化接触和知识生产的重要佐证，更多欧洲人通过中国的商业出口——尤其是瓷器、漆器、丝绸、象牙和其他装饰品，了解了这一国度。相较于从欧洲进口物品，中国人更希望得到实实在在的银锭，不过通过实物贸易中国还是出现了一些欧洲物件，包括钟表、镜子和其他新鲜玩意。骚塞的评论表明，装饰物品具有显著的知识传播功能，但却也说明这种对知识的认知一定程度上停留于表面，这种

---

1 Robert Southey [Don Manuel Alvarez Espriella, pseud.], *Letters from England* (1807, New York: David Longworth, 1808), 1:186.

认知偏见至今仍普遍存在。

  然而，有关物质文化和艺术史的近期研究认为，如果认真研究实用主义物品及其装饰，并赋予其一定的能动性（agency），便有可能对它们的社会功能做出更全面的解释。[1]本文将探讨18世纪中国贸易中的装饰物品如何发挥其作为连接手段的功能，调解跨越文化的交流体验。这种体验一部分通过形式特征传达，尤其是通过使用重复策略和重视表面特征得到传达，这些做法也改变了中国和欧洲受众体验跨文化接触的方式。[2]尽管一般认为，装饰的功能主要是打破严肃或单一的呈现方式，笔者却主张装饰是中欧受众之间重要的交流方式，因为双方在多数情况下缺乏用于交流的通用文本或图像语言。我们不应把清朝时期流通于中欧间的装饰品仅仅当作商业和外交交流的产品，还应将其看作是一种接触空间，透过这些物品，制造者、消费者，以及物品本身的物质存在和视觉存在，得以相互赋予意义与价值。换言之，中国贸易所产生的物质文化不单单是贸易体验和贸易环境的反映，更是为中欧受众塑造跨文化接触体

---

1 具体参见 Arjun Appadurai, "Introduction: Commodities and the Politics of Value," in idem, ed., *The Social Life of Things: Commodities in Cultural Perspective* (Cambridge: Cambridge University Press, 1986)；Alfred Gell, *Art and Agency: An Anthropological Theory* (Oxford: Oxford University Press, 1998)；Bruno Latour, *Reassembling the Social: An Introduction to Actor-Network Theory* (Oxford: Oxford University Press, 2005)；W. J. T. Mitchell, *What Do Pictures Want? The Lives and Loves of Images* (Chicago: University of Chicago Press, 2006)；Robin Osborn and Jeremy Tanner, eds., *Art's Agency and Art History* (London: Blackwell, 2007)。

2 Ernst Gombrich, *The Sense of Order: A Study in the Psychology of Decorative Art* (London: Phaidon, 1979)，对这三种装饰特征及其他特征进行了探讨；Kent Bloomer, *The Nature of Ornament: Rhythm and Metamorphosis in Architecture* (New York: Norton, 2000)，以及 Jonathan Hay, *Sensuous Surfaces: The Decorative Object in Early Modern China* (London: Reaktion, 2010)。

验的能动体。倒不是说无生命体的情感品质（affective quality）存在于真实社会、经济和文化语境之外，相反，它们与上述体验相辅相成，彼此成就。

　　清朝时期，中国与欧洲之间横亘着强大的地理、文化、体制和语言障碍，本书各篇文章作者所探讨的数量众多且富有成效的接触实践，也无法抹去两者相遇过程中的文化沙文主义、彼此误解和了解不足。这一接触的复杂性在实质物品和室内装饰中得以体现和消弭。装饰不只是文化差异的表现形式，更是 18 世纪制造者和消费者追求"中国味"（Chinese taste）时尚的一种策略。截至 18 世纪，这种审美追求已经在欧洲大部分地区、美洲殖民地、奥斯曼帝国和波斯成为一种国际化现象。可以将其定义为一种审美取向（aesthetic disposition）——即热衷于中国或中国之外制作的某类物品，这些物品在图像、材料或符号上能够与制造者或消费者的中国想象产生共鸣。[1] 部分中国味演变成了主要甚至完全盛行于欧洲的中国风艺

---

1 本文中，笔者使用"中国味"一词时均未添加引号，仅在提及对中国物品的非中式审美秉性时除外。有关各种民族语境下的中国味，请见 Stacey Sloboda, *Chinoiserie: Commerce and Critical Ornament in Eighteenth-Century Britain* (Manchester: Manchester University Press, 2014)；David Porter, *The Chinese Taste in Eighteenth-Century England* (Cambridge: Cambridge University Press, 2010)；Yuka Kadoi, *Islamic Chinoiserie: The Art of Mongol Iran* (Edinburgh: Edinburgh University Press, 2009)；Francesco Morena, *Chinoiserie: The Evolution of the Oriental Style in Italy from the Fourteenth to the Nineteenth Century*, trans. Eve Lecky (Florence: Centro Di, 2009)；David Beevers, ed., *Chinese Whispers: Chinoiserie in Britain, 1650–1930*, exh. cat. (Brighton: Royal Pavilion and Museums, 2008)；Georges Brunel, ed., *Pagodes et dragons: Exotisme et fantasie dans l'Europe rococo 1720–1770*, exh. cat. (Paris: Paris-Musées, 2007)；George Kuwuyama, *Chinese Ceramics in Colonial Mexico*, exh. cat. (Los Angeles: Los Angeles County Museum of Art, 1997)；Tove Clemmensen and Mogens B. Mackeprang, *Kina og Danmark 1600–1950: Kinafart og Kinamode*, exh. cat. (Copenhagen: Nationalmuseet, 1980)。

术，其材料、装饰和用法有时会包含美德与失德、长寿与脆弱、创新与模仿、商业与奢侈等相互冲突的概念。中国风的形式特点往往强调丰盛、脆弱和享乐，与洛可可风格的审美价值联系紧密。因此，虽然中国风是 18 世纪中国味时尚的一部分，但并非所有中国味物品都属中国风。本文将同时分析中国风物品和广义的中国味物品——后者的装饰策略有意识地弥合了文化差异和障碍，不是为了超越这些差异和障碍，而是为了突出强调及从中调和。

　　与图画、文本或听觉等其他沟通方式一样，装饰具有传达和掩饰特殊信息的功能。但是，由于装饰对其边缘属性的自我定位，以及人们对其表面属性的普遍认识，装饰在发挥这些功能时，无法令人持续或集中关注其呈现的思想、体验和联想。值得注意的是，中国味物品主要包括那些表面看似有用实际却从属于更大装饰方案的物品，并不包括这一时期更多体现西方自主性（autonomous）审美追求的绘画或雕塑。[1] 作为与此相关的物品和图像，中国味作品注重一种表面连接性（surface connectivity），注重对跨文化接触充满魅力却又最终难以捉摸的描绘。这类物品的成功恰恰源于它们的符号可变性和边缘化审美地位，它们往往屈居于卧室、私宅和园林建筑，以及府邸中其他私密或次要的房间，修辞上也常与女性化品

---

1 但是，康德直到该世纪末才提出对艺术自主性（autonomous quality of art）的定义。见 Andrew Bowie, "Aesthetic Autonomy," in David E. Cooper, ed., *A Companion to Aesthetics* (Oxford: Blackwell, 1992)。

味相连。[1] 本文认为，在历史上装饰是一种杰出的跨文化交流形式，因为它既减少了文化、绘画和语言上的差异，又强调了交流双方共同的装饰策略。

连接

装饰作为中国创作者与外国消费者的一个接触点，最明显的案例之一是绘画装饰在中国外销品中的应用。中国工匠常常仿造欧洲商人提供的设计和样品，在外销到欧洲的瓷器和其他材料上加以运用。可以把这类物品的设计和制作过程理解为中国与欧洲的相遇点，经此过程创作出的物品将为中欧制造者和消费者带来文化接触的体验。这些合作制品也将这种接触的概念显化表达了出来，广州工匠为英国海军准将乔治·安逊（George Anson）制作的瓷质餐盘（图1）便是一例。[2] 餐盘中心设计有两个明显的图形元素：一个是安逊的百夫长号战舰上的绘图员皮尔西·布莱特（Piercy Brett）所画的一棵面包树，显然由安逊本人提供给中国工匠；另一个是以田园风、异国风元素描绘爱情的所谓"情人节图案"（Valentine pattern）——

---

1 18世纪，中国味的女性化修辞广为人们所接受，实践中的性别倾向却并不明显。有关这一风格的女性化联想，参见 Vanessa Alyrac-Fielding, "Frailty, Thy Name is China," *Women's History Review* 18 (2009): 659–668；David Porter, *Chinese Taste*，以及 Sloboda, *Chinoiserie*。有关男性对此风格的参与，参见 Ethan W. Lasser, "Reading Japanned Furniture," in Carma Gorman and David Raizman, eds., *Objects, Audiences, and Literatures*: *Alternative Narratives in the History of Design* (Newcastle: Cambridge Scholars, 2007)，以及 Sloboda, *Chinoiserie*, 67–81。

2 最近有文章讨论了这件餐具，见 Stephen McDowall, "The Shugborough Dinner Service and its Significance for Sino-British History," *Journal for Eighteenth-Century Studies* (early online publication, 17 June 2013). doi: 10.1111/1754–0208.12034。

图 1

安森餐具中的汤盘

中国景德镇,1743—1747 年,彩釉镀金瓷器,直径 22.9 厘
米

现藏:伦敦,大英博物馆

这种图案的变体也见于 18 世纪 40 年代之后的其他中国外销品和此后的英国伍斯特郡瓷器之上。[1] 安逊定制的这批餐盘其外缘是围绕着中心图画的两幅河景。右侧，欧式和中式船只在澳门灯塔边沿珠江航行；左侧，欧洲船只刚刚驶过英国重要军事港口普利茅斯湾的爱迭斯顿灯塔（Eddystone Lighthouse）。观赏者只要转动餐盘或环顾盘缘，就能往来于广州和普利茅斯之间，回顾安逊的数次巡航和这只餐盘所历经的旅程。[2] 这场视觉航行被安逊的狮鹫顶饰和家族纹章打断，仿佛在申明他与这两地间的关联。

　　安逊的餐具不仅展露了受商业交往推动的中欧接触的物质轨迹，同时，用中英两地相连的图画绘制了这一接触的隐喻。能将全然不相干的元素连接起来，正是装饰品的一项特质。无论何种风格的装饰往往都处于边缘地位——在门窗周围的墙壁、地板、吊顶和边框上，在人们脚下或是身边。[3] 结果，它反倒成了强有力的连接者，把互不相干甚至相互冲突的主题衔接在一起，产生新的意义。

　　1728 年左右，在巴黎制作的一台地球仪和中国风支架（图2）也展示了类似的连接性。地球仪由神学家、物理学家让－安托万·诺莱（Jean-Antoine Nollet）设计组装，反映了欧洲人从制图学视角认知的世界，安放地球仪的木架上有仿佛红金中国大漆而实

---

1 此处的情人节图案由两部分构成：一是"消失的主人"（Absent Master），包括两只狗、一顶女帽、风笛、交叉的牧羊棍和一群羊，二是"爱的圣坛"（Altar of Love），包含一个火钵、两颗燃烧的心和站在弓箭上的两只鸽子。David S. Howard, *Chinese Armorial Porcelain* (London: Faber and Faber, 1974), 323，以及 Regina Krahl and Jessica Harrison-Hall, *Ancient Chinese Trade Ceramics from the British Museum*, exh. cat. (Taipei: National History Museum, 1994), 100。

2 Kee Il Choi Jr., "Hong Bowls and the Landscape of the China Trade," *The Magazine Antiques* (1999): 501–509。也探讨了中国外销瓷器的类似"航行"。

3 Bloomer, *Nature of Ornament*, 16–17.

图 2

漆面装饰地球仪和支架

让 - 安托万·诺莱（法国人，1700—1770 年），设计师；路易·博尔德（Louis Borde，法国人，活跃于 1730—1740 年），地图雕刻师；纪尧姆·马丁（法国人，1689—1749 年）和埃蒂安 - 西蒙·马丁（法国人，1703—1770 年）作坊，1728 年，马丁清漆木架、混凝纸、印色纸和铜

现藏：洛杉矶，保罗·盖蒂博物馆

际由马丁漆绘制的中国风花卉装饰和涡卷饰。木架出自纪尧姆·马
丁（Guillaume Martin）和埃蒂安 – 西蒙·马丁（Étienne-Simon
Martin）两兄弟的作坊，正是这二人发明了仿东方漆的法国工艺并
冠之以家族姓氏。[1] 以单色印制的光滑球体表面和多彩闪光的木架
表面形成对比，两种截然不同的物品被连接在一起，仿佛给画作镶
上了外框。这座地球仪是以视觉和文本形式呈现地理知识的杰作，
已知且已命名的地区都以清晰的衬线字体注明，各大洲和国家由黑
色虚线划分边界，勾画出复杂却有序的世界。木架三个侧面饰板上
的简单花饰、概略图形和山水景观则与地球仪上翔实的视觉信息形
成鲜明对比。实际上，它们代表的是两种不同的视觉体系，一种依
靠文字和线条来描绘地球的图像，另一种以各种色彩、形状和风格
符号衬托地球图像，展现其实用价值。[2]

　　显而易见，诺莱地球仪对欧洲大陆的描绘更为具体，但亚洲部
分也呈现了大量信息。它让人们关注到亚欧之间的地理乃至语言和
文化差距，容纳和展示它的木架则利用混合式的中国风视觉语言，
在差距间架起了桥梁。事实上，中国风能利用与两种文化均有关联
的图像和材料，把对不同国度的呈现联系在一起，因而成为 18 世
纪地球仪支架可采用的理想风格。支架不仅因容纳和支撑地球仪而
具有实用性，还连接了世俗风格的外部图像和室内空间。地球仪呈
现了不同的地理位置，支架却成为各地之间的联结。作品所表达的
诺莱的全球地理知识，一定程度上是此前数个世纪以来耶稣会士和

---

1 Jean-Nérée Ronfort, "Science and Luxury: Two Acquisitions by the J. Paul Getty Museum," *The J. Paul Getty Museum Journal* 17 (1989): 47–82.

2 但是，木架边缘以下的南半球有一部分被支架遮挡，使地球仪无法完全发挥功能。特别感谢保罗·盖蒂博物馆装饰艺术和雕塑馆长卡丽莎·布雷默 - 大卫（Charissa Bremer-David）与笔者讨论这一作品，并提供研究照片。

中国学者文化接触的产物。木架上时髦的中国风装饰语汇，使法国观赏者也能对此感同身受。

因此，装饰能够把物品连接到一个连贯的体系当中，成为以空间和概念手段连通不同物品，以及连通物品与使用者的连接者。尽管所有装饰风格都有这种功能，但笔者认为，中国风是一种尤为强大并能引起共鸣的连接中介。中国风的特点是强调表面效果、丰富感，以及通过文化和绘画的奇思妙想实现边缘性特征，也正是这些元素使得这一装饰风格如此成功。18 世纪，中国味吸引了大批不同的追随者，却也为许多人所不屑，直到近年来，在现代学者的论述中仍未获得多少好评。不过，倒少有人能否认它是一种普遍存在的装饰手段。哪怕到了今天，即使花瓶上图形或布面花纹的图像意义与物品的实际用途几乎毫不相干，青花瓷瓶或印花枕头仍是"端庄高雅"的标准配置。中国风或者广义上具有中国味的物品的价值不仅取决于它们的象征意义，更在于潜在的联想和连接作用。换句话说，和许多装饰一样，中国风具有符号性而非图像性功能。

重复

中国味装饰的连接和联想作用在普利茅斯的萨尔特拉姆府邸（Saltram House）也有体现，此处收藏了多幅 18 世纪中国镜画，府邸中有四个房间张贴着中国外销壁纸，生动展现了装饰在塑造欧洲人跨文化认知方面的作用。萨尔特拉姆府邸的这些中国壁纸和镜画可能由约翰·帕克（John Parker）爵士和凯瑟琳·帕克（Catherine Parker）夫妇于 18 世纪 40 年代或 50 年代购入，它们所在房间的整体装饰风格与一墙之隔的新古典式房间对比鲜明，这些新古典式房间的装饰由帕克夫妇的儿子约翰·帕克（John Parker）和儿媳特丽

萨·帕克（Theresa Parker）委托罗伯特·亚当（Robert Adam）在
18 世纪 70 年代完成。尽管两种装饰在风格上大相径庭，中国风设
计和新古典主义设计都有意识地把装饰作为传达意义的手段。亚当
的室内设计以秩序、规律和柔和的色调著称，他在萨尔特拉姆府邸
设计的这些房间也不例外。这些特征通过地板、吊顶和家具中形状
和装饰元素的细致重复得以体现，并透过新古典主义风格传达出知
识、道德和审美上的文雅致趣。[1]

　　重复也作为装饰策略被运用在萨尔特拉姆府邸的中国风房间当
中，不过运用得更加随性大胆，传递的是异国风情和时尚特性。
例如，中式衣帽间中，从两幅类似图画的多张副本上裁下了约 72
片墙纸，贴满四壁，包括衣帽间入口处两侧的隔断墙（图 3）。[2] 这
些壁纸属于 17 世纪晚期或 18 世纪初期广州专为欧洲市场制作的一
种早期工厂壁纸，描绘的是中国山水风景。[3] 这些桑皮纸上的手绘
风景之间，穿插着身着长袍的男子和身形纤长的女子，这些女性形
象通常被以荷兰语称为 lange lijzen（英文为 Long Elizas），意为
"瓷中美人"，常见于 17 至 19 世纪的各种装饰物上。[4] 这些壁纸只
是构成更大景观的系列图画的一部分，但是这些图像之间没有能够
衔接的点，应是从组图中随意抽出两张多次复制的结果。两张图被

---

1 关于新古典主义的文化内涵，请参见 Viccy Coltman, *Fabricating the Antique: Neoclassicism in Britain, 1760–1800* (Chicago: University of Chicago Press, 2006)。

2 感谢英国国民托管组织萨尔特拉姆府邸和收藏官员凯瑟琳·佩克（Catherine Peck）估算了更衣室中壁纸的张数。她提出了有趣的一点，从这个房间来看，一张或一片壁纸的具体组成可能不像看起来那么简单。国民托管组织的纸张保护顾问安德鲁·布什（Andrew Bush）正在对萨尔特拉姆的壁纸进行研究，并制作了相关目录。

3 关于"工厂"纸，请参见 Gill Saunders, "The China Trade: Oriental Painted Panels," in Lesley Hoskins, ed., *The Papered Wall: History, Pattern, Technique* (New York: Abrams, 1994)。

4 壁纸风格与意大利皮埃蒙特市斯杜皮尼吉行宫（Stupinigi）狩猎屋中一组 1730 年前后的不完全对称的纸品相似。Saunders, "The China Trade," plate 54.

图 3

萨尔特拉姆府邸的中式更衣间

18 世纪中期，英国普利茅斯

两两搭配或上下交叠于萨尔特拉姆的更衣间中，创造出一种奇异的空间分裂感。一张壁纸中，月洞门里人物坐于桌旁的画面，被另一张壁纸中的月洞门画面底部截成两半；一张壁纸中的太湖石堆也被另一张壁纸的上部突然一分为二（图4）。为了增添混乱感，甚至从其他纸张上剪下人物、动物和植物，粘贴到壁纸的空白和连接处——比如，隔墙左上部的人物和他身边的鹤。由于是手绘作品，壁纸的构图中存在各种不规则之处。例如，壁纸画面中的有些人物是仿照旁边人物绘制，但面部特征和色彩运用上却有出入。

　　和府邸中别处一样，这些壁纸似乎属于一种奇怪的类别，像是剩余物或二手品——不过，幸而令中国味物品广受赞赏的是其装饰和联想价值，而非图像或绘画逻辑，所以它们的价值也许并未过分削减。有关萨尔特拉姆府邸的这些壁纸和其他中国物品购买途径的资料甚少，但中国壁纸一般经由私人贸易流入欧洲，这种特殊出口贸易无论是否属于东印度公司的经营范围，都由东印度公司的职员、商员和船员负责交易。由于众多地主家庭的次子们必须自力更生，东印度公司的职位便成了潜在的肥差，英国许多乡间别墅家具中的中国器件都来源于这些人的航行。东印度公司的代理商也会私下收取佣金，在中国人或专营亚洲货物的英国经销商之间投机倒卖，利用私人贸易赚取外快。虽然被英国东印度公司归为次要产品，手绘中国壁纸仍然极为受少数能够负担者的追捧。在英国，一张画工精良的作品要价约15先令，等于同一时期中等水平的伦敦工匠一星期的薪水。吉尔·桑德斯提到，这一时期中国壁纸的单张价格甚至可能高达63先令。[1]

　　无论是谁在萨尔特拉姆府邸张贴了这些壁纸——可能是凯瑟

----

1 Saunders, "The China Trade," 42.

图 4

萨尔特拉姆府邸中式更衣间的壁纸

广州，17 世纪末—18 世纪初，桑皮纸、颜料

英国普利茅斯

琳·帕克本人，张贴者似乎都很热衷于将它们用作拼贴的原材料。
剪开壁纸和印花、按照新的图样粘贴到墙壁上，是 18 世纪装饰方
案中的一种常见做法，尤其与女性的工艺习惯相关。[1] 房间的装饰
方案在很大程度上忽略了空间逻辑和绘画连贯性，杂乱感似乎是刻
意而为。壁纸上下和边缘的回形纹框更加凸显了这一点，切割开来
的纸张由此衔接成一整幅构图，与房间中诸如壁纸近侧的壁炉（图 5）
等其他装饰元素相连。

　　作为一整幅构图，壁纸强调的是装饰的重复概念，而非绘画
的逻辑概念。以碎片化、重复式序列张贴壁纸的反错觉策略（anti-
illusionistic strategy）推翻了在同一画面中呈现中国山水画完整理
解和秩序的连贯性。相反地，中国山水画元素和人物被用作单纯的
装饰物，创作出一个方向错乱的装饰表域（disorienting decorative
surfacescape），强调的是重复形态的视觉愉悦感，而非绘画连贯
性或图像意义。[2] 这便是装饰的功能。如迈耶·夏皮罗（Meyer
Schapiro）所述："区分装饰物和其他艺术表现形式的主要形态特征，
是以重复为主要连接手段，近乎完整地覆盖某一表面所营造的规律
性。"[3] 因而，这间中式衣帽间的壁纸有力地表明了自己作为装饰手
段的地位。

---

1 见 Sloboda, *Chinoiserie*, 117–135；Ellen Johnson Kennedy, "The Taste for Bringing the
Outside In: Nationalism, Gender, and Landscape Wallpaper 1700–1825," in Jennie Batchelor
and Cora Kaplan, eds., *Women and Material Culture 1660–1830* (Basingstoke: Palgrave
Macmillan, 2007)，以及 Ariane Fennetaux, "Female Crafts: Women and *Bricolage* in Late
Georgian Britain," in Maureen Daly Goggin and Beth Fowkes Tobin, eds., *Women and
Things, 1750–1950: Gendered Material Strategies* (Burlington, Vt.: Ashgate, 2009)。

2 "表域"一词源自 Jonathan Hay, *Sensuous Surfaces*，用于形容反错觉装饰的连贯性。

3 Meyer Schapiro, *The Language of Forms: Lectures on Insular Manuscript Art* (New York:
Pierpont Morgan Library, 2005), 55, 引自 Hay, *Sensuous Surfaces*, 72–73。

图 5

萨尔特拉姆中式更衣间的壁纸

广州，17 世纪末—18 世纪初，桑皮纸、颜料

英国普利茅斯

与绘画统一性和空间连贯性相反，这种对装饰重复性和空间错乱感的强调是中国味调和表面接触的危险与愉悦的一种方式。对中国味的大部分批评针对的是中国绘画技法为部分欧洲观赏者带来的不连贯感。詹姆斯·马里奥特（James Marriot）在 1755 年的写作中坚称，中国绘画"不断违抗事物的真实性，难副优雅之名。虚假的光影、透视和比例，艳丽的色彩……简言之，毫不连贯地拼接自然中的形体，罔顾表达和含义，便是中国绘画的精髓"[1]。马里奥特所熟知的中国绘画技法可能局限于中国外销瓷器和其他消费器具，但他的批评反映了一种普遍看法，就连中国味爱好者也认为不连贯是它的主要特色之一。不过，在这种负面理解之外，模糊的中国味有可能让持大同思想的赞助人无意再去勾画进而掌握一种连贯且易理解的完整异国文化。一幅祥和有序的风景画展开的是占有和掌控的可能性，这种可能性正处于风景画和帝国主义的核心。[2] 萨尔特拉姆府邸的更衣间和另外 3 个房间的壁纸有意破坏了风景和文化的掌控性视野，转而强调壁纸作为物品的性质。经过裁剪、粘贴和重复，这些壁纸丧失了原有的图像承载功能，成为房间中完全物质化的存在。这样一来，它们展现的不是中国文化的错觉画面，而是一个模糊的跨文化遭遇下的碎片式物质痕迹。

表面导向

萨尔特拉姆府邸壁纸中绘画逻辑和图像意义的缺失阻断了深入

---

1 James Marriot, *The World*, 117, 27 March 1755, n.p.

2 W. J. T. Mitchell, "Landscape and Empire," in idem, ed., *Landscape and Power*, 2nd ed. (Chicago: University of Chicago Press, 2002); Beth Fowkes Tobin, *Colonizing Nature: The Tropics in British Arts and Letters, 1760–1820* (Philadelphia: University of Pennsylvania Press, 2004).

文化认同的可能，但它的明亮色彩、流行元素和创造性组合却又建立起了与时尚世界和全球商业之间的联系。这些在壁纸表面特征中得到充分呈现，一面强调图案的绘画组织，一面在拼贴中拒绝空间退缩和秩序感。萨尔特拉姆府邸的中国玻璃反画收藏进一步表明，这种对表达深度和视觉连贯性的抗拒是有意为之的装饰策略。这些玻璃反画如今挂在萨尔特拉姆府邸的两个房间中，画的背后是杂乱拼接的中国壁纸（图 6）。这些壁纸和镜画共同组成了一系列不同寻常的多层表面，构成对文化接触的视觉和物质记录，却又拒绝描绘文化融合的图景。

　　在透明玻璃背面作画的手法于 13 世纪出现在威尼斯，17 世纪在德国和中欧部分地区盛行。17 世纪晚期，中国工匠从法国耶稣会士那里学会玻璃板制造技艺后，便开始制作玻璃反画，广州也出现了为国内外市场供应此类画作的作坊。[1] 除了中国国内生产的玻璃板，英国东印度公司也将英国玻璃运往广州加以绘制，而后返销回本国。同时，伦敦艺术家也在努力复兴这一被认为遗失于几世纪前的技艺，目的可能是与从中国进口的商品竞争，也可能是要把洛可可式室内装潢中流行的这种绘画转化为资本利益。[2]

　　确实，中国玻璃反画的闪耀表面在萨尔特拉姆府邸装上精雕细琢的英式镀金画框后，更加符合热衷于利用反射面打造丰富视觉效果的洛可可式审美。蒂蒙·斯克里奇（Timon Screech）提出，在

---

1 Emily Byrne Curtis, *Glass Exchange between Europe and China, 1550–1800* (Burlington, Vt.: Ashgate, 2009), 50–51.

2 这一时期的艺术创作手册记录了详细过程。Godfrey Smith, *The Laboratory; or, School of the Arts* (London: Stanley Crowder and B. Collins, 1755)；Robert Dossie, *Handmaid of the Arts*, 2nd ed. (London: J. Nourse, 1764)，以及 *The Artist's Repository* (London: Charles Taylor, 1788)。

图 6

萨尔特拉姆的中国镜画、镶英式雕刻镀金镜框，挂于拼贴中式壁纸对墙，18 世纪中期

极少用玻璃镶装画作的时期，透过玻璃看画会产生一种疏离感，把观赏者和画中主题隔离开来，建立多重权力结构。[1] 当时的英国观赏者十分在意这种隔离感，一位绘画大师认为玻璃画"容易产生冷漠感……画家必须加以防范，努力向画笔灌注神采；否则，平滑的玻璃会令画作变得单调沉闷"[2]。大部分外销的中国玻璃反画的题材是中国山水中的仕女或成双成对的人物。由于常常仿照自欧洲版画——至少受其灵感启发，这些人物通常具有一种与欧洲表现形态相关的自然主义，画中山水常按单点透视构图，服饰和景色却是中式风格。背景中未加描绘的部分或采用留白，或一如萨尔特拉姆府邸的许多藏品，用水银处理后制作成反射镜面。由此一来，镶挂这些画作的房间便呈现出三个层次的画面：（包含更多拼接层次的）壁纸、玻璃上的图画和反射出的观赏者或房间画面。

从定义上讲，表面是无法理解和穿透的，但同时也是接触空间和体现形而上连接的场所。18 世纪中欧相遇时的视觉和物质产物通过装饰的形式，体现了这种细微的连接。因此，装饰品不仅成为中国和欧洲文化相遇的主要载体，更为这场相遇赋予了意义。中国贸易产生的物质和视觉产品既展现了连接和合作的可能，又揭示了融合与深层接触的不可能。中国味物品将两者归入装饰逻辑当中，通过重复策略和对表面的强调建立起想象，以及调和文化相遇的语境，进而体现这种可能与不可能的真正意涵。

此间此外：彼得大帝治下俄国的"中国味"

詹妮弗·米拉姆
（JENNIFER MILAM）

　　一千多年来，俄罗斯与东西两方都保持着积极而不断变化的关系，其文化身份的构建也在东西方之间来回摇摆。[1]11 至 12 世纪，基辅罗斯公国与欧亚之间都存在商务和文化上的联系。但到了 13 世纪，基辅罗斯被蒙古占领，割断了与西方的联系。这一时期俄国与东方关系进展顺利，但俄国似乎并不认为相比于中断交往数世纪的欧洲，自己在文化上与亚洲邻国更为亲近。[2]15 到 17 世纪，莫斯

---

1 有关俄罗斯历史上倾向于东、西方的文化转向，请参见近年研究：Susanna Soojung Lim, *China and Japan in the Russian Imagination 1685–1922: To the Ends of the Orient* (New York: Routledge, 2013)，以及 David Schimmelpenninck van der Oye, *Russian Orientalism: Asia in the Russian Mind from Catherine the Great to the Emigration* (New Haven: Yale University Press, 2010)。

2 相关早期历史，参见 Mark Mancall, *Russia and China: Their Diplomatic Relations to 1728* (Cambridge: Harvard University Press, 1981)。

科公国近乎与世隔绝，对外部世界缺乏好奇。[1] 不过，已有充分证据表明，17 世纪初期与中国的接触重新激发了俄国对东方的兴趣，彼得大帝时代（1682—1725 年）的俄国已经出现了中国艺术的收藏和陈列，以及中国风艺术的发展。

在俄国，有关中国的文字作品直到 18 世纪末才广为流传[2]，视觉作品在有关中国的思想交流中曾起到核心作用。确实，可以认为俄国人看到的中国，经过了彼得一世宫廷和周围贵族宅邸中的装饰和陈列模式的过滤。来自东西方的物品都被聚集于此，结合在圣彼得堡市内及周边新建的宫殿内部——这些宫殿当时实际上是空白一片，任由欧亚两洲施加各自的文化影响（当然，前者的影响比后者大得多）。彼得夏宫（Peterhof）等宫殿并未继承莫斯科公国时期的形态，内部装潢展现的是巴洛克和洛可可式装饰风格，其中包括欧式中国风。不过，与此同时，装潢中也有由旅行商队和欧洲商人直接购自中国的正宗中国物品，表明俄国与东方之间由来已久且持续不断的外交接触，以及俄国在欧洲奢侈品市场中的新兴消费者定位。由此造就的混合风装饰促使我们重新审视 1700 年以来酝酿于俄国的中国风。人们普遍认为，俄国的中国风不过是对彼得大帝在普

---

1 15 到 17 世纪，莫斯科公国时期，俄国成为高度集权的专制国家，由多位大公统治。15 世纪，伊凡三世首先使用了沙皇称号，表明各位大公之间存在角力，整个俄国领土是他们的共同财产，其统治涵盖军事、司法、外交等方面。见 *Russia: A Country Study* (Washington, D.C.: Federal Research Division, 1998)。有关莫斯科公国时期的架构和相关编史学，参见 James Cracraft, "Peter the Great and the Problem of Periodization," in James Cracraft and Daniel Rowland, eds., *Architectures of Russian Identity 1500 to the Present* (Ithaca: Cornell University Press, 2003), 7–17。

2 大部分中国游记经西欧流入俄国，即使俄国旅行者创作的游记也是如此，在以俄文出版前已先译成英文、法文和德文出版。俄国外交记录和西欧中国文学间的时差与脱节，参见 Barbara Maggs, *Russia and "le rêve chinois"* (Oxford: Voltaire Foundation at the Taylor Institution, 1984), 8–9 and chapters 2–3。

鲁士、荷兰、英国和法国看到的室内装饰和陈列的采而用之，属于俄国西方化整体进程的一部分。[1] 需要进一步思考的是，俄国中国风——或者俄国对于这种想象中的中国的具体兴趣和体验——在多大程度上包含了对俄国作为东西方之间媒介的地理和文化地位的转变。[2]17 至 18 世纪，作为强大的模范帝国，中国曾是欧洲人政治敬仰、文化好奇和商业交往的核心。而且，那时的中国也相对无法渗透。彼得对于俄国抱有自己的帝国野心，有意与中国建立关系，并成为欧洲各国联系中国所必经的超强帝国。

德国学者戈特弗里德·威廉·莱布尼茨（Gottfried Wilhelm Leibniz）为 1700 年左右中俄关系的感知价值提供了一个重要视角。[3] 他在自己的哲学论著和信件中提到俄国处于中西方之间，鼓励彼得留心中国。在 1712 年 1 月 16 日写给彼得一世的信中，他说："科学掌控世界，而今传入塞西亚（俄国），似乎是上帝的旨

---

1 Dmitry Shvidkovsky, "Architecture of Asian Bliss," *Arkhitektura SSSR* (1991): 100–111，以及 Hugh Honour, *Chinoiserie: The Vision of Cathay* (London: John Murray, 1961), 117, 168。文章仅涉及几个俄罗斯的例子：the lacquer room and porcelain display at Monplaisir; the Chinese pavilion and palace at Oranienbaum; and the Chinese Village at Tsarskoe-Selo。我从下文选取了另一种观点：Jennifer Milam, "Toying with China: Cosmopolitanism and Chinoiserie in Russian Garden Design and Building Projects under Catherine the Great," *Eighteenth-Century Fiction* 25, no. 1 (2012): 115–138。

2 探讨 17 世纪末至 18 世纪初的普鲁士瓷器柜时已提到，中国风室内装潢具有成为展现品味、财富和政治权力的装饰体系的潜力。有学者同时探讨了腓特烈一世在奥拉宁堡和夏洛滕堡的瓷器室，彼得一世都曾前往造访，详见 Samuel Wittwer, "Fragile Splendour and Political Representation-Baroque Porcelain Rooms in Prussia and Saxony as Meaningful Treasures," International Ceramics Fair and Seminar (London: International Ceramics Fair, 2004), 36–44。

3 Eric Sean Nelson, "Leibniz and China: Religion, Hermeneutics, and Enlightenment," *Religion in the Age of Enlightenment* 1 (2009): 277–300. 另参见 Gottfried Wilhelm Leibniz, *Writings on China*, trans. Daniel J. Cook and Henry Rosemont Jr. (Chicago: Open Court, 1994)。

意；为此，陛下应成为他的出口；因您的位置恰能汲取东西双方之精华，建立良好体制即可达至双方成就之上。"[1] 他还把俄国称为"一张白纸"(tabula rasa)，可以构建新的艺术和科学，推动人类的进步。[2] 如唐纳德·拉赫（Donald Lach）所述，莱布尼茨常常提及俄国对于推动与中国国际关系的重要性。他确实多次把俄国构想为不同文化间知识传递的真正的高速通路。[3]1711 年，莱布尼茨在托尔高亲身拜见沙皇时，与他讨论了在圣彼得堡建立科学院、结合东西方思想的计划，并规划了赴西伯利亚和中国展开科学考察和游历的项目。[4]

　　莱布尼茨应该对这位沙皇此后不断加强与中国的贸易和外交接触之事有所耳闻。对于彼得而言，可能更多出于外交方面的原因，毕竟两国领土相交。对于中国而言，俄国所处的位置比西欧各国优越许多，但大部分重点放在了商务贸易谈判上（当然，这些经济利益中也时而掺杂着宗教目的）。虽然人们通常认为，彼得对中国艺术的关注源于西方进口、收藏和陈列活动的熏陶——主要源自他在1697 至 1698 年首次巡访欧洲时与荷兰东印度公司的接触，和 1716至 1717 年第二次到访欧洲时对普鲁士重要瓷器陈列地的造访，他一直对使团和官方商队从原产地直接带回来的中国原品保有兴趣。起初，可能是中俄之间的外交和贸易协定令他认为俄国是获得中国珍品的唯一通路。初次巡游欧洲时，他才发现并非如此，在伦敦就

---

1 Gottfried Wilhelm Leibniz, "On the Academy of Arts and Sciences," in Philip Weiner, ed., *Leibniz Selections* (New York: Scribner's, 1951), 594–599, 引自 597, 以及 Nelson, "Leibniz and China," 285。多伦多大学研究知识库转写并翻译了此信节选：http://tspace.library. utoronto.ca/citd/RussianHeritage/6.PG/6.L/7.X.50.html。

2 Leibniz, "On the Academy of Arts and Sciences," 597.

3 Donald Lach, "Leibniz and China," in Julia Ching and Willard Gurdon Oxtoby, eds., *Discovering China: European Interpretations in the Enlightenment* (Rochester, N.Y.: University of Rochester Press, 1992), 97–116; see 102–103.

4 Donald Lach, "Leibniz and China," 102–103.

能找到这些物品。1698 年，彼得在写给安德烈·安德烈耶维奇·维尼乌斯（Andrei Andreevich Vinius，1697 年获封西伯利亚领主、远东贸易部门首脑）的信中说到："大人，你信中说，送予我的镀金杯在此必为珍品，实则不然。我在莫斯科所见的中国物品绝不如此地一般种类繁多。"[1] 看到经由西欧东印度公司流入的中国进口物品，彼得发现，俄国作为抵达中国的陆上通路，所收获的中国奢侈品在质量和数量上都不及欧洲其他地区。[2] 不过，他并未停止向中国派遣外交使团及商队。

本文中，笔者将重新构建 17 至 18 世纪所谓的"中国味"艺术在更长的中俄关系史中的语境，加深我们对彼得大帝治下俄罗斯

---

1 俄语原文为 "A chto pishesh vasha milost', chto chashechki zolotiye, poslanniye ot vas, budut zdes' v dikovinku, i to ne chayu, potomu chto ot rodu takikh ya na Moskve Kitaiskikh veshey ne vidal, kak zdes'"。*Pis'ma i bumagi Imperatora Petra Velikogo*, vol. 1 (1688–1701) (St. Petersburg: Gosudarstvennaya tipografiya, 1887), 240, 收录于 http://archive.org/details/pismaibumagiimpe13peteuoft, 引自 I. Ukhanova, *Lakovaya zhivopis' v Rossii 18m i 19m vekakh* (St. Petersburg: Iskusstvo-SPb, 1995)。近期有关维尼乌斯的研究，请见 Kees Boterbloem, *Modernizer of Russia: Andrei Vinius, 1641–1716* (New York: Palgrave Macmillan, 2013)。维尼乌斯的一位表亲是荷兰东印度公司的主管。

2 A. V. 特罗申斯基（A. V. Troshinskaya）曾从类似角度解读了弗雷德里克·威廉·冯·博格霍尔茨（Friederich Wilhelm von Bergholtz）对 L. V. 伊兹迈洛夫（L. V. Izmailov）所带回瓷器的轻蔑评价。参见她已发表的博士论文，*Vzaimodeistviye i sintez khudozhestvennikh modelei Vostoka i Zapada v iskusstve farfora v Rossii kontsa 17-nachala 19 veka*, S. G. Stroganov Moscow State University of Art and Industry, 2004, 111。下文将详细讨论伊兹迈洛夫使团。

中国风起源的了解。[1] 早在彼得观摩欧洲宫廷装饰中的时髦"中式"房间很久之前，中俄间的早期外交谈判便已将有关中国装饰艺术形态的一手描述，以及真正的中国物品和纺织品传入俄国宫廷。他对中国装饰艺术的了解并不像传闻那般来自他在欧洲的游历，[2] 而是源于俄国与中国的直接交往。作为彼得一世统治下西方化整体进程的一部分，将中国风引入俄国装饰艺术显然是接纳了欧洲的艺术品味。然而，在俄国语境之下，这种接纳遭到改写，甚至在俄国与其东方邻国悠久而独特的关系之上，折射出新的含义。

最初印象：17 世纪访华的俄国使团

1618 年，沙皇米哈伊尔·费奥多罗维奇（Mikhail Fyodorovich）派遣哥萨克人伊万·佩特林（Ivan Petlin）率使团访华，为俄国人提供了第一份关于中国城镇的目击者报告。佩特林未能获得觐见的机会，没能带回沙皇期待的礼物，辱没了最初的外交使命，但他对中国城镇和各种奢侈品的描述却十分生动，引发了人们对建筑装饰和装饰艺术的兴趣。佩特林在对旅途的一段简短记述中，特别关注了中国建筑，记录下了建筑材料和绘画细节。例如，根据他的记述，

---

1 俄罗斯装饰艺术专家对 17 世纪晚期到 18 世纪初期相关库存记录中所用的术语存在不同的解读，比如 v kitaiskom vkuse（意为"有中国味"）和 na kitaiskoye delo（"采用中国技法"）。T. B. 阿拉波娃（T. B. Arapova）认为，早在 17 世纪，这些术语就被用来区分经由立陶宛和波兰流入俄国的真正中国物品和按中国味或中式技法制作的荷兰或英国物品。相反，I. N. 乌克汉诺瓦（I. N. Ukhanova）则认为，同一本记录中使用这些术语表示的是经由西伯利亚陆上通路、直接源自中国的清朝物品。见 Ukhanova, *Lakovaya zhivopis' v Rossii*，以及 T. B. Arapova, "Kitaiskiye izdeliya khudozhestvennogo remesla v russkom inter'yere XVII-pervoy chetverti XVIII veka," in *Trudy Gosudarstvennogo Ermitazha* 27 (1989): 108–116。这种争议表明，艺术史家在研究这一时期的俄国时面临许多困难，因为当时的许多视觉材料都已迁移、丢失或损毁。

2 这一观点的最新论述见于 Lim, *China and Japan in the Russian Imagination*, 25。

在张家口，"镇中店铺由石头筑成，有不同的漆涂和植物图像装饰。店内货物种类繁多：并无名贵石材，却有大量的丝绒、塔夫绸，以及色彩不一的金铜色中国丝绸"。[1] 同样，佩特林这样评价昌平[2]，"店铺和建筑被砖瓦覆盖，阁楼以不同色彩描绘装饰。墙壁厚纸上绘有图像，底部贴着丝绸和丝绒"[3]。这种对视觉细节的关注表明俄国有意学习或至少观察记录了不同的建筑实践与装饰形态。

佩特林 1618 至 1619 年开拓了通往中国的陆上通路后，中俄间早期接触的重点是西伯利亚沿途的贸易，以及哥萨克人 17 世纪 40 年代远征后在黑龙江沿岸建立的聚居地的安全问题。[4] 整个 17 世纪，除了贸易之外，推动俄国与中国之间交往的，还有以解决边境

---

1 *Rospis' Kitaiskogo gosudarstva i mongol'skikh zemel,' sostavlennaya tomskim kazakom I. Petlinim*; http://www.vostlit.info/Texts/Dokumenty/China/XVII/1600–1620/Rus_kit1/21–40/26.htm 提供本文电子版，纸质版存于俄罗斯国家图书馆（Gosudarstvennaya Publichnaya Biblioteka）手稿部，F–XVII–15，弗罗洛夫藏品，ll.364–71。佩特林的游记也登载于 V. S. Myasnikov and N. F. Demidova, *Perviye russkiye diplomaty v Kitaye* (Moscow: Nauka, 1966), 41–55。使团未能完成使命的原因载于 17 世纪流传的以下作品："The Copie of the Altine Chars, or Golden Kings Letter to the Emperor of Russia," in *Hakluytus Posthumus or Purchas His Pilgrimes, Containing a History of the Worlds in Sea Voyages and Lande Travells, by Englishmen and Others* (1625), 4 vols.; reprinted in 20 volumes (Glasgow and New York: James MacLehose and Sons and The Macmillan Company, 1905–1907), 798。另参见 Lim, *China and Japan in the Russian Imagination*, 21。感谢卡特娅·希思（Katja Heath）协助笔者研究并翻译俄文资料。

2 佩特林用相似的语言描述了许多地方。该篇中，他称昌平为"白城"（White Town），提到此处是进京前的最后一个驿站，也因此而确定是昌平，如今北京西北边郊的一个区。

3 Demidova, *Perviye russkiye diplomaty v Kitaye*; http://www.vostlit.info/Texts/Dokumenty/China/XVII/1600–1620/Rus_kit1/21–40/26.htm.

4 公开出版的珀切斯（Purchas）书信证实，人们可经西伯利亚自由往来："依陛下恩典，使臣继续往来于两国之间。"*Hakluytus Posthumus or Purchas His Pilgrimes*, 14:273–276. 信中还列出了俄国赠予后金之主的礼物，"三盏银杯、一碗、一剑、两支洋枪和两套华服"。作为回礼，俄国人收到了一批动物，包括三只猎豹，以及锦缎和丝绸织品。此后，俄国又向对方索取了服装、武器、一个矮人及"一批制作枪支弹药的工匠"。

冲突、巩固新近扩张的西伯利亚边疆领土为目的的外交行为。17世
纪50年代派往中国的多个使团将丝绸、漆器、金银丝工艺品和其
他奢侈品带回俄国，这些物品成为17世纪后期莫斯科城内外多个
宅邸的内部装饰，其中就包括沙皇阿列克谢·米哈伊洛维奇（Alexei
Mikhailovich）和弗朗茨·莱福特（Franz Lefort）上将的。[1] 例如，
有关科罗缅斯克宫（Kolomenskoye Palace）的描述和库存记录表明，
宫殿内的家具和部分室内装饰元素来自中国。根据一份早期库存记
录，至少有四个房间在彼得统治时期以前的装饰中，包含了"以中
式技法漆涂"（na kitaiskoye delo）的餐柜和圆桌。[2] 莫斯科公国使
团带回的有关中国建筑的描述有可能激发了俄国建筑师的灵感，令
他们对建筑项目进行了不同寻常的稀有改造，只可惜这些建筑未能
保存至今。据德国朝臣、著名日记作家弗雷德里克·威廉·冯·博
格霍尔茨记载，莫斯科郊外一栋由瓦西里·戈利岑（Vasily
Golitzine）王子于1689年之前修建的中式房屋在这方面很有特点：
"彻尔纳亚格利亚兹的这栋房屋以中式风格（na kitaiskiy maner）建
造，屋顶由两片斜面构成，行人可以沿着长廊从建筑物窗前走过；
房屋各面都有敞开的小型塔楼，仅以帆布覆盖，既保持空气流通又
能遮蔽阳光。房屋以木材建造，但经过漆涂且位于山上，因而看似

1 Ukhanova, *Lakovaya zhivopis' v Rossii*, 27. 亦可参见 *Roziskniye dela o Fedore Shaklovitom i ego soobshnikhakh*, vol. 4 (St. Petersburg: Arkheografucheskaya komissiya, 1893), 33–38。有趣的是，莱福特曾在克里米亚为戈利岑效力，表明与东方开展军事和外交交往的人士与俄国对亚洲艺术的品味之间存在强有力的联系。
2 莫斯科宫廷办公室档案馆中有关科罗缅斯克宫殿与教堂的记录（Opis' Kolomenskogo dvortsa i tserkvei iz arkhiva Moskovskoi dvortsovoi kontory，载于1742年，编号488，装订于1863年）中，包含对彼得大帝统治之前宫殿中每间房的逐一描述。载于 Nikolay Chaev, *Opisaniye dvortsa tsarya Alexeya Mikhailovicha v sele Kolomenskom* (Moscow: Universitetskaya Tipografiya, 1869). 亦可参见 Ukhanova, *Lakovaya zhivopis' v Rossii*, 1995。

宏伟。"¹ 1682 至 1689 年间，由于弟弟伊凡五世和同父异母的彼得一世尚年幼，俄国由索菲娅·阿列克谢耶夫娜（Sophia Alekseyevna）公主摄政，戈利岑在此期间任外交大臣，下辖入华俄国使团。² 划分黑龙江以北中俄边境的《尼布楚条约》（1689 年）签订时，他还是俄国首席国务大臣。毕竟俄国建筑遵循了近千年的极端保守主义³，在参与中俄外交谈判的朝廷高官赞助下，这些背离传统的建筑作品成为显著的视觉证据，表明莫斯科公国的开明外交和帝国野心在彼得大帝时代到来前的数年间，已然对艺术品味等方面构成影响。

众所周知，彼得一世自 1696 年登基至 1725 年去世，其间作为国家唯一的统治者，俄国经历了迅速而深刻的变革。他遍游欧洲，决心以强制采用西方文化形态的手段改变俄国，包括推行西方的衣着打扮、建筑风格、朝廷与军队的官僚结构。伴随着这一文化变革的，是与西方定期的外交和知识交流。不过，至少在艺术方面，人们较少注意到彼得也在尝试与中国建立更为开放的关系。1689 年《尼布楚条约》（中国与西方大国间的首个此类条约）签订后，他向北京派出了多支商队，并在 1712 年接见了满人图理琛率领的首

---

1 弗雷德里克·威廉·冯·博格霍尔茨侍奉的是荷尔斯泰因公爵家族。1721 至 1725 年间，他以荷尔斯泰因公爵卡尔·弗里德里希（Karl Friedrich）随从的身份造访俄国。他的日记是了解彼得一世宫廷生活最重要的信息来源之一。博格霍尔茨在 1722 年看到日记中所述的这栋房屋。参见 F. V. Bergholtz, *Dnevnik kamer-yunkera F. V. Bergholtza, 1721–1725*, trans. by I. O. Ammon (Moscow: Universitetskaya Tipografiya, 1902), 2:165–166。有关博格霍尔茨日记作为了解彼得一世宫廷生活的重要信息来源，参见 James Cracraft, *The Petrine Revolution in Russian Architecture* (Cambridge: Harvard University Press, 2004), 210–211 and 353 note 16，以及 Elizabeth Clara Sander, *Social Dancing in Peter the Great's Russia* (Hildesheim: Georg Olms, 2007)。

2 乌克汉诺瓦提出，戈利岑家中有可能拥有并陈列了一系列中国艺术品和家具。Ukhanova, *Lakovaya zhivopis' v Rossii*, 27. 有关索菲娅摄政，参见 Lindsey Hugues, *Sophia, Regent of Russia: 1657–1704* (New Haven: Yale University Press, 1990)。

3 Cracraft, "Peter the Great and the Problem of Periodization," 8–9.

个中国使团。彼得还派俄国人入华学习不同的中国产业形态，要求他们将中国建筑师连同中国的建筑、窑炉设计一并带回俄国。[1] 俄国向中国学习的做法恰巧遇到了 1692 年康熙颁布"容教令"后中国开放的一段时期。莱布尼茨等颇具影响力的欧洲思想家认为，这是东西方之间进一步加深知识交流的空前机遇，以俄国作为欧洲通往亚洲的门户、鼓励陆路自由活动将尤其有益。[2] 尽管彼得无意把俄国领土作为开放通路，却十分清楚俄国对于中国的地理位置得天独厚。可能正是对这种优势的清楚认识，对 18 世纪上半叶俄国室内装饰和物品记录中的各色术语造成了影响，如：有中国味（v kitaiskom vkuse）、采用中国技法（na kitaiskoye delo）、按中式风格（na kitaiskiy maner）。

俄国早期的中式风格室内装饰

莱福特沃斯基宫（Lefortovsky Palace，图 1）1699 年的一份库存清单极其生动地说明了中国织物在墙面装饰中的早期广泛运用。[3] 这座宫殿由彼得一世下令兴建于 1697 至 1699 年，主要供莱福特上将一人使用，可惜他在宫殿建成一个月后便去世。17 世纪 90 年代末，宫殿被用于举办集会和庆典活动，成为莫斯科文化政治生活的

---

1 Russian State Archive of Ancient Documents (RGADA) f.9 otd. l n. 57 l.72–72ob. Published in Ob odnom poruchenii Petra I//Otechestvenniye arkhivy 6, 1996; http://www.vostlit.info/Texts/Dokumenty/Russ/XVIII/1700–1720/PetrI/1715–1720/ukazan_izmajlov_1719.htm.

2 Franklin Perkins, *Leibniz and China: A Commerce of Light* (Cambridge: Cambridge University Press, 2004), 131–135.

3 Russian State Archive of Ancient Documents, Dela Posol'skogo prikaza, f.97, d.1.

图 1.

《弄臣菲拉特·尚斯基的婚宴》

阿德里安·斯霍纳贝克（荷兰人，约 1658—1714 年），1702 年

现藏：莫斯科，普希金国家美术博物馆

中心之一。[1] 这里的室内设计规划是依据彼得的指令完成的，有文件证实这位沙皇曾积极参与宫殿的装饰决策。[2] 由于宫殿建成于彼得首次巡游欧洲——即俗称的"大出使"（Great Embassy，1697—1698 年）——回国之后，人们便自然地将这种从本国装饰模式到新鲜异国形态的转变与此次出巡联系起来。[3] 然而，莱福特沃斯基宫中大量使用的中国纺织真品却表明，彼得对于中国奢侈品装饰应用的兴趣不完全是在巡游期间接触欧洲中国风内饰的结果。相反，莱福特沃斯基宫这种中国影响下的俄国室内装饰，尽管在一定程度上反映了欧洲中国风的潮流，却又与欧洲人所想象的中国有所不同。由于后人的忽视和破坏，我们对这一时期俄国室内装饰的认识极为有限，幸好通过库存记录、当时的记述和教堂内饰中保留下来的装饰，还能了解这些空间原本的样貌，并以此作为修复和重建的依据。[4] 彩绘壁画和壁饰在莫斯科公国宫殿的室内装饰中较为常见，

---

1 莱福特是重要的军事将领，曾辅佐年轻的彼得一世。他死后，许多中国物品被赠予彼得在朝中的盟友，包括缅希科夫，他得到了用作床帏的中国挂毯和织物。后来，缅希科夫本人也成为彼得统治期间显赫的中国艺术收藏家。有关他的收藏，请参见 Irina Saverkina, "Izdeliya v 'kitaiskom vkuse' v inter'erakh Petrovskogo vremeni," in *Russkaya kul'tura pervoi chetverti XVIII veka. Dvorets Menshikova: sbornik nauchnikh trudov* (St. Petersburg: State Hermitage, 1992), 79–87. 记录缅希科夫从莱福特宅邸接手的中国物品的文件现存于 Russian State Archive of Ancient Documents, Dela posol'skogo prikaza, f.97, d.1。

2 有关该宫殿装饰的一系列已出版文件，请参见 G. Esipov, *Sbornik vipisok iz arkhivnikh bumag o Petre Velikom* (Moscow: Katkov i Co, 1872), 1:167. 莱福特去世前，曾在 1699 年 1 月 27 日的信中提到殿中的一个房间"由陛下用海景画从上到下装饰"，表明沙皇在莱福特去世前曾亲自参与宫殿的装饰工作。见 Moritz Posselt, *Der General und Admiral Franz Lefort: Sein Leben und seine Zeit* (Frankfurt: Joseph Baer, 1866), 2:515。

3 Lim, *China and Japan in the Russian Imagination*, 25.

4 参考莫斯科克里姆林宫内多棱宫的内部装潢（建于 17 世纪 30 年代，修复于 19 世纪）和科罗缅斯克庄园木质宫殿近期的修复工程。有关该宫殿修复所用材料的信息，参见 http://mgomz.com/permanent-expositions/palace-of-tsar-alexei-mikhailovich-in-kolomenskoye。

常常包含宗教叙事或十二宫标志，但更常见的是华丽且风格化的动植物、鸟类绘画装饰（图 2）。[1] 如此一来，中国纺织品上的有机图案便意味着俄国传统室内墙壁装饰形态的某种延续，与此同时，墙面覆层的中国风格也与构建中式房间的欧洲潮流遥相呼应。

莱福特沃斯基宫的一楼至少有两间房内有中式墙面覆层和家具——镜子、桌子和铺有中国丝绸刺绣的床。其中一间房的床罩由"红色中国布料制成……绿色底子上以金线和丝绸绣着人物和植物"。第三间房间的陈列柜中摆着 12 件中国餐盘，床罩上描绘着"中国植物……红底上有金银刺绣"。[2] 阿德里安·斯霍纳贝克（Adriaan Schoonebeek）的一幅版画描绘了 1702 年彼得的弄臣菲拉特·尚斯基（Filat Shansky）在莱福特沃斯基宫一楼的女士宴会厅举办婚宴的场景（见图 1）。从图中看到，墙壁上挂满了彩色的中国织物，部分织物上反复出现绘有异国鸟类的圆形图案和龙纹。版画还表明，在俄国推崇西式宫廷时尚之前，曾把中国丝绸用于制作俄国传统女士长袍。[3] 这种将中国纺织品用于宫廷装饰的做法表明，在彼得一世的统治下，莫斯科公国文化的重新转向同时包含了对亚洲和欧洲的好奇。并且，中国装饰艺术的尝试不仅（至少短暂地）挑战了俄国传统，也对彼得初次巡游欧洲便已钟情但尚未采纳的巴洛克和洛可可式室内装饰造成了些许冲击。[4]

---

1 Cracraft, *Petrine Revolution*, 188.

2 Russian State Archive of Ancient Documents, Dela Posol'skogo prikaza, f. 97, d. 1.

3 冬宫博物馆收藏的彼得一世服饰中，有一件绣有重复的葡萄藤和动物图案的蓝色丝绸便袍。Tatyana Arapova, *Kitaiskoye eksportnoye iskusstvo iz sobraniya Ermitazha: konetz XVI–XIX vv.-19 vv.* (St. Petersburg: Slaviya, 2003), 162–163. 博格霍尔茨也提到，他和荷尔斯泰因公爵突然造访时，彼得穿着一件中国丝绸便袍："沙皇刚刚醒来，尚未更衣，还穿着简单的中国丝绸制成的劣质旧袍。" Bergholtz, *Dnevnik kamer-yunkera F. V. Bergholtza*, 2:105.

4 Cracraft, *Petrine Revolution*, 182–191.

图 2
科罗缅斯克宫内部重建图
17 世纪 60 年代

　　18世纪早期的俄国宫殿和别墅在显眼位置陈列着许多重要的亚洲艺术收藏，这一方面源于俄中之间的直接外交接触，另一方面是俄国新近参与欧洲奢侈品市场、过度消费的结果。[1] 例如，彼得一世和亚历山大·缅希科夫（Aleksandr Menshikov）都收藏了大量的中国和日本瓷器，其中一部分由访华的官方使团购入，还有一些则经过欧洲商人之手。[2] 沙皇在圣彼得堡彼得夏宫中的私人寓所蒙普莱希尔殿（Monplaisir，图3、4）中，数百件远东瓷器按照彼得在普鲁士陈列室中见到的样子，摆放在特制陈列架上。[3] 他的私人宫殿中还有许多来自中国的物品。彼得之妻叶卡捷琳娜（Catherina）的叶卡捷琳娜殿（Ekaterinhof）库存记录曾提到如下物品："一个内有九个广口杯的大皿，是中国皇帝的赠礼""中国杯盏""一幅绘有

---

1 塔玛拉·塔尔伯特·赖斯（Tamara Talbot Rice）认为，俄国风格正是在18世纪不知不觉地形成的，并与消费主义联系在一起，这一风格的特点是在大规模且猛烈地演绎"异国风格"。Tamara Talbot Rice, "The Conflux of Influences in Eighteenth-Century Russian Art and Architecture: A Journey from the Spiritual to the Realistic," in J. G. Garrard, ed., *The Eighteenth-Century in Russia* (Oxford: Clarendon Press, 1973), 268–299.

2 例如，1697年的支出账目记载，阿姆斯特丹商人巴特尔冯·哈根因（Bartel'fon Gagen）向彼得一世交付瓷器而获得一笔付款。档案文件由 M. M. 博格斯洛夫斯基（M. M. Bogoslovsky）转写，载于 Tatiana B. Arapova, "Chinese and Japanese Porcelain in St. Petersburg's Palaces in the 18th and 19th Centuries: Collections and Their Collectors," trans. Anatoly Zhukov, http://www.haughton.com/system/files/articles/2010/01/27/93/icf_s_2000_1st.pdf [Presented at the International ceramics fair and seminar on 4 January 2005], 11–18, 以及 I. V. Volkova, Evolyutsiya proniknoveniya kitaiskogo farfora v Rossiyu XVI–XVIII veka [4th International conference "Rossiya i Kitay: aspekty vzaimodeistviya i vzaimovliyaniya"], 2012, http://www.bgpu.ru/site/content/kafs/kitae/russiaandchina/2012/interface/volkova.pdf.

3 窗户中间的三块面板是二战破坏后仅存的面板，摆放在原先位置的其他面板是20世纪50年代的修复品。

图 3

漆饰室南墙原有饰板

俄国，1720—1722 年，木板刷漆、涂料、镀金，57 厘米 ×201 厘米（无框）

现藏：圣彼得堡，彼得夏宫蒙普莱希尔殿

图 4

彼得夏宫蒙普莱希尔殿的漆饰室（二战损毁前）

德米特里·亚历山德罗维奇·本肯多夫（俄国人，1845—1917 年），1900 年，水彩，
49 厘米 ×46 厘米

现藏：圣彼得堡，冬宫博物馆

中国皇帝及随从仪仗的瓷质屏风"。[1]

　　彼得首次巡访欧洲时，缅希科夫曾经随行。和沙皇一样，他也在宅邸内陈列了大量中国瓷器。根据 18 世纪奥拉宁鲍姆宫（Oranienbaum）中有关缅希科夫宫的一段记述，主楼层的一间房中有"许多不同类型的珍贵瓷器；另一间房则按中国味（v kitaiskom vkuse）以黑、金漆器装饰"。[2] 这些藏品不仅是中俄外交和政治交往的视觉参考，更证实了俄国赞助人在奢侈品贸易中扮演的积极慷慨的角色。

　　18 世纪早期官方商队的首领直接听命于沙皇本人，因而彼得一世对他们在中国的经历了如指掌。远东艺术的主要收藏者则是位高权重的贵族及彼得的亲信，使团和商队成员可能也对他们汇报了情况。可以肯定的是，他们能够谋得从中国带回的部分物品。确实，沙皇拿走第一块蛋糕后，最受其青睐的亲信分得第二块，其余的则流入拍卖市场。

　　彼得一世统治时期最著名的使团分别由 L. V. 伊兹迈洛夫（1719 至 1722 年访华）和 S. L. 弗拉迪斯拉维奇－拉古津斯基（S. L. Vladislavovich-Raguzinsky，1726 至 1728 年访华）率领。1719 年 6 月，伊兹迈洛夫出使前夕，彼得交给他一份手写便条，列出需要购买的物品和待办事项。除挂毯、漆器、家具、餐具、装饰、帐篷、铃铛和一艘船只模型外，彼得还要了一座"有壁纸和地席，以及生火

---

1 M. I. Pilyaev, *Stariy Peterburg* (St. Petersburg: Tipografiya A.S. Suvorina, 1889), 81–82；及 *Putevoditel' po Sankt-Peterburgu* (St. Petersburg: Sankt Petersburgskoye gorodskoye upravleniye, 1903), 277, 278。

2 I. G. Georgi, *Opisaniye rossiysko-imperatorskogo stolichnogo goroda Sankt-Peterburga i dostopamyatnostei v okrestnostyakh onogo, s planom* (St. Petersburg: Liga, 1996), 523. 本书最初以德文出版于 1790 年。装饰艺术专家对于 "v kitaiskom vkuse" 一词的含义存在争议，因为它似乎既可表示中国真品，又指来自欧洲或制于俄国的中国风艺术品。

器具"的中国房屋模型，并要求可能的话，带一位建筑师回俄国。[1]
伊兹迈洛夫没能为沙皇带回中国建筑师，因为康熙皇帝不会同意。
不过，他倒是按照彼得的指示，成功取得了其他物品，包括一艘用
木材、象牙和锡制成的商船模型，船上还有琥珀色的人物微雕——
在船上逡巡旋转的乐师和舞者（图 5）。[2] 值得注意的是，彼得提到
自己想了解中式房屋中炉具的位置，而专为彼得制作的荷兰风格室
内炉具正是早期俄国西方化室内装饰的重要特征。这一要求表明，
彼得正在同时搜罗东西方模型。伊兹迈洛夫使团所取得的其他物品
也说明，彼得对于了解中国艺术实践产生了直接兴趣，比如，要求
搜集窑炉说明他对瓷器生产感兴趣。[3] 这种兴趣在他的女儿伊丽莎
白一世统治时期也得以延续，此时，不少俄国人被派往中国学习具
体的工艺。例如，1743 年，O. S. 米亚斯尼科夫（O. S. Myasnikov）
曾向女皇奏称，自己学会了"如何用牛羊角制作灯笼，用坚硬的石
材雕刻船只和人像，以及用金属支架修理瓷器"。他还在中国寻访

1 Russian State Archive of Ancient Documents, f.9 otd. l n. 57 l.72–72ob. Published in Ob odnom poruchenii Petra I//Otechestvenniye arkhivy 6 (1996); http://www.vostlit.info/Texts/ Dokumenty/Russ/XVIII/1700–1720/PetrI/1715–1720/ukazan_izmajlov_1719.htm.

2 我们并不清楚这座模型是康熙赠予还是伊兹迈洛夫购买的。模型目前保存在圣彼得堡的俄罗斯人类学民族学博物馆。见 http://www.kunstkamera.ru/exhibitions/exhibition_ on_museum/arhiv_02/the_world_of_an_object1/。

3 Arapova, "Kitaiskiye izdeliya khudozhestvennogo remesla v russkom," 1989, 108–110, the document published in the document collection N. Demidova, *Russkokitaiskiye otnosheniya v XVIII veke* (Moscow: Nauka, 1978) 1:177. 文中，彼得对欧洲种族的兴趣延伸到了软质陶的发明上。见 Robert Finlay, *The Pilgrim Art: Cultures of Porcelain in World History* (Berkeley: University of California Press, 2010), especially chap. 8。

图 5

机械玩具"天空船"

中国，18 世纪前 25 年，象牙、锡、木，30 厘米 × 50 厘米

现藏：圣彼得堡，俄罗斯人类学民族学博物馆，俄罗斯科学院

大师，学习玻璃工艺和阳伞制作。[1]

俄国对中国装饰艺术的重新加工

根据对 18 世纪中国贸易相关文件的粗略调查，最常运入俄国的中国装饰艺术品是丝织品、壁纸和漆器。[2]16、17 世纪，俄国纺织业只能制造出粗糙的亚麻织品。适于宫廷使用的奢侈面料都由波斯和印度进口，经波罗的海各港口运往阿尔汉格尔斯克。这些进口织品包括生丝、织锦和棉布。[3] 好在到了 17 世纪 50 年代，俄国开始成功从中国进口丝绸。瑞典 1673 至 1674 年出使俄国的官方贸易远征队成员 J. P. 吉尔伯格（J. P. Kilburger）奏称，中国丝绸（质量优于波斯样品）的进口相对新奇，出现于 17 世纪下半叶，是 1654

1 "Donosheniye tseloval'nika kitaiskogo karavana O.S. Myasnikova v kabinet e.i.v.o svoikh uspekhakh v izuchenii kitaiskogo khudozhestvennogo remesla i obidakh, nanesennikh direktorom E.V. Firsovym," June 1743. Russian State Archive of Ancient Documents, f.14, d.8, l. 2–3ob, document published in the "Edu ya dlya torgovogo svoego promislu." Kitaiskiye tovary v Rossii v XVIII veke//Istoricheskiy arkhiv 4 (2006), http://www.vostlit.info/Texts/Dokumenty/China/XVIII/1700–1720/Kit_tovary_v_rossii/text.htm.

2 *Kitaiskiye tovary v Rossii v XVIII veke//Istoricheskiy arkhiv* 4 (2006).

3 Agnes Geijer, "Chinese Silks Exported to Russia in the 17th Century," *Museum of Far Eastern Antiquities Bulletin* 25 (1953): 10–11.

年首个俄国使团访问北京后贸易推进的结果。[1] 此前，俄国与中国建立商务协定的尝试都以失败告终，但 1654 年使团仍然取得了一定成果，使西伯利亚小镇托波尔斯克成为中俄开展商品交易的场所。[2] 经由此地进口或转口至俄国的物品包括彩绸、宝石、贵金属、陶瓷器、茶叶和八角茴香，沙皇藏品中不少的银丝制品也来源于这一时期。[3]

　　1700 年，查理十二世率领瑞典军队在纳尔瓦战胜俄军，根据缴获的旗帜数量可以估算 17 世纪末期俄国拥有的中国丝绸量。[4] 这些降军旗帜的制作至少消耗了 12000 米的中国丝缎。[5] 许多战利品都被缴获并妥善保管，这些还只是出自一场战役。而且，中国丝绸也被用作其他用途，包括制作袍服，以及墙壁和家具的覆布。因此，

---

1 该使团由菲奥多·拜科夫（Fyodor Baikov）率领，但由于拜科夫拒行叩头礼，他没能面见中国皇帝。菲奥多·拜科夫对此事件的记述发表于 *Russkokitaiskiye otnosheniya v XVII veke. Materialy i dokumenty* (Moscow: Nauka, 1969), vol. 1, 1608–1683, document no. 74。http://www.vostlit.info/Texts/Dokumenty/China/XVII/1600–1620/Rus_kit1/61–80/74.htm。Johann Philipp Kilburger, "Mercatura Ruthenica oder kurzer Unterricht von den Russischen Commercien"，两份手稿收藏于 Swedish State Archives；the Wolffenbüttel archives. Printed in *Büschings Magasin*, 1762。这些手稿被引用于 Agnes Geijer, *Oriental Textiles in Sweden* (Copenhagen: Rosenkilde and Bagger, 1951), 91–94。另见 B. G. Kurts, *Sočinenie Kilburgera o russkoj torgovelě carstvovanie Alekseja Michajloviča* (Kiev, 1915)。

2 见 Iwan Jakowlewitsch Korostovetz, *Von Cinggis Khan zur Sowjetrepublik, Eine kurze Geschichte der Mongolei unter besonderer Berücksichtigung der newesten Zeit* (Berlin: De Gruyter, 1926)。

3 St. Petersburg, State Hermitage Museum, inv. nos. LS600, LS621, LS599. 这些物品或直接来自中国，或由葡萄牙和西班牙东南亚殖民地的中国珠宝匠人制作。M. L. Men'shikova, "Serebryannaya filigran' Vostoka XVII–XIX vekov v sobranii Ermitazha" (St. Petersburg: State Hermitage Museum, 2005).

4 这些旗帜现在属于斯德哥尔摩军事博物馆的瑞典国家战利品收藏。

5 根据早期库存记录，共有 1117 面各色旗帜，还有大量的长矛燕尾旗。见 Geijer, "Chinese Silks Exported to Russia,"2, 12。

即使在 1700 年，中国丝绸的进口数量已颇为可观。17 世纪晚期，俄国进口和转口了多种风格的中国丝绸。最常见的明代图案包括对称或不对称的莲花设计，这些在中国人看来已是传统甚至过时的图案，却恰好符合俄国人对于风格化的花卉形状的品味，既有异国风情，又无明显的亚洲特色。同样，覆盖整个布面的印花式图案设计也有多种多样、各具特色的用途，说明是专为外销市场生产的产品。反过来，彼得一世设立的皇家工坊匠人则以针织纹章的形式，把俄国象征符号与进口的中国纺织品相结合。其中一例是云层中伸出的手握着一把剑，剑身缠着金链，链子上挂着圣安东尼的圆形令牌，底框则是交叉的火焰，整个作品以针织嵌花完成。[1] 在了解俄国中国风艺术发展的语境下，从中国进口的丝绸的早期应用方法便显得十分有趣，因为它能表明两种文化间审美和技术协作的形式——针对外销市场制作的中国丝绸，经俄国工匠之手，采用本国乃至欧洲生产和设计模式进行重新加工。

俄国混合风：蒙普莱希尔殿中的漆饰室

18 世纪初或更早期，俄国人将同样的方法用于中式风格的漆器制作。1716 年的一份皇室文件记载，"付予漆器大师雅冈·哥茨恩（Yagan Gertsyan）……两张桌子、一个碗柜、两张小圆桌和多个镜框的价钱"，证实早在彼得第二次巡访欧洲（1716—1717 年）、参观刚刚建成的普鲁士瓷器室之前，俄国便已生产此类物品。[2] 普鲁士确实有几间瓷器室把漆面镶板作为装饰方案的重要特色之一；不过，

---

1 艾格尼丝·耶伊尔（Agnes Geijer）的文章插图中包含两个例子。Geijer, "Chinese Silks Exported to Russia," plates 1, 3.

2 Russian State Historical Archive, f.468, op. 45, d. 434, 1716–1717, l.117.

彼得在发现这种具体用法之前，就已对在俄国本土制作发展这一艺术形态颇感兴趣。据记载，早在 1705 年，专门钻研漆器的移民艺术家昂德里克·范·布伦克霍斯特（Hendrik van Brunkhorst）就已在圣彼得堡与俄国学徒展开合作。[1] 可能正是由于这段经历，范·布伦克霍斯特得以负责监督夏宫中蒙普莱希尔殿的漆面镶板制作工作，并与许多俄国匠人携手合作。[2]1720 年的一份合同可以证实，海军部门的十名漆工学徒"同意使用中国漆器、书法和镀金装饰彼得夏宫的小陈列室（cabinet）"[3]。蒙普莱希尔殿的漆饰室（Lacquer Room）象征着一项重要转变，即从莱福特沃斯基宫中明显采用中国设计和来源的装饰，转变为称之"中国风"更为恰当的室内装饰，其中的物品由欧洲人设计，由荷兰和俄国匠人按中国风格制作。并且，彼得之所以做出这种转变，无疑是受到 18 世纪 20 年代欧洲陈列体系的影响，他不仅在普鲁士对这些体系耳濡目染，回国后更在图书馆中仔细研读。[4] 漆饰室采用的普鲁士装饰模式，尤其是夏洛滕堡和奥拉宁堡的腓特烈一世模式，不仅表明彼得有意在俄国推广德国宫廷中颇具竞争力的装饰品味，更加说明彼得深知，这种空间

---

1 I. N. Ukhanova, "H. Brunkhorst—Peterburgskiy master lakovogo dela" (iz istorii "lakirnogo" iskusstva v Rossi pervoi chetverti 18go veka), in G. N. Komelova, ed., *Kultura i iskusstvo Petrovskogo vremeni* (Leningrad: Aurora, 1977), 109–125.

2 N. I. 阿尔希波夫（N. I. Arkhipov）和 A. G. 拉斯金（A. G. Raskin）20 世纪 60 年代对彼得夏宫的研究仍是附有档案资料的标准参考文献：N. I. Arkhipov and A. G. Raskin, *Petrodvorets* (Leningrad and Moscow: Iskusstvo, 1961), 91–108；另参见 Abram Raskin, *Petrodvorets (Peterhof)* (Leningrad: Aurora Art Publishers, 1978), 286–335。

3 Central State Historical Archive of Saint Petersburg, f.467, op. 73/187, 1722, d.21, l.657.

4 彼得的图书馆中记录了德克尔（Decker）和马洛特（Marot）的出版作品。见 E. I. Bobrova, Biblioteka Petra I: ukazatel'spravochnik (1978), entries 1063–1068 and 1301–1305. 塞缪尔·维特韦尔（Samuel Wittwer）论述了德克尔的《建筑大师》（*Fürstlicher Baumeister*，1711—1716 年）对瓷器室整体发展的影响，见 "Fragile Splendour," 37。

可被刚刚拓展势力范围的统治者用于表达自身的政治抱负。[1]从这一角度考虑，漆饰室与一列纵向套间并排，贯穿由东至西的长廊——也是俄国最早的欧洲绘画陈列空间，这种布局也体现了彼得的帝国雄心。

蒙普莱希尔殿始建于 1714 年，彼得不仅草拟了最初的设计，还在 1717 年访问欧洲期间继续指挥内部装潢工作。回国后，他要求改动小陈列室（现在可知指的是漆饰室）中的橡木镶板，结合他在普鲁士参观并为之赞叹的欧洲瓷器室陈列手法。规划工作耗时三年，但 1720 年 6 月的一项命令要求"为蒙普莱希尔殿制作需涂亮漆的木工装饰，并为瓷器和其他装饰物的陈列架制作雕花"[2]。从大厅望过去，漆饰室开放的门仿佛两个取景框中的一个（见图 4）。参观者可以穿过房间向东游览，也可以穿过秘书室向西走到尽头的展馆，一面沿着长廊瞻仰彼得收藏的荷兰和佛兰德艺术珍品，一面透过窗户欣赏一侧新建成的欧式花园和另一侧的波罗的海。精心把控的花园布局用典型的巴洛克语言表达出这位统治者对自然的掌控，或者更具体地说，波罗的海的景致意味着彼得掌握北部海域的军事野心。与此相对，欧洲艺术作品陈列和室内装潢则确立了他作为收藏家和赞助人的身份。画作配黑色边框，挂在橡木镶板上，呈现出自然的"英国风格"，反而没有追求当时采用浅色饰板、细节处铜

---

1 在《脆弱的辉煌》（*Fragile Splendour*）一文中，维特韦尔揭示了腓特烈一世普鲁士宫廷和奥古斯都一世萨克逊宫廷瓷器室所分别展现的政治和王朝野心。

2 Central State Historical Archive of Saint Petersburg, f. 467, op. 73/187, 1720, d.19, l.143, 转引自：Arkhipov and Raskin, *Petrodvorets*, 97。

图 6

《酒神女祭司》

菲利普·皮耶芒（法国人，1684—1730 年），石膏蛋彩画，212 厘米 × 132 厘米；漆饰
室天顶画

现藏：圣彼得堡，彼得夏宫蒙普莱希尔殿

鎏金的法式风格。[1] 这种法国现代风格（goût moderne）倒是在菲利普·皮耶芒（Philippe Pillement）设计的天花板上的图画中展现得淋漓尽致（图6）。不过分解读漆饰室位于东边的话，可以认为，在由艺术收藏、赞助和工艺领域的俄国新式手法造就的室内装饰中，中国风元素和瓷器陈列同时映照着亚欧两地。

最后，1722年漆饰室的完工是建筑师约翰·布劳恩施泰因（Johann Braunstein）和画师皮耶芒携手领衔、通力合作的结果，也是国际化协作的结晶。两位艺术家与俄国画家共同创造了一种风格独特的室内设计，并未简单地复制中式风格，却能激发人们对于中国的想象。但即便如此，我们在理解这些为彼得一世制作的中国风饰板时，还应当考虑到，沙皇一直想要获得中国纺织真品，并将这些材料用于宫殿的内部装饰。有不少证据能证明其装饰与中国存在持续相关性，其中一个例子便是为手绘中国丝绸原品装上边框，作为1714年完工的夏宫墙壁的饰板（图7）。1720年一份对于夏宫的记述表明，其室内"用中国装潢材料装饰得十分精美"[2]。此处所说的"中国"，指这些丝绸确实为中国匠人所作，且非外销品。[3] 如此

---

1 阿尔希波夫和拉斯金引用了1717年2月1日彼得一世的一封信（Berh.V. N. Sobraniye pisem Petra I k raznym litsam, Saint Petersburg, 1830, kn. III, 90），其中，彼得特别提到要以这种方式加工靠近花园的两个房间（即后来的秘书室和漆饰室）里的镶板。彼得从欧洲回国后，才下令更改漆饰室的装饰。*Petrodvorets*, 185.

2 Bespyatikh U. N., "Peterburg Petra I v inostrannikh opisaniyakh," Leningrad, Nauka, 1991, 155. 1748年，这些饰板被女皇伊丽莎白一世挪到叶卡捷琳娜殿，后于20世纪被冬宫博物馆收藏。http://www.hermitagemuseum.org/html_En/08/hm88_2_1_13.html.

3 目前尚存的饰板上的图画是13世纪末、14世纪初王实甫戏剧《西厢记》中的场景。约翰·贝尔在1720年随伊兹迈洛夫使团访华，其记述中，曾对中国外销丝织品的制作做出如下评价："数件中国制品极尽完美，尤其是丝绢、锦缎等物；部分由国人穿戴，部分外销。" John Bell, *Travels from St. Petersburg in Russia to Diverse Parts of Asia* (Glasgow, 1763), 102.

图 7

夏宫凉亭原中国丝绸壁纸片段（局部）

18 世纪前 25 年，彩绘丝绸

现藏：圣彼得堡，缅希科夫宫

一来，即使从属于传统而非现代的早期中国艺术风格，这些面料仍是真正的东方式作品。

为沙皇制作的其他中国丝绸则采用了更为混杂的审美风格。由博格霍尔茨的日记可知，伊兹迈洛夫使团把"最精良、最新潮的法国图案样品"带到中国，用作壁纸的样板，由中国皇帝命"全国最优秀的艺术家"制作，作为赠予彼得一世的礼物。[1] 博格霍尔茨在伊兹迈洛夫家中见到这些壁纸，称其为中欧设计杂糅的产物："整卷壁纸的宽边完全出自法式风格。采用白色背景，中部为红、绿、白三色，有些许中国特色。尽管如此，各方面都尽可能按最佳方式制作。"[2] 由此可知，德国人博格霍尔茨认为，法式框边比明显属中式风格的画作中心更为优越。他还提到伊兹迈洛夫带回的其他"昂贵壁纸"，称它们"以金银绣制，但都采用中式图案，因此无法与上述壁纸相媲美"[3]。博格霍尔茨以欧洲品味衡量了这两幅壁纸，认为西方审美凌驾于东方之上，但这并不意味着俄国观赏者也遵从同样的审美等级体系。从另一视角来看，显然，他们不仅认为这些采用中式图案的壁纸颇有价值，在明确指令下专为彼得一世制作的设计更是欧洲和亚洲共同影响之下的产物。

结论

毫无疑问，蒙普莱希尔殿漆饰瓷器室设计的改变与彼得对欧洲宫廷文化的印象有关，而该室的实际施工日期却与伊兹迈洛夫使团

---

1 Bergholtz, *Dnevnik kamer-yunkera*, 2:75–82.

2 Bergholtz, *Dnevnik kamer-yunkera*, 2:79.

3 Bergholtz, *Dnevnik kamer-yunkera*, 2:79.

访华的时间不谋而合。伊兹迈洛夫一行不仅从中国带回了大量新奇物品，更加深了俄国对这一东方友邻的了解。博格霍尔茨日记记载了荷尔斯泰因公爵造访伊兹迈洛夫宅邸时的一件小事，表明彼得一世时期的俄中接触可能受不同看法的左右："沙皇殿下询问使团长，中国人是否真像他们的瓷器上刻画得那般丑陋。他却答说恰好相反，中国人长得颇为俊俏，且认为被画上瓷器是一种羞辱；瓷器上的人像是与他们交战的卡尔梅克人和鞑靼人。"[1] 尽管只是简短交流，伊兹迈洛夫的回答却说明，在当时沙皇宫廷的高官间流传着有根有据、各执一词的看法，沙皇本人对此也显然有所耳闻。虽然并未对俄国和欧洲的中国风视觉特征产生重大影响，俄国人建立并理解中式品味的语境却已不同于西欧，因而我们在思考彼得一世时期俄国建筑和内部装饰的混合风形态和国际合作的意涵时，必须考量更深层次的内涵。

　　彼得一世治下中国风艺术的发展，一方面，可借用塔玛拉·塔尔伯特·赖斯（Tamara Talbot Rice）论述该时期俄国艺术与建筑时的说法，称为"各种影响的交汇"（conflux of influences）[2]。另一方面，中国风内饰的混合特征可能出自将东西方模式的多样性同时囊括于新创立的俄国艺术和建筑空白之中的愿望。由此造就的内部空间——例如融合中国藏品陈列和中国风艺术发展的蒙普莱希尔殿漆饰室，不仅使俄国成为东西方的交汇点，更赋予其取双方之精华而更胜之的能力。

---

1 Bergholtz, *Dnevnik kamer-yunkera*, 2:82.

2 Rice, "The Conflux of Influences," 268.

作者简介

陈婉丽（YUEN LAI WINNIE CHAN）：香港大学建筑学院兼职助理教授，成文时于牛津大学攻读博士学位。她教授园林景观历史及理论课程，研究兴趣为中国园林景观的社会史及中西方在园林艺术和建筑上的文化相遇。

邱志平（CHE-BING CHIU）：法国巴黎拉维莱特国立高等建筑学院建筑学教师。他的研究领域包括中国传统建筑和传统园林。他的著作包括 2000 年出版的《圆明园：清美之花园》（*Yuanming yuan. Le jardin de la Clarté parfaite*）和 2010 年出版的《中国花园，或天堂之旅》（*Jardins de Chine ou la quête du paradis*），后者曾荣获法国乐都特大奖（Redouté Prize）及比利时何内·培榭尔大奖（René Pechère Prize）。

曲培醇（PETRA TEN-DOESSCHATE CHU）：于美国西东大学教授艺术史和博物馆学。研究专长为 19 世纪艺术史，出版多部专著，发表多篇展览目录专题文章，以及多篇论文集文章和期刊文章。她编写的教材《19 世纪欧洲艺术史》在世界范围内被广泛使用，并于近期翻译为中文，由北京大学出版社出版。她还是电子期刊《19 世纪世界艺术》（*Nineteenth-Century Art Worldwide*）的创刊联合主编。

丁宁（NING DING）：北京大学艺术学院教授、副院长。主要著作包括：《接受之维》（1990 年）、《美术心理学》（1994 年）、《绵延之维——走向艺术史哲学》（1997 年）、《艺术的深度》（1999 年）、《西方美术史十五讲》（2003 年）、《图像缤纷——视觉艺术的文化维度》（2005 年）、《美术鉴赏》（2007 年）、《感动心灵的西方美术》（2007 年）、《看懂美术》（2013 年）。他还翻译了鲁道夫·阿恩海姆（Rudolf Arnheim）、诺曼·布列逊（Norman Bryson）、大卫·卡里尔（David Carrier）和查尔斯·詹克斯（Charles Jencks）等人的大量作品。

约翰·芬莱（JOHN FINLAY）：于巴黎从事独立研究。他是清廷艺术品制作研究领域的专家，其当前研究聚焦于 18 世纪中国和法国之间的文化交流。

安娜·葛拉斯康（ANNA GRASSKAMP）：于荷兰莱顿大学获得博士学位，她的博士论文主要研究早期现代欧洲和中国的展列传统。她如今在德国海德堡大学全球背景下的亚洲与欧洲卓越研究群（Cluster of Excellence, Asia and Europe in a Global Context）从事博士后研究，曾出版著作探讨"珍奇柜"中珊瑚的展列文化。

乔迅（JONATHAN HAY）：美国纽约大学美术学院埃尔萨·梅隆·布鲁斯教授，其著述涉猎广泛，论及不同时期的中国艺术。他的著作包括《石涛：清初中国的绘画与现代性》（2001 年）和《魅感的表面:明清的玩好之物》（2010 年），前者目前已可从网络免费下载。

李启乐（KRISTINA KLEUTGHEN）：美国圣路易斯华盛顿大学艺术史和考古学助理教授。她主要专注于早期现代至当代时期的中国艺术，特别关注中外艺术交流、清廷艺术、视觉艺术相关问题，以及艺术、科学和数学的关联性。这些话题在其第一本专著《帝国幻景：跨越清宫绘画的边界》（*Imperial Illusions: Crossing Pictorial Boundaries in the Qing Palaces*，2015 年）中都有所论及。

官绮云（YEEWAN KOON）：香港大学副教授。她最近出版的专著《挑衅之笔：苏仁山与 19 世纪早期广东绘画的政治》(*A Defiant Brush: Su Renshan and the Politics of Painting in Early 19th-Century Guangdong*，2014 年) 探讨了鸦片战争时期一位不同寻常的艺术家如何挑战当时的绘画价值观和对艺术家的社会政治角色定位，从而一定程度上为现代中国艺术的发展做出了贡献。她当前的研究试图考察艺术家为何热衷于制作复制品等问题。

刘礼红 (LIHONG LIU)：于 2013 至 2014 年在盖蒂研究所从事博士后研究，她的研究专长为中国艺术史，关注早期现代时期的绘画书法、景观园林，以及器物和视觉文化。她关于明朝中期寿册的美学研究文章即将发表于期刊《中国文学与文化杂志》(*Journal of Chinese Literature and Culture*) 上。

马雅贞 (YA-CHEN MA)：中国台湾清华大学历史研究所副教授。她于 2007 年从美国斯坦福大学获得博士学位。她的研究兴趣包括清廷艺术及中国封建社会晚期的城市文化和视觉文化。

詹妮弗·米拉姆 (JENNIFER MILAM)：澳大利亚悉尼大学艺术史和 18 世纪研究专业教授。她热衷于跨学科研究，研究兴趣在于透过艺术史、文明史和 18 世纪研究的交叉领域视角，考察突破常规的视觉处理如何诱发和引导艺术的制作和接受。她出版和发表的著述论及洛可可艺术、艺术赞助和园林设计。

梅玫 (MEI MEI RADO)：纽约巴德研究所艺术史博士。2012 年美国华人博物馆 (Museum of Chinese in America) 举办的 "上海风华：20 世纪 10 年代至 20 世纪 40 年代的新女性" (*Shanghai Glamour: New Women 1910s-40s*) 展览活动的特邀策展人。她出版和发表的著述涉及 18 世纪到 20 世纪早期中国的丝织品和裙装发展史。

玛西亚·里德 (MARCIA REED)：盖蒂研究所首席策展人。她的研究聚焦于 17 世纪和 18 世纪的插图书和版画，特别关注中国的一口通商贸易。她曾参与策展的盖蒂研究所展览活动包括："那不勒斯和维苏威火山壮游" (*Naples and Vesuvius on the Grand Tour*) 展、"壮丽的皮拉内西" (*The Magnificent Piranesi*) 展、"纸上中国" (*China on Paper*) 展及同名盖蒂馆藏图录、"可食用的纪念物——节日食物的艺术"（The Edible Monument: The Art of Food for Festivals）展。

斯泰西·斯洛博达（STACEY SLOBODA）：美国南伊利诺伊大学艺术史副教授。著有《中国味：18 世纪英国的重要商业装饰》（Chinoiserie: Commerce and Critical Ornament in Eighteenth-Century Britain，2014 年）一书。

克里斯泰尔·史曼太克（KRISTEL SMENTEK）：美国麻省理工学院建筑与规划学院艺术史副教授。她的研究兴趣包括收藏与展列史、艺术市场史及亚欧交流对 18 世纪欧洲艺术和美学理论的影响。

格瑞格·M. 托马斯（GREG M. THOMAS）：于香港大学从事艺术史教学。著述广泛涉猎 19 世纪法国乃至欧洲与中国的互动。他当前正在开展一项有关欧洲参与圆明园事件的宏大项目。

文以诚（RICHARD VINOGRAD）：美国斯坦福大学克里斯滕森基金亚洲艺术研究教授。著有《自我的边界：中国肖像画，1600—1900》（Boundaries of the Self: Chinese Portraits, 1600—1900，1992 年）一书，并合著《中国文化艺术》（Chinese Art & Culture，2001 年）一书。

庄岳（YUE ZHUANG）：英国埃克塞特大学讲师和中文课程主任。研究关注 17 世纪和 18 世纪欧洲和中国景观传统的相互影响。她曾于 2011 年和 2014 年获得欧盟"玛丽·居里"项目，著述发表于《建筑学与现象学》Architecture and Phenomenology，京都大学）、《跨文化研究》（Transcultural Studies，北京第二外国语学院），以及《建筑史》（Architectural History，中国台湾清华大学）。

插图版权声明

书中所引盖蒂研究所和保罗·盖蒂博物馆的藏品图片承蒙保罗·盖蒂信托基金的特许。

本书作者已竭尽所能查找和联系书中插图的版权所有者。如对书中插图版权事宜存疑，烦请联系本书出版商。本书得到额外许可在书中印制插图的相关版权信息如下：

原版封面插图　法国国家图书馆版画与摄影部，Oe 26 (gd. fo) -Ft 4, ex col. Henri Bertin。

原版封底插图　盖蒂研究所，编号 1387-555。

原版卷首插图　伦敦自然史博物馆植物学图书馆约翰·里夫斯植物图画收藏品第 318 幅。版权所有：伦敦自然史博物馆。

理查德·维诺格拉德

图 1、图 6　照片来源：北京故宫博物院。

图 2　盖蒂研究所，编号 1376-795，第 20 页。

图 3　伦敦维多利亚和阿尔伯特博物馆，编号 C.457-1918。由 S. 瓦切尔（S. Vacher）提供。感谢维多利亚和阿尔伯特博物馆特许使用该照片。

图 4 照片来源：台北故宫博物院。

图 5 来源：Clark Worswick and Jonathan Spence, *Imperial China: Photographs 1850–1912* (New York: Pennwick, 1978), 77。

图 7 来源：Catherine Vance Yeh, *Shanghai Love: Courtesans, Intellectuals, and Entertainment Culture, 1850–1910* (Seattle: University of Washington Press, 2006), 171。

安娜·葛拉斯康

图 1 纽约大都会艺术博物馆，罗杰斯基金，1944 (44.14.2)。版权所有：大都会艺术博物馆（www.metmuseum.org）。

图 2、图 4 和图 6 盖蒂研究所，编号 1392-684。

图 3 盖蒂研究所，编号 87-B27175。

图 5 照片来源：美国缅因大学明顿分校的玛丽莲·谢（Marilyn Shea）博士。

图 7 照片来源：柏林－勃兰登堡普鲁士宫殿和园林基金会，照片作者佚名。

克里斯泰尔·史曼太克

图 1 来源：Evelyn S. Rawski and Jessica Rawson, eds., *China: The Three Emperors 1662–1795*, exh. cat. (London: Royal Academy of Arts, 2005), 207。

图 2 沃尔特艺术博物馆，49.1508。照片来源：沃尔特艺术博物馆。

图 3 来自阿切尔·M. 亨廷顿（Archer M. Huntington）的礼赠，1927.168 a–b。照片来源：旧金山美术博物馆。

图 4 保罗·盖蒂博物馆，74.DI.19。

图 5 卢浮宫博物馆，OA5151。照片来源：马丁·贝克－科波拉（Martine Beck-Coppola）。版权所有：巴黎大皇宫国家美术馆、纽约艺术资源中心。

图 6 吉美亚洲艺术博物馆，MA 5826，第 22 页。照片来源：蒂埃里·奥力维耶（Thierry Ollivier）。版权所有：巴黎大皇宫国家美术馆、纽约艺术资源中心。

图 7 法国国家图书馆版画与摄影部，Oe 42 pet fol. 71。

梅玫

图1—图6 照片来源：北京故宫博物院。

图7 来源：Yunlu et al., eds., *Illustrated Ritual Implements of the Imperial Dynasty, 1759*, vol. 14, "Wubei [Armaments]" 2, p. 2。

约翰·芬莱

图1 盖蒂研究所，88-B1922。

图2 法国国家图书馆。

图3 法国国家图书馆版画与摄影部，Rés. Oe 21 (pet. fol.), ex col. Henri Bertin。

图5 法国国家图书馆版画与摄影部，Rés. Oe 16 (2), ex col. Henri Bertin。

图6 法国国家图书馆版画与摄影部，Rés. B 9。

图7 法国国家图书馆版画与摄影部，Oe 26 (gd. fo)–Ft 4, ex col. Henri Bertin。

邱志平

图1—图6 盖蒂研究所，编号86-B26695。

陈婉丽

图1 盖蒂研究所，编号2990-527。

图2、图3 伦敦自然史博物馆植物学图书馆约翰·里夫斯植物图画收藏品第318幅和第1043幅。版权所有：伦敦自然史博物馆。

图4 照片来源：马丁·格雷戈里画廊。

玛西亚·里德

图1、图2 盖蒂研究所，编号1369-468，第76—77页。

图3 盖蒂研究所，编号2003.PR.33**。

图4 盖蒂研究所，编号1387-555。

图 5　盖蒂研究所，编号 2006.PR.34*。

图 6　哈佛大学霍顿图书馆，p Typ 778.89.694。

图 7　盖蒂研究所，编号 2012.PR.33**。

庄岳

图 1　来源:《御制避暑山庄三十六景诗》(北京：武英殿，1712；天津：天津古籍出版社，2008 再版)。北京故宫博物院特许使用。

图 2　版权所有：大英博物馆信托基金。

图 3　纳尔逊 – 阿特金斯艺术博物馆特许使用。通过霍尔家族基金的慷慨解囊及其他信托财物交换购买所得。照片来源：贾米森·米勒（Jamison Miller）。

图 4　图像来源：东京国立博物馆藏。

图 5　照片版权所有：德·阿戈斯蒂尼出版社、大英图书馆委员会。

图 6　照片来源：维基共享资源。

图 7　罗马市历史、艺术和民族人类学遗产及罗马市博物馆特别监管委员会。

马雅贞

图 1、图 2、图 4 和图 5　照片来源：北京故宫博物院。

图 3　来源：郭应聘等，《北京图书馆古籍珍本丛刊》(北京：书目文献出版社，1998 年)，第 9 页。

图 6、图 7　照片来源:台北"中央研究院"历史语言研究所傅斯年图书馆。

李启乐

图 1　照片来源：北京故宫博物院。

图 3　大英博物馆，1991，1031.0.1。版权所有：大英博物馆信托基金。

图 4　盖蒂研究所，编号 86-B26695，第 140—141 页。

刘礼红

图 1　来源：Craig Clunas, *Art in China* (Oxford, New York: Oxford

University Press), 61。

图 2、图 3　来源:《明闵齐伋绘刻西厢记彩图·明何璧校刻西厢记》(上海:上海古籍出版社,2005 年),第 10、11 页。

图 4　照片来源:台北故宫博物院。

图 5　来源:Jonathan Hay, *Sensuous Surfaces: The Decorative Object in Early Modern China* (London: Reaktion Books Ltd, 2010), 34。

图 6、图 7　来源:Nancy Berliner et al., eds., *The Emperor's Private Paradise Treasures from the Forbidden City* (New Haven: Yale University Press, 2010), 201, fig. 1。

官绮云

图 1　盖蒂研究所,编号 2716-793。

图 2、图 3　照片来源:维多利亚和阿尔伯特博物馆。

图 4　感谢美国皮博迪·艾塞克斯博物馆特许使用。

图 5　照片来源:耶鲁大学英国艺术中心。

图 6、图 7　来源:董棨绘图,许志浩配文,《太平欢乐图》(上海:学林出版社,2003 年),第 108 页。

格瑞格·M. 托马斯

图 1　照片来源:格瑞格·M. 托马斯。

图 2—图 4　感谢英皇阁布莱顿和霍夫博物馆特许使用。

图 5—图 7　照片版权所有:英国皇家收藏信托、伊丽莎白女皇二世,2013。

斯泰西·斯洛博达

图 1　版权所有:大英博物馆信托基金。

图 2　保罗·盖蒂博物馆,86.DH.705。

图 3　版权所有:英国国家信托图像资源中心、《乡村生活》(*Country Life*)杂志。

图 4、图 5　照片来源:斯泰西·斯洛博达。

图 6　版权所有：英国国家信托图像资源中心、安德烈亚斯·冯·艾恩西德尔（Andreas von Einsiedel）。

詹妮弗·米拉姆

图 1　第 214—215 页。照片来源：莫斯科普希金国家美术博物馆。

图 2　照片来源：莫斯科科洛缅斯科伊历史建筑博物馆及自然保护区。

图 3、图 6　照片来源：圣彼得堡彼得霍夫国家博物馆及自然保护区。

图 4、图 7　照片版权所有：俄罗斯埃尔米塔日博物馆、照片拍摄者亚历山大·科沙诺夫（Alexander Koksharov）。

图 5　圣彼得堡俄罗斯科学院圣彼得堡人类学与人种学博物馆，编号 673-278。

致谢

曲培醇 / 丁宁
（PETRA TEN-DOESSCHATE CHU）/（NING DING）

　　本书是2012年秋季北京同名研讨会的成果，受盖蒂基金会"连接艺术史"（Connecting Art Histories）项目支持，旨在汇聚各国学者，从多个文化和理论视角探讨清代中国与西方的相遇。感谢盖蒂基金会支持各项活动，使本书得以成形，也感谢盖蒂出版社将其出版。此外，还要感谢北京大学举办该场研讨会，以及西东大学在行政工作、教员参与等方面对研讨会和本书的支持。

　　感谢以各种方式对本书做出贡献的各位人士，无法一一言及，此处特向做出特殊贡献的诸位谨致谢忱。除了各位论文作者外，还要感谢葛堂意（Thomas Gaehtgens）先生的启发与鼓励；感谢黛博拉·玛萝（Deborah Marrow）、琼·温斯坦（Joan Weinstein）和安妮·黑尔姆赖希（Anne Helmreich）对本项目的大力支持；感谢罗泰（Lothar von Falkenhausen）教授的真知灼见；感谢李松、郑工、孔安怡、陈瑶、梁舒涵、邱志平和格瑞格·托马斯（Greg M. Thomas）协助研讨会的策划与举办；感谢利迪·曲（Lidy Chu）、米歇尔·恰乔（Michele Ciaccio）和玛丽·克里斯蒂安

（Mary Christian）对编辑工作的协助；感谢设计师凯瑟琳·洛伦兹（Catherine Lorenz），以及本书出品管理人史黛西·宫川（Stacy Miyagawa）。

彩图 1
描绘欧洲风光并
带有铺首衔环把
手的洛可可风格
花瓶

彩图 2

《万树园赐宴图》（1755 年）

彩图 3
《桐荫仕女图》

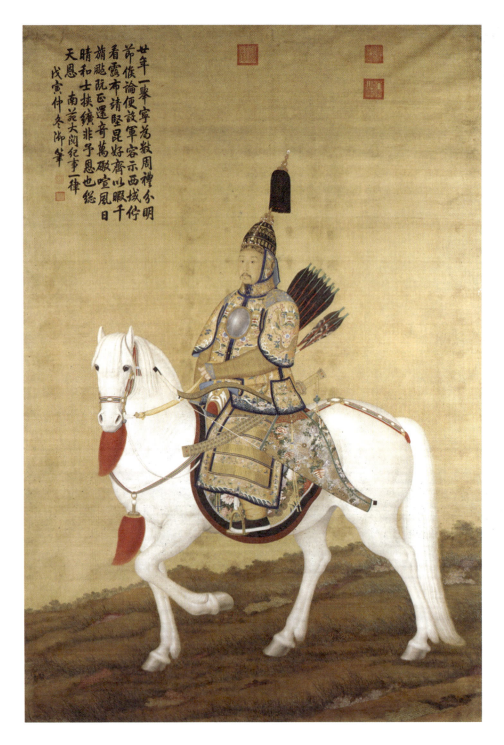

彩图 5
棕色地金银花西洋锦

彩图 6

《哨鹿图》（局部）

彩图7

图册《海淀，中国皇帝的行宫》第 4 幅

折来金盏争
奇艳一种天
至富贵宜
亮先氏
书併题

彩图 8
《花卉、香炉和各色瓷瓶》

彩图 9

《玉翠轩室内图》

彩图 10

《和落霍澌之捷》

彩图 11
中式花瓶

彩图 12
漆面装饰地球仪
和支架

彩图 13
机械玩具"天空船"